新文京開發出版股份有限公司

NEW
WCDP

新世紀・新視野・新文京 — 精選教科書・考試用書・專業參考書

勞工行政 第3版
與 勞工立法

馬翠華・吳全成 編著

Labor Administration
and Laws 3rd Edition

　　本書最大特色是將產官學所經歷的專業知識與技能以傳承方式表達於書中，並將最新的勞工行政與立法事項結合實務案例予以統整，例如：國內勞資關係隨一例一休的施行，許多工時、加班或勞工休假爭議，紛紛浮出於各行各業，本書特別引用案例分析糾紛爭點。當然有些案例是勞資爭議調解事件改編的故事，主要是希望讀者能更清晰了解實務經驗的處理模式。

　　近年來常見熱門時事案例與勞動檢查屢被科罰之重要議題，廣被討論，本書以「勞工常見 Q&A」、「補充」或「案例」編排之，期待讀者能從法制了解勞資雙方均須面對的勞動條件。因此，讀者藉由本書，能全面探知政府勞動政策方向及管控勞動條件之措施。隨勞資關係全球化及傾斜保障勞工之立法模式與運用之重視，《勞動事件法》於 2020 年 1 月 1 日起施行，立法政策良好，更讓勞工之照顧提升為國家層級，且《勞動事件法》為程序法屬民事訴訟之特別法，因此，可以破除上法院很貴的窘境，另，對於勞動訴訟事件之處理仍遵循「程序先行主義」進行。

　　又 2022 年 5 月 1 日施行《勞工職業災害保險及保護法》，該法以專法的形式將《勞工保險條例》的職業災害保險，及《職業災害勞工保護法》的規定予以整合，擴大適用對象及提高補償也是新的突破。本書於必要之關鍵處增列該法之重要內容，以供讀者攻讀或研究，且該法也是國家考試出題重點。本次修正增列「法案新訊」，讓讀者更深入了解新立法的重要觀點及勞資之間的角色功能，並幫助戮力於國考者與法制人員、企業主及人資管理者解決實務問題。

　　隨環境快速變遷，許多企業管理層面已非單線或直線操作或一味沉浸在傳統思維，尤其勞動三法中之《工會法》，已落實憲法集會結社自由權，近年來「華航罷工」及「長榮天災出勤」等事件，顯現資方與勞工團體必須重新

學習互動關係，包括團體協約之訂定與勞動爭議行為之合法進行。再者，近日多起企業併購買賣及重大金融機構合併之勞資爭議問題引起許多法律適用爭議，例如：人力調整、員工權益的分配及企業工會去留等，是否將企業併購程序納入勞動三權保障的機制，包含「對等資訊權」、「保障團結權」、「集體協商權」等都是未來可預見的挑戰。讀者經由此書，能更深入了解勞資關係和諧之重要性與勞資自治之必要性。

　　另，退休年金隨國人壽命延長成為政府或企業重大負擔，《勞工退休金條例》於民國 94 年 7 月 1 日起施行，雖解決《勞動基準法》第六章退休之缺失，但反觀勞保老年年金卻於近年面臨支出不足困境，政府刻正檢討中。隨著勞工行政與立法的不斷變遷與精進，本書特將《勞動基準法》、《勞工退休金條例》、《勞工保險修例》及勞資爭議等法律規範特以清晰的反思及體系建構全面化，使讀者輕鬆融會貫通。

　　近日新型冠狀肺炎衝擊勞資雙方穩定關係，亦即資方與勞方均要面對世紀性病毒侵襲，更顯出勞資共體時艱之合作共營重要性。期盼天佑臺灣及努力不懈的勞資雙方。為兼顧國家考試、勞動法務或實務工作者之需求，本書更特別將法院判決及高普特考命題方向納入各章節中，期讀者或業界掌握法制面及實務管理層次之重點，更盼整體勞資雙方關係趨向和諧共進，促進經營權與工作權雙贏之局面。本書作者特別感謝新文京開發出版股份有限公司的協助，更感謝讀者的支持並祈請社會各界指教。

馬翠華　吳全成　謹識

編·著·者·介·紹
ABOUT THE AUTHORS

馬翠華

現職：

義守大學兼任助理教授

高雄市政府授證性別專家學者

衛福部／勞動部產業人才教育訓練課程法律講座

女性領袖協會理事

高雄／臺南／屏東地方法院　勞動調解委員

高等法院高雄分院　家事／民事調解委員

高雄地方法院　勞動／民事調解委員

高雄市鳳山區公所調解委員

高雄市政府所轄機關工會總工會　顧問

高雄市政府地政局工會／觀光局工會／工務局違章建築處理大隊
工會／高雄市輪船股份有限公司工會　顧問

高雄市新住民生活職能關懷協會　顧問

高雄市商業會　顧問

學歷／證照：

國立中山大學法律組　博士

國立中正大學法學院　碩士

行政院教育部授證─法學講師

考試院授證─

70 年警察特考及格

78 全國高考人事行政

78 全國乙等特考人事管理及格

行政院勞動部授證─103 年勞資獨立調解人

法院授證─民刑事／家事／勞動調解委員

高雄市政府授證─績優調解委員

98 年獲得高雄市長及高雄縣長「品德楷模」評選第一名

經歷：

高雄師範大學兼任助理教授

屏東商業科技大學、大仁科技大學、高雄空中大學兼任法學講師

高雄市政府青年創業貸款委員

高雄市機關學校採購及勞安委員會委員

高雄市機關勞資會議資方代表

高雄市學校機關性別平等委員會委員／團體協約當然委員

高雄市訓練就業中心口試委員

高雄市公共汽車客運商業同業公會監事

財政部高雄國稅局工會顧問

國家行政機關、公營事業與學校人事主任

高雄市政府財政局公營當鋪人事主管

高雄市政府訓練中心兼勞動檢查所及車船處人事主任

臺灣機械股份有限公司人事管理師

主要講學及推廣科目：

1. 勞基勞保勞退／勞資爭議處理實務

2. 性別／性平／性騷擾

3. 職業災害三位一體法規

4. 民刑事法律與調解實務

5. 勞動事件法與實務分析

6. 訴願與行政訴訟實務

主要代表著作：

1. 法律與生活／勞工行政與法規／勞資關係
2. 勞工行政與法規大意／勞工行政與立法概要實戰模擬
3. 國民年金勞基勞保勞退
4. 民法概要／行政法概要
5. 高雄市公共汽車管理處民營化之研究（獲行政院人事行政局「佳作」文章）

碩士畢業論文：

工作場所性騷擾法制化之現況與未來發展

博士畢業論文：

台灣職業災害保障的現代比較規範研究

吳全成

英國西蘇格蘭大學管理博士

義守大學工業管理學系、企業管理學系教授

中國廈門大學嘉庚學院國際商務學院市場營銷專業教授

經歷：

英國曼徹斯特大學(University of Manchester, UK)訪問教授(Visiting Professor)

澳洲南澳大學(University of South Australia, Australia)訪問研究員(Visiting Researcher)

財團法人勞工研究資料中心基金會理事

財團法人中華勞資事務基金會臺灣勞動智庫委員

中華民國勞工教育協進會理事

專長：

勞資關係、人力資源管理、企業溝通與人際關係、國際商務談判

發表論文一百五十餘篇於知名期刊(SSCI,TSSCI, EI)、一般期刊及重要學術研討會

目·錄 CONTENTS

目・錄 CONTENTS

PART 01

總　論

CHAPTER 01

導　論

第一節　勞　工

壹、勞工定義

一、美國學界的定義

　　美國學界對勞工的定義，以「一方提供在貨品及勞務上的生產和分配上所做的貢獻，而他方給予報酬或對價者」為通說。茲歸納各種對勞工的定義，約有六種說法：

（一）凡參加經濟活動者，均為勞工。

（二）凡係依賴工資而非依賴利潤及地租等以謀生者，均為勞工。

（三）凡在經濟活動中被迫使用他人之生產工具以謀生者，均為勞工。

（四）除從事及自認在短期中即將成為企業者，以及不自認勞工而其收入或利益亦與工人有所不同者外，其餘因接受工資而受僱於人者，均為勞工。

（五）凡自認為勞工或其收入及利益與所有勞工相同者，均為勞工。

（六）凡社會上認其係勞工者，均為勞工。

二、日本學界的定義

　　日本學界有從憲法學觀點者，謂「舉凡需藉提供精神上體力性勞力給他人，以獲取薪津報酬等勞力之對價，並藉此而維持生活者」。有從勞動法學觀點者，謂「不論任何職業，凡以薪資維生者都屬勞工」，其實並無甚大差異。因此，對照上述定義，無論受僱於私人企業或公營事業，均為所指。如此，自營事業者如自耕農、漁船主、小商店經營者等，藉自行計算盈虧維生者，則不屬勞工之範圍。

三、勞基法上的解釋

　　我國勞動基準法雖然規定「受雇主僱用從事工作獲致工資者」為勞工，此與他國之法令並未有任何相異之處，然而，同法第 3 條列舉的各業（六大

類：農、林、漁、牧業；礦業及土石採取業；製造業；營造業；水電煤氣
葉；運輸、倉儲及通信業；大眾傳播業；和其他中央主管機關指定之事業），
為該法適用的範圍。本法自 1984 年公布實施以來，受到極大的批評，保護勞
工之意義亦以偏頗；2002 年修正增加第 3 條第 3 項，規定「一切勞雇關係均
應適用勞動基準法。但因經營型態、管理制度及工作特性等因素適用本法確
有窒礙難行者，並經中央主管機關指定公告之行業或工作者，不適用之。」
而事業單位應否適用勞動基準法，依該法第 3 條及同法施行細則第 3 條規
定，係按該場所單位之主要經濟活動依中華民國行業標準分類相關規定，就
事實認定之。

四、理論上的解釋

　　學者有從勞動基準法第 2 條第 1 款之規定「勞工：謂受雇主僱用從事工
作獲致工資者。」推論出所謂勞工必須具備「從屬性」者。亦即，「受雇主僱
用，在雇主指揮監督下從事勞動，就其勞動之價值獲致工資者」為具勞工身
分[1]。甚至，勞工安全衛生法第 2 條第 1 項之勞工定義，與工廠法施行細則、
勞工保險條例或勞工契約法等法令，法條中雖未就勞工加以定義，但仍得解
為與勞動基準法之規定同意。現行工會法中亦未就工人加以定義，然其內涵
亦不可欠缺「指揮監督下從事勞動」與「獲致工資」之屬性[2]。本書認為勞工
的屬性，應包括「指揮監督下從事勞動」、「從屬性」與「勞務對價性」茲分
述如下：

（一）指揮監督下從事勞動

　　在人格從屬性內涵的具體化上，我國學者亦提出認定的標準，亦即：1.
服從營業處之中的工作規則；2.服從指示；3.接受檢查之義務；4.接受制裁之
義務、受僱人應對行為負責。

---

[1] 楊通軒，＜勞動者的概念與勞工法＞，勞工研究，第 2 卷第 2 期，頁 89~110。

[2] 邱駿彥，＜勞動基準法上勞工之定義－臺灣臺中地方法院 75 年度訴字第 5026 號判決評釋＞，勞動法裁判選輯
　　（二），頁 94 以下。

（二）從屬性

經濟從屬性的認定標準則為：1.生產組織體系屬於雇方所有；2.生產工具或器械屬於雇方所有；3.原料由雇方供應；4.責任與危險負擔問題[3]。學者另有認為「人的從屬性」或「使用從屬性」的特徵之判斷基礎為：1.對雇主所為工作指示是否有承諾與否之自由；2.業務遂行過程中有無雇主之指揮監督；3.拘束性之有無。若承攬或委任則自主性強。

（三）勞務對價性

判斷基準為：缺勤扣薪、加班受領津貼等報酬之性格得被評價為雇主之指揮監督下一定時間提供勞務之對價時，視為「勞務對價性」。

貳、雇主的定義

一、美國法規上的定義

相對於勞工，雇主是僱用勞工之人。美國學界對雇主的定義，依 1935 年之全國勞工關係法(National Labor Relations Act, 1935)，將雇主定義為「任何直接或間接代理資方的利益之人」；1947 年之勞資關係法(Labor and Management Relations Act, 1947)則將雇主定義為「任何直接或間接扮演資方的代理人」，其間的不同在於前者僅單純地表現代理人的地位，而後者認應任何領班、督導人員或其他受僱者必須是扮雇主代理之人，且在全國勞工關係局(National Labor Relations Board, NLRB)監督下，對於不當勞動行為產生時，能找出負責當事人。

二、我國勞基法上的定義

我國勞動基準法第 2 條第 2 款規定：「僱用勞工之事業主、事業經營之負責人或代表事業主處理有關勞工事務之人。」凡是雇主仍是有僱用勞工之事實，而其身分則包含事業主、負責人或代表事業主處理有關勞工之人。因此，公司之董事長、董事、監察人、總經理及人事部門經理即為雇主之謂。

---

[3] 黃越欽，《勞動法論》，頁 88 以下。

再者，部門之經理因為經常代表事業主，亦為雇主之身分；人事部門之人員因為處理勞工事務亦應為雇主之身分；領班以上階級者因為擁有管理者身分之故，其利益也與雇主息息相關，故應歸類為雇主。而領班以下（包括領班）為實習作業之員工，則應歸類為勞工。其包含之意義有三：

（一）事業主

是指勞動契約當事人之一方所謂。在形式上，必須是勞動契約之一方，在實質上，擁有該事業之人。故事業主是指事業的經營主體在法人組織時，是該法人；在個人企業，是該企業主。

（二）事業經營之負責人

是替對該事業經營，具有權力與責任之人而言。在合夥事業，是執行合夥事業的合夥人；在公司組織，是董事長或董事；在個人企業是該企業的主持人。

（三）代表事業主處理有關勞工事務之人

是指承事業主之命令，從勞動條件的決定，至具體的指揮監督以及在勞務管理上的各種行為具有權利與責任之人而言，如職位較高的廠長、經理、課長、職位較低的領班、督導人員等均為所指。

參、勞工在法理的責任

雇主與勞工的關係是雙向性的，在形式上，具有契約式的存在而讓雙方去遵守，而實質上，勞資雙方是共同依賴而並存的。從以上勞工的定義及型態，勞工法理的責任應為：一、有工作的準備與意願、有奉獻自己服務給雇主的心、對雇主的商業機密、雇主的財產、事業給予合理的對待。二、遵守一般法令責任，而此法令是經由雇主與合理的管理機制所訂出的條文，避免擾亂雇主的正常作業。茲說明如下：

一、勞務給付之義務

（一）義務人

勞務給付之義務人，為勞工本人，非勞工本人即無給付勞務之義務，例如，雇主不得要求勞工之配偶或子女，因為勞工本人無法工作而代償工作。

（二）勞務給付請求權人

勞務給付之請求權人為雇主，非僱用勞工之雇主不得要求勞工工作，例如，雇主之配偶無權要求勞工工作。

（三）勞務給付方法和範圍

勞務給付之方法和範圍應由勞資雙方依自由意志訂定，一般應以勞動契約為準。如果勞動契約未載明或言明，則以法律所認定之合理範圍為限，例如，「勞工在經濟上或社會上之地位，無法與資方相比。況為勞動者多係迫於生計，苟資方不予之協調，得其同意，竟擅自調遷而變更其勞動給付場所，致使遠離向來之住居地，不能就近照顧家庭而陷於窘迫，則勞工予以拒絕，既非無因，按之政府保障勞工之意旨並行使債權履行債務應依『誠信方法』之原則，資方是否得任期為曠職因而免職，即非無礙。」

（四）勞務給付地點

為避免日後勞務給付得地點有更動的必要時產生糾紛，勞務給付的地點亦應由勞資雙方在勞動契約規定之。近日我國勞務給付地點，已規範在勞動基準法第 10-1 條「調動勞工五原則」。

在雇主調整勞工職務時，依調動勞工五原則為限，勞務給付的方法與原則並非毫無限制。

（五）勞務給付時間

勞資雙方得以在法令規定的範圍內，自行訂定適合自己和企業的工作時間。然而，勞務給付時間不得違背法令所禁止的工作時間工作。

二、附隨之義務

勞工的義務包括：忠實之義務及其他義務兩者。

（一）忠實之義務

包括服務、守密及謹慎之義務。

（二）其他義務

包括保護原料、不得違反開業及契約之義務。

肆、雇主在法理上的責任

根據上述雇主的定義，雇主必須是僱用勞工之事業主、事業經營之負責人或代表事業主處理有關勞工之人，因此，從法理上言：雇主有「給付報酬的義務」及「其他雇主的義務」。說明如下：

一、給付報酬的義務

（一）種類

工資給付的種類以法定通用之貨幣為之，但基於習慣或業務性質，得於勞動契約內訂明一部以實務給付之，工資之一部以實務給付時，其實務之作價應公平合理，並適合勞工及其家屬之需要。

（二）計付方式

工資應全額直接給付勞工；並且除當事人有特別約定或按月預付者外，每月至少定期發給二次。

（三）給付額

工資由勞雇雙方議定之，但不得低於基本工資。對雇主而言，雇主有責任支付受僱者提供的服務給予報酬。當然薪資是一種表示法，但若薪資金額並沒有明確標示於契約時，雇主應給付合理薪資，或以習慣性標準而支付薪資。另外，雇主應給予受僱者充分的工作機會，以得到合理的薪資。在調解實務上，勞資雙方常有工資糾紛，其中最大爭議在於工資的議定，雙方無法

達成共識，必須透過勞動調解委員介入溝通，方能調解成立。若不成立則由法院審判。

二、其他雇主的義務

（一）照顧之義務

例如，雇主應給予受僱者安全上的合理的關懷、適度的保障，避免受僱者在工作責任上的疏失；應避免讓受僱者因過度暴露於高危險區，而造成健康上的損失。

（二）附隨之義務

包括分紅、盈餘分配、提供工作場所、工具、原料等工作時之必要措施、開具離職證明等。

由上述勞工的定義與角色及雇主的定義與角色兩項，說明了勞資雙方在法理上的責任與義務。依其理念，雇主僱用勞工從事工作，除以工資換取勞務之經濟因素外，勞工對於雇主，即有誠實之義務；雇主對於勞工亦有照顧之義務。我國現行法令，包括勞動基準法、職業安全衛生法等亦對於雇主課予一定作為或設施之義務，同時構成勞動契約上雇主對勞工應負照顧義務之最低內容。不過，縱使法令如何周詳妥善，仍因勞資雙方有其基本上利害不完全一致之處，爭議之發生絕難完全避免。

第二節　勞工問題

勞工問題是個極為廣泛的名詞，理論範圍亦包含甚廣，大凡經濟學、社會學、政治學、管理學和心理學等均牽涉在內，其研究和實踐並包括學界、實務界和政府人員，而牽涉的部分更是幾乎包括所有生活在社會中的每一個人，以先進國家而言，其影響層面估計為人口的百分之八十以上。在臺灣，勞工問題的研究甚多，然而，真正受到重視也只有在近三、四十年才開始。人們從不同觀點檢視勞工問題，例如，雇主和員工也許在公司中因對薪水的看法產生爭執，他們對法令的認知或許不同，有關權利義務的內容，極可能

產生差異。尤其當他們從管理權力來思考，或利益衝突時，其雙方各自立場便有所不同，這也使得理論成為多樣化之原因。

壹、勞工問題之本質

「勞工問題」係有關僱用活動的特殊規則的現象，是企業組織管理中的另一個專業領域，它的範圍包括在組織上的管理和研究各項問題。大英百科全書將勞工問題的研究，定義為「研究企業組織中的勞資行為及關係，闡明勞工、雇主及勞資間的合作、矛盾和解決矛盾的形式」。羅伯氏勞工問題字典 (Roberts' Dictionary of Industrial Relations) 的定義是：「廣義地包括所有有關影響勞工個人或團體與雇主之間的關係之謂，其範圍為當一個受僱者在職場面談開始到離開工作為止的所有問題。它包括：招募、僱用、配置、訓練、紀律、升遷、解僱、終止契約、工資、津貼、加班、獎金、入股分紅、教育、健康、安全、衛生、休閒、住宅、工作時間、休息、休假、失業、有給休假、職災、老年和殘廢等」。

貳、勞工問題研究

一、以勞動現象為其研究範圍

勞動學要成為獨立的學門，必須有獨自研究領域的界定，以勞動現象作為勞動學的範疇，一方面可與長期以來的勞工研究活動接續，亦可擴大研究領域而與其他學門相比若。既以勞動現象為範圍，則不論其為經濟性勞動現象或非經濟性勞動現象，常態勞動現象及病態勞動現象均為勞動學所涵蓋的範圍。

二、以勞動問題之解決為目的

勞動學應有實際的貢獻，始有其建構之意義，師應有效用始可，否則將成為學人的清談，成為無用之學，其活動亦將成為無益之事。因此，勞動學要以解決勞動問題為目的，提供對於解決勞動問題有益的概念、原則、原理、學說及理論。

三、以勞動研究成果之系統整合為目標

　　勞動學要與其他獨立學門同樣為獨立的學術領域，必須有其整合架構，這個架構要能容納勞動研究所獲知有用概念、原則、原理、學說及理論，並使其各有定位相互連接成為「點」、「線」、「面」的綜合體。讓人能看到其清晰的相關性。只有零散的知識，無法成為「學」。對於豐富勞動之事有系統的整合正是勞動學之努力目標，也是其為獨立學門的必要條件。

參、勞工問題之對象

　　勞工問題的研究對象，即勞動力、勞動者及勞動關係，茲分述如下：

一、勞動力

　　勞動力乃勞動現象中最為人所重視者，藉由勞動力之發揮，人們可以為職生存，可以利用自然，可以開創新視界。因此勞動力當為勞動學上最重要的研究對象。就此研究對象可先就其基礎概念加以理解，再就勞動力之構成、運用及對價等事項加以探索，最後並以國家立場觀察其面對問題之對策。而在勞動力為對象的研討中，「效率」即為其指導理念。

二、勞動者

　　勞動者乃有血有肉的人，勞動力的產出者與所有者，沒有勞動者亦沒有勞動力的出現，因此勞動者當然亦是勞動學上的重要對象。就此研究就對象，我們同樣可先就其基礎改念加以理解，再分就勞動者之人格維護、工作保護、生活保障等事項加以探索，最後再以國家立場，觀察其面對問題之對策，在勞動者為對象的研討中，「公平」將為其指導理念。

三、勞動關係

　　勞動關係乃只在勞動過程中相關人員的互動關係，勞動者產出的勞動力，需要有資本家的購取，需要有企業家的統一運用，勞動者相互的團結和其與資本家們的利益爭取都呈現勞動關係的各個特殊現象。因此勞動關係自然成為勞動學上另一重要的研究對象。就此研究對象，我們依樣可先就其基礎概念加以理解。再分就其為個別的勞雇關係、企業內的員工關係、集體的

勞資關係加以探究，最後還可以國家立場觀察其面對問題的對策。而在勞動關係為對象的研討中，「和諧」顯為其指導理念。

肆、勞工問題之研究課題

勞工問題的研究長期以來均以各個既有學術領域為基礎，而有社會學的、經濟學的、管理學的、政治學的、法律學的、物理學的、生理學的、心理學的、倫理學的勞工問題研究，而也形成工業社會學、勞動經濟學、人力資源管理、勞動法、人因工學、勞工安全、勞工衛生、工業心理學、勞動倫理等各項學術領域的分科，但並未在各該學術領域占有主導的學術地位，而勞工問題的研究成果亦從未在「勞動學」概念之下試圖整合。

一、基礎理論相關課題

勞動學要成為獨立的學門，必有其基礎理論的探討，應探討的有：勞動本質論、勞動價值論、勞動人生觀、勞動論理觀及勞動思想史。這是勞動學必備的基礎理論。

（一）勞動本質論

勞動的疏外化、勞動之人格性、勞動之非儲存性均為勞動的本質，我們應予理解。

（二）勞動價值論

勞動價值之形成、勞動價值的演變、勞動價值的學說，都是值得我們研究的課題。

（三）勞動人生觀

人生的基本認識、勞動人生觀之型態、勞動人生觀的變換都是有意義的課題。

（四）勞動倫理觀

倫理的基本概念、勞動倫理的理念、勞動倫理的實踐都是有關的課題。至於勞動思想史，可分為：古代奴隸社會之勞動思想、中世紀封建社會之勞

動思想、近代之勞動社會之勞動思想以及現代資訊之勞動思想為研究課題，使我們理解勞動思想的源流及變換。

二、實用理論相關之課題

我們可就勞動力問題，勞動者問題及勞動關係問題的相關課題分別說明如下：

（一）關於勞動力問題之課題

就勞動力的基礎概念來說：勞動力的意義、勞動力的類型及勞動力的內容，應為其重要的課題。

1. 就勞動力的構成而言：勞動力與人口結構、勞動力與產業結構、勞動力與企業型態是應加以理解的課題。

2. 就勞動力的運用而言：勞動力的育成、勞動力的配置及勞動力的轉移，都是有關的課題。

3. 就勞動力的對價而言：勞動力的測計、勞動報酬的類型、勞動報酬的計付，亦是我們應加以討論的課題。

（二）關於勞動者問題之課題

1. 就勞動者的基礎概念而言：勞動者的涵義、勞動者之類型及勞動者之特質應為我們的研究課題。

2. 就勞動者之人格維護而言：可有勞動者人格之培養、勞動者人格之尊重、勞動者人格之基本權為研究課題。

3. 就勞動者之工作保護而言：其工作取得之保護、工作過程之保護、工作維持之保護，皆為有意義之課題。

4. 就勞動者之生活保障而言：其基本生活的保障、舒適生活的保障及資產增進的保障均為有用的課題。

5. 最後就國家對策而言：仍然可以其政策、立法及行政分別做為研究課題。

（三）關於勞動關係問題之課題

1. 就勞動關係的基礎概念而言：勞動關係的涵義、勞動關係之類型、勞動關係之內容應作為研究課題。

2. 次就勞雇關係而言：勞雇關係之成立、勞雇關係之內容、勞雇關係之終止，應為我們的研究課題。

3. 再就員工關係問題而言：員工關係之確立、員工關係之維繫、員工關係之轉換，可成為研究課題。

4. 又就勞資關係而言：勞資關係之主體、勞資關係之互動及勞資關係之處置應為我們探討的課題。

伍、勞動訴訟程序大變革

　　2016 年司法改革國是會議作成多項決議，其中包含司法院應研擬勞動訴訟程序法，便利勞工提起訴訟，受合理的舉證責任分配，以實現勞工的權益。2018 年 11 月 9 日立法院通過勞動事件法，於同年 12 月 5 日總統公布，2020 年 1 月 1 日施行，共 53 條文，未來若碰到勞資糾紛，可以用更加專業、平等的方式進行司法訴訟。

　　勞動事件法分為總則、勞動調解程序、訴訟程序、保全程序、附則等 5 章，合計 53 條條文，係屬民事訴訟法之別法，主要內容如下:[4]

　　變革 1：專業的審理，成立勞動法庭。

　　變革 2：擴大勞動事件的範圍，求職者及健教生均納入。

　　變革 3：調解前置

　　　　　　a.勞動調解委員會的組成及特殊調解程序

　　　　　　b.訴訟前應經調解、法官親自參與調解

---

[4] https://www.thenewslens.com/article/108117

變革 4：迅速的程序

　　　　a.調解三個月

　　　　b.訴訟六個月

變革 5：減少勞工的訴訟障礙

　　　　a.訴訟費用之減免

　　　　b.勞工可以選擇管轄法院

　　　　c.雇主責任最大化（推定工資及工時）

　　　　d.法院可定暫時狀態處分

・【裁判字號】109,聲,35

・【裁判日期】民國 109 年 02 月 27 日

・【裁判案由】定暫時狀態處分

・【裁判內文】

臺灣高等法院臺中分院民事裁定 109 年度聲字第 35 號

聲　請　人　蕭 0 展

相　對　人　中華民國農會 00 鮮乳廠

法定代理人　蕭 0 田

上列當事人間因恢復原職務及更正考核等事件，申請人申請定暫時狀態處分，本院裁定如下：

主　文　相對人於兩造間關於臺灣臺中地方法院 107 年度勞訴字第 144 號、本院 108 年度勞上字第 27 號恢復原職及更正考核等事件之判決確定前，應暫時回復其與聲請人間之僱傭關係，並按月給付聲請人新臺幣 41,233 元。聲請程序費用由相對人負擔。

變革 6：強化紛爭統一解決的功能

變革 7：即時有效的權利保全

變革 8：暫時狀態處分—

變革 9：程序從新

　　若雇主在 2019 年 12 月 31 日前解僱或調動員工，依本法第 51 條第 1 項規定：「除別有規定外，本法於施行前發生之勞動事件亦適用之。」故縱使在本法施行前發生之勞動事件，亦適用本法進行調解、訴訟。

陸、「勞工職業災害保險及保護法」重要焦點

　　勞工職業災害的案件層出不窮，甚至有許多一肩扛起家庭生計的勞工倒下，一家生活便陷入困頓，而勞工職業災害保險及保護法於 110 年 4 月 23 日經立法院三讀通過，將在 111 年 5 月 1 日正式上路，這將為勞工職災保護及後續協助提供什麼樣的改變？

　　勞工職業災害保險及保護法係加強保障職業災害勞工及其家屬之經濟生活，合理分擔雇主之職業災害補償責任風險之規範，該法將勞工保險條例中的職業災害保險及職業災害勞工保護法予以整合，可以看出對於勞工職災後續保護的重視及提供更全面的法律保障，包含擴大納保範圍及各項職災給付的提升，此次立法也更重視勞工在職災後返回職場的重建與協助。

　　首要的改變之一即是擴大納保對象。勞保現況只有受僱勞工達 5 人以上需強制加保，4 人以下則不包括在內，致有受僱事實無基本保障。未來新制度不限受僱勞工人數，雇主應全數加入職業災害保險。另受僱自然人或實際從事勞動者，由老闆或自行簡便加保，展現完善制度落實保障之精神。且現行法律對於加保採申報主義，若雇主未依申報加保，則不生保險效力，導致勞工失去保障。未來將以到職日作為生效日，保險效力自勞工到職當日起算，杜絕雇主不願加保之風險。

　　另外一項重要改變則是提升職災給付保障。職災給付包含傷病給付、失能給付及死亡給付，現行制度的傷病給付為第一年給付投保薪資的 70%，第二年為投保薪資的 50%，未來新制度將改為，前兩個月給付投保薪資的 100%，第三個月起為 70%。失能年金新規定則按照失能程度與投保薪資發給 70%或 50%或 20%，遺屬年金也將保障提升，如加保期間死亡遺屬年金按投保薪資之 50%發給，兩者皆不再以年資作為標準，以保障年資較短之勞工。再者，新制也擴大津貼補助，例如住院無法生活自理者，可以申請照護補助，更能反映勞工實際需求並給予協助。

　　勞工職業災害保險及保護法在法制面上確實更符合國際走向,新制度強調三位一體,即預防、補償、重建。若能依據職業安全衛生法及其相關規定作為職災預防主軸,再以職災各種給付為補償,最後透過職業重建協助勞工重返職場,必使受僱者能在安全環境工作,偶遇職災困境時,能獲得完善的保護及照顧,這就是未來保障職業災害勞工相關制度最核心的價值。

 第三節　勞工政策

壹、國際勞工政策之形成

　　國際勞工政策之開始,可以溯自 1818 年的英國社會主義先驅羅伯歐文(Robert Owen)之率先提倡。迨 1919 年巴黎和會通過組成一國際勞工立法委員會(Commission on Labor Legislation),並成立國際勞工組織(International Labor Organization, ILO),而後第一屆國際勞工大會於華盛頓召開,並成立國際勞工局(The International Labor Office),負責管理促進世界各國保護勞工的政策與立法。《國際勞工組織憲章》在大會通過,宣言中揭櫫設立國際勞工組織的目的:「世界和平」及「社會正義」。其所依據的憲章原則,乃為:「全人類,不分種族、信仰及性別,均有權在自由、尊嚴、經濟安全及機會等等條件下謀取其物質幸福及精神發展。」

　　國際勞工組織將此項原則包含在歷次會議中通過的公約(Conventions)及建議書(Recommendations)之內,如禁止強迫勞動、同工同酬、自由結社、組織團體協商及消除就業歧視等公約。並經 1941 年的《大西洋憲章》及同年的《費城宣言》,加強了國際上干預各國勞工政策的功能,也奠定了勞工政策的方向。勞工保護問題在國際間相互影響的環境下,亦有了長足的進步。

貳、國際勞工政策的主要方向

　　國際勞工局歷次通過的公約及建議書,可歸納為:1.基本人權方面:包括自由結社、強制勞動及機會與待遇平等。2.就業方面:包括就業政策、代理服務、職業指導與訓練及就業安全。3.社會政策方面。4.勞工行政方面:包

括勞工檢查、勞工統計、三邊會議(Tri-Partite)諮詢。5.勞工關係方面。6.工作條件方面：包括工資、一般僱用條件、職業安全與健康及福利問題。7.社會安全方面：包括重要標準及各項保護。8.女性就業方面：包括母性保護、夜間工作及地下工作問題。9.青少年及童工就業方面：包括最低年齡、夜間工作、醫藥檢驗及地下工作的就業條件。10.特殊行業方面：包括老年工人、外國勞工、海員、漁民、林業者、佃農及看護人員。茲[5]舉例分述如下：

一、有關女性勞工保護政策

（一）生育及哺乳之保護：第 3 號(1919)、第 103 號公約(1952)及第 95 號建議書。

（二）增加所得之保護：第 100 條公約(1951)及第 90 號建議書。

（三）僱傭及職業歧視之保護：第 111 號公約及建議書(1958)。

（四）家庭責任之保護：第 156 號公約、第 165 號建議書(1981)。

　　以上公約為我國批准者僅有二個：第 100 號公約（男女勞工同工同酬公約）及第 111 公約（僱傭及職業歧視公約）。

二、有關結社自由之保護政策

　　有八項國際約章為歷年來國際勞工局通過之公約，我們可以從其名稱上得知其內容之概況：

（一）農業工人集會結社公約（第 11 號，1921）。

（二）非自治區集會結社公約（第 84 號，1947）。

（三）結社自由及組織權之保護公約（第 87 號，1948）。

（四）關於組織權及團體協商之公約（第 98 號，1949）。

（五）團體協商建議書（第 91 號，1951）。

（六）調解與仲裁建議書（第 92 號，1951）。

---

[5] International Labor Organization, International Labor Conventions and Recommendations (1919~1981), Geneva, 1985.

（七）事業機構雇主與工人諮商及合作建議書（第 94 號，1952）。

（八）雇主與勞工諮商建議書（第 113 號，1960）。

其中第 87 號及 98 號公約是最基本的兩項國際約章。第 87 號公約之目的是對於工業組織之生命自其創立至其解體之主要活動給予保障；第 98 號公約之目的在保護結社自由免受政府當局之干擾，保證此種自由以對抗勞動契約之另一方一雇主或雇主團體之行為，並提供以團體交涉之方式為就業條件之調節。以上公約為我國批准者僅有二個：第 11 號公約（農業工人集會結社公約）及第 98 號公約（關於組織權及團體協商之公約）。

參、解嚴前的勞工政策

我國在 1919 年國際勞工組織第一屆大會起，至 1971 年退出國際勞工組織為止，歷屆通過的國際勞工公約 140 種，曾經我國政府批准遵行者，計有 37 種。後來[6]我國加入國際組織時（例如，國際貿易組織 WTO），國際勞工公約及建議書便成為我國勞工政策的主要遵循方向了。

肆、解嚴後的勞工政策

解嚴後人民權利意識逐漸甦醒，各界要求不斷，再加上歐美各國基於貿易競爭之要求，使得我國保守的勞工政策逐漸鬆動，民國 78 年起相關勞動法令隨之大幅修訂，勞工權利亦獲得進一步之保障，解決了當時逐漸複雜化的勞資爭議問題。

然後，由於未來臺灣面臨國際化自由化衝擊，姑且不論其執行的成效如何，先前的勞工政策由於諸多要項需要立法部門的配合，顯然在憲政原則下是逾越職權的策略，非但無法執行，且有違民主憲政之原則。

伍、我國勞工政策之走向

依據國際勞工組織的宗旨及全球化市場經濟的走向，本書認為我國勞工政策之方向及所應堅持者，應即為「社會正義」。茲臚列其重要者如後：

6　陳國鈞，《勞工政策與勞工行政》，三民書局，1993，頁 57。

一、促進工會之自由化

我國現行工會法之規定：強制入會、單一工會及若干行業不得組織工會等均應在國際化、自由化情勢下，予以廢除。任何形式之壓抑工會、控制工會在未來均應視為非法，而應予以禁止。

二、促進勞資關係之制度化

勞資政三邊會議機制在臺灣並未正常建立。勞資政三方如果沒有固定方式展開談判，即不可能有協商，也不可能建立團體協約，勞動條件即不可能改善，勞資關係也不可能穩定，這是先進國家的經驗，國際勞工組織在數十年來即提倡各國應遵循此法。沒有三邊會議即不可能談工會運動；沒有三邊會議，自由組織工會也就等於白談。

三、促進就業之自由化

我國現行法令對於就業機會平等、性別歧視、年齡歧視等，均未規定禁止。而同工同酬雖有明文，卻疏於執行。為促進就業自由化，我國勞工政策應針對以上數項問題，禁絕各種歧視行為。

四、特別保護勞工之落實化

除依法實施最低年齡、夜間工作、母性保護外，我國勞工政策應針對問題，提供最完善之勞動環境。以女性勞工為例：政府應推動「部分工時制」，以解決女性勞動參與率偏低的問題；掃除不合理的就業市場型態，減少「代工（家庭作業者）」(Homeworkers)之勞動型態；例如，增加育嬰托兒設備及補貼婦女、兒童津貼等。

五、就業安全體系之完整化

失業保險、就業服務與職業訓練三者，被認為是就業安全體系的三個環節，政府應積極達成並力行，使之確實得到功效。勞工政策應該能使每一個勞工得到失業津貼、每一個在職的勞工及退休勞工得到健康及醫藥津貼，及由政府及雇主共同負擔對每一個員工的退休年金計畫。

六、促進就業市場之正常化

從近年我國失業比率逐漸攀升的情況來看，我國就業市場失調的現象，值得警惕。雖然與其他國家比較仍然偏低，然而此一數字，並不令人信服。結構性失業情形在我國就業市場異常嚴重（求職與求才無法契合）。初次尋職者因為找工作不容易，被迫在「非正式部門」(Informal Sector)工作，甚至從事非法的工作。非但得不到法令的保護，甚至幫助雇主製造犯罪、不人道、非道德的勾當。服務業部門(Service Sector)過度膨脹，但法令鞭長莫及，根本沒有就業保障(Employment Security)可言。促進就業市場之正常化，為唯一可行的社會正義之勞工政策。

七、安全、健康及環境之理想化

政府應透過立法規定一個職業安全與健康的標準，足以保護每一個勞工的生命安全。建立一個從每一個工廠到全國性的委員會。該委員會必須由勞資政三邊會議機制來執行。

本書計分為六部分，第一部總論，包括第一章導論、第二章勞工行政及第三章勞工立法之外，從第二部分起，按理論之脈絡，將勞工法規分為五大類目，包括：勞動基準、安全衛生、勞工福利、就業安全及勞資關係。各部分之章節如下。

第二部分勞動基準包含勞動基準法、大量解僱勞工保護法、性別工作平等法；第三部分安全衛生包含勞工安全衛生法、職業災害勞工保護法及勞動檢查法；第四部分勞工福利包含職工福利金條例、勞工保險條例及勞工退休金條例；第五部分就業安全包含就業保險法、職業訓練法及就業服務法；第六部分勞資關係包含工會法、團體協約法及勞資爭議處理法。

陸、零工經濟的類勞工無保障

在經濟全球化與後工業化的趨勢之下，專業與彈性帶來了許多生產型態上的轉變，以致非典型僱用關係在各國盛行，例如派遣、部分工時工作者、短期聘僱工、外包工、斜槓青年，定期契約工等。如何將低薪勞動者整合到

勞動市場並建立新的契約關係？應是迫切處理的議題，因為強調工作自主彈性雖好，但隱藏了工作不穩定的黑潮。

近年來零工經濟(Gig Economy)等概念從歐美傳過來，出現接案勞動者，因門檻低、時間與工作彈性大，因而蓬勃發展，其特性在於平臺僅是居間者角色，勞務方是為自己經營事業，但傳入臺灣後因國情民俗不同，反是平臺業者與顧客簽約，勞務方不會認為是自己經營事業，只著重接單、送貨到府，積極爭取工時換工資而已，造成平臺方的管理必須設置控管機制且摻入監督與人格、組織、經濟從屬性。

接案經濟逐漸將傳統的「職位」轉為以「差事」為中心，將「固定薪」變為「多重收入」。但勞動者是以「包商」身分與平臺簽約，失去勞動條件的基本保障，更無集體協商權。從文明落差的客觀事實觀之，臺灣工時比德國多了 1.5 倍（王順民，2021）。2019 年以來，美食外送服務愈來愈夯，若平臺零工經濟勞動者無國家應有的法制保障，必有一些人會以長工時換取低工資餬口。另為爭取接案率，道路上隨時可見載著 foodpanda、Uber Eats 等外送平臺的摩托車族，穿梭在大街小巷，一旦發生職災只能「自負風險」，宛如回到舊有的年代，開了時光倒車。

「零工經濟」下接案者是否為員工？或是承攬的自營作業者？雖然我國勞動部有判斷的項目，但仍有爭議，尤其是收入爭議，目前有法院的判決隱約朝此方向採證，但認定上仍有疑義。2016 年英國兩 uber 司機訴訟案，法院認為雖然司機可以自由選擇要不要接案，但工作內容與方式都取決於 uber 的規範，2021 年英國最高法院判決 uber 司機是員工(worker)，享有最低工資等權利。雖然該判決僅屬個案的判斷，但對於接案者的權益保障，則具有指標性影響。

臺灣每月至少有十萬人，透過科技平臺接單、找工作（文化大學，2019）。若再持續快速增長接案人數，社會出現「多重職業」、「多重收入」、「多重工時」的勞動者，凡以低技術、低所得提供頻繁的服務卻無既有勞動法相關保障，例如退休、失業給付、有薪休假等，自然形成社會貧富的二階層深化，反思「富者恆富、窮者恆窮」的不公平社會，必有違民生主義的

「均富」宗旨。未來政府部門應儘速提出解決方案，除落實權益保障外，更應根本解決社會文化及貧富懸殊之癥結。

本書之章節結構如圖 1-1 所示。

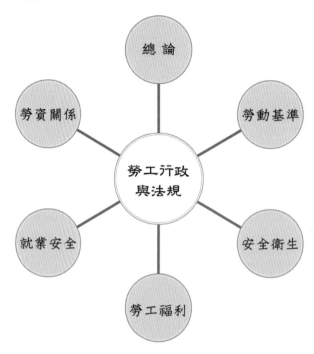

圖 1-1　本書之章節結構

CHAPTER 02

勞工行政

第一節　勞工行政之意義

　　勞工行政係指國家為解決勞工問題，依據勞工政策，勞工立法所執行之公共行政措施。包含經濟、社會制度及情勢演變，政府所擔負的角色與功能。

壹、勞工行政的角色和功能

　　勞工行政的角色和功能至少應包括：[1]

一、 良好經濟環境的開拓，應是政府在勞資關所應扮演的重要角色之一。開創一個良好的經濟發展環境，使勞資關係更加順暢，在一個經濟不發達或經濟衰退的國家，資方事業的經營會受到許多挫折，勞工就業的機會必大量減少。因此雙方只有經濟發展良好才能同蒙其利，也才能「共存共榮」。

二、 訂定有關勞動契約的最低標準，也就是政府應負責訂定適合社會、經濟發展實況的最低勞動基礎，以給予勞工合理的保障，並使勞資雙方協商及訂約有個合理的基準依據，為勞資爭議的預防和處理提供一個良好的法律和制度的規範與架構。政府也應在預防和處理勞資爭議上，扮演積極的角色，使勞資爭議消弭無形。

貳、勞工行政的理念

一、 勞工政策絕對是國家體系的一部分，因此勞工政策絕不能獨立於我國國家體系政策之外。當前我國的整體政策是追求經濟的更發展、社會的更進步。我國必須在此一前提下，來推動勞工行政與勞工政策。

二、 勞工權益指應得到合理的保障。如果受僱者、勞動者的權益。福祉得不到合理的保障與照顧，則不但他們的工作意願、士氣與效率會低落，勞資關係也不可能和諧，社會也不可能達到公平、均富的理想。如此，經濟發展只能造成貧富的不均，而且經濟發展的潛力也會大受影響。

---

[1] 趙守博，<勞工行政的功能、理念及影響因素>，勞工行政，第 28 章，頁 31~34。

三、 人人都應支持經濟發展，但不可不惜犧牲一切來求發展，而應在健全的
　　基礎上來發展。換言之，應在勞工權益得到合理保障、工商界都守法的
　　基礎上來求經濟發展與成長。

第二節　勞工行政之內容

壹、勞工行政與政策

一、以國家民族利益為前提

　　憲法第 153 條：

（一）國家為改良勞工及農民之生活，增進其生產技能，應制定保護勞工及
　　　農民之法律，實施保護勞工及農民之政策。

（二）婦女兒童從事勞動者，應按其年齡及身體狀態，於以特別之保護。

二、保護勞工必要權益

　　勞動法令的訂定：例如，勞動條件、工時、工資、休假、退休、資遣、
女工之保護、童工之保護、職業災害勞工之保護、勞工訴訟補助、企業併
購、大量解僱勞工之保護……等規範。

勞工常見 Q&A

Q： 延長工時之工資請求權得否拋棄？

A： 勞雇雙方不得約定於延長工時事實發生前一次向後拋棄其延長時工資請求
　　權；至勞工延長工作時間後，勞工可個別同意選擇補休而放棄領取延長工
　　時工資，且勞雇雙方如就延時工資請求權是否經勞工拋棄有所爭議，應由
　　雇主舉證。[2]

2　勞動 2 字第 0980011211 號。

三、勞工保護政策的內容

（一）勞動契約之保護。

（二）勞動基準之訂定。

（三）勞動檢查制度之推行。

（四）勞動雙方本協調合作原則處理勞工事務。

（五）勞資發展生產事業。

（六）提高就業機會與安全。

四、在職業災害發生時，雇主的責任

（一）依據勞動基準法第 59 條規定，採無過失的補償責任。

（二）理由

工業發達後，勞工在執行職務發生意外的事件提高，應適當補償勞工的損失，雇主責任計有故意、過失及無過失責任。

 補充

職業災害補償制度採無過失責任，但進行民事訴訟求償時，有無民法第 217 條過失相抵適用探討？如有適用，雇主自當等待勞工進入訴訟後，再主張過失相抵，如此勞工費盡千辛萬苦方能收受之補償金已非原貌，或許低到零。果如此，無過失責任之貫徹，恐難一體適用，完全繫於雇主文化道德。

最高法院之見解有肯否兩說，第一、否定見解：勞動基準法第 59 條係為保障勞工及其家屬之生存權，並保存或重建個人及社會勞動力之特別規定，非屬損害賠償之性質，並無民法第 217 條過失相抵規定之適用。[3]此見解著重勞工及其家庭基本生存權保障。第二，肯定見解：職業災害補償，基本上亦為損害賠償之一種，雇主之職業災害補償責任，民法第 217 條規定之過失相抵，係為促使被害人注意履行其應盡之義務，以避免或減少損害之發生，職業災害補償既為損害賠償之一種，自仍有民法第 217 條之適用，以促勞工於執行職

---

[3] 最高法院 87 年 7 月 1 日 87 年度臺上字第 1629 號。

務時，對於自己生命、身體之安全，盡其應盡之注意義務，避免或減少危險或損害之發生，故自目的而言，職業災害補償適用民法上過失相抵原則，與保護勞工之意旨，並不相違。[4]另最高法院 86 年度臺上字第 283 號略以：「勞工是否遭遇職業病，為一客觀事實，與雇主是否有過失，似屬二事，倘雇主對該項職業災害之發生有過失情事，則其另有侵權行為損害賠償責任，與無過失時有別，故不能將職業災害與雇主必有過失相提並論，雇主對職業病所生之損害，是否負侵權行為損害賠償責任，請求人仍須先證明雇主有何故意或過失情形。」此二種理由，均以勞工有注意義務為前提。換言之，當受災勞工提出補償請求權，雇主得以勞工與有過失而以過失相抵減輕或免除責任，在一些個案中不難發現雇主寧願不賠而任由受災勞工循冗長之訴訟程序救濟，其目的是以時間換取另一成本之損失減少，尤其受災勞工有失能或死亡補償，金額龐大時更甚。基此，職災勞工面對不支付補償金之雇主外，尚要面對見解不同判決之風險，訴訟獲勝之途，如同鋪滿石頭路，阻礙不便。

有民法第 217 條適用	無民法第 217 條適用
86 臺上 479： 不論有無過失或無過失均適用民法第 217 條。	89 臺上 1920： 勞基法 59 條及 61 條不得抵銷。無適用民法第 217 條。
89 臺上 283： 須證明雇主有故意或過失。	89 臺上 1783： 勞動基準法第 59 條是加強勞雇關係促社會發展，無民法第 217 條之適用。

　　職業災害補償制度宗旨在於維護勞動者及其家屬之生存權，並保存或重建個人及社會之勞動力。從我國職業災害法制層面觀之，堪稱完備，體制上，凡雇主對於業務上災害之發生，不問其主觀上有無故意過失，皆應負補償之責任，受僱人縱使與有過失，亦不減損其應有之權利。雖然相關法制均能隨時空橫向或縱向快速變化移動適時修法，例如《職業災害保護法》、《勞工保險條例》、《勞動基準法》、《職業安全衛生法》，包括一例一休之推動…等，但落實面或實踐面在部分個案上展現者為「無感」、「無助」。2020 年 1 月 1 日起實行勞動事件法，整體程度已趨向快速（第一審），有疏緩延宕之效。另，2022 年 5 月施行《勞工職業災害保險及保護法》，對於職災的預防、補償及重建有更進一步的保障。

---

[4] 最高法院 87 年 2 月 12 日 87 年度臺上字第 233 號。

五、勞動三權

（一）團結權：可以組織工會，例如我國工會法的規範。

（二）團體交涉權：係就勞動條件或相關事項為交涉而訂團體協約的權利，例如我國團體協約法的規範。

（三）爭議權：例如我國勞資爭議處理法的規範。

貳、勞工行政之意義與作用

一、勞工行政的意義

指全國勞工政策範圍以內之公共行政措施。

二、勞工行政的作用

依據勞工政策方向及制定之法令予以執行，例如，勞資聯繫與諮商政策，勞動基準法訂定之事項的運作或就業服務，提供就業服務機會，包括勞工教育。

 第三節　勞工行政之組織[5]

壹、勞工行政之組織

勞動部為中央主管勞動事務機關。在勞動者就業安全的保障方面，持續建構符合世界潮流且兼具我國國情的勞動法制，也強化勞動部強化勞動力的規劃，面對國內人口結構變遷及全球化競爭的挑戰。

勞動部為我國勞工事務的最高主管機關，亦即有關勞工、人力資源等勞動事務的最高主管機關，並負責辦理社會保險類的勞工保險與國民年金保險。

---

[5]　參見勞動部相關資料。

貳、行政院勞動部之組織與職掌[6]

一、內部單位

業務單位為綜合規劃司、勞動關係司、勞動條件及就業平等司、勞動福祉退休司、勞動保險司、勞動法務司。

二、各單位之職掌

（一）勞動關係司

1. 工會組織政策、法規、計畫之研析、規劃及協調；工會組織之輔導、登記及發展。

2. 團體協約政策、法規、計畫之研析、規劃及協調；團體協約簽訂之輔導及推動。

3. 勞動契約與派遣勞工保護政策、法規、計畫之研析、規劃及協調。

4. 勞工參與政策、法規、計畫之研析、規劃及協調。

5. 勞資爭議處理政策、法規與計畫之研析、規劃及協調。

6. 不當勞動行為裁決制度之推動與一方申請交付仲裁及裁決案件之處理。

7. 大量解僱勞工保護政策、法規與計畫之研析、規劃及協調。

（二）勞動條件及就業平等司（111 初等）

1. 家事勞動保護政策、法規與計畫之研析、規劃及協調。

2. 部分工時勞動政策、法規與計畫之研析、規劃及協調。

3. 工資工時政策、法規與計畫之研析、規劃及協調。

4. 積欠工資墊償非屬基金投資之提繳及墊償管理。

5. 職業災害補償政策、法規與計畫之研析、規劃及協調。

---

[6] 參照行政院勞動部組織條例。

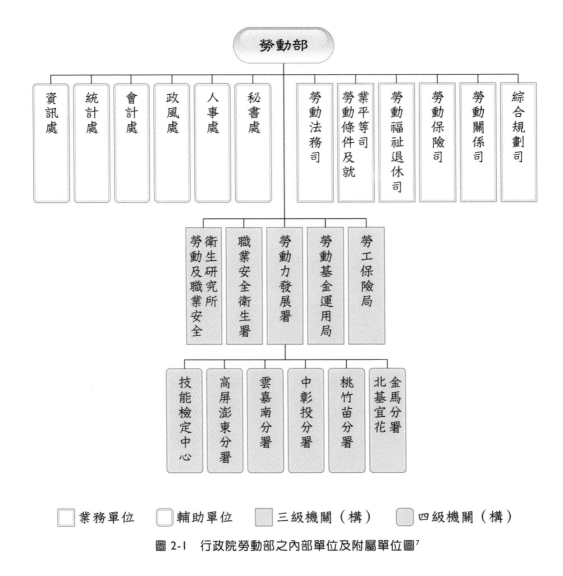

圖 2-1　行政院勞動部之內部單位及附屬單位圖[7]

參、勞動力發展署

　　勞動力發展署前身職業訓練局成立於民國 70 年 3 月 2 日，原隸屬於內政部，掌理全國職業訓練、技能檢定及就業輔導等事項。復配合主管全國勞工行政之行政院勞工委員會於 76 年 8 月 1 日成立，職業訓練局同時改隸，下設泰山、北區、中區、南區 4 所職業訓練中心。

---

[7]　參見勞動部組織條例。

肆、勞工保險局

有關勞工保險組織沿革起於民國 39 年臺灣人壽勞工保險部，歷經組織變革三次，民國 49 年臺灣省勞工保險局；民國 85 年勞工保險局；民國 103 年勞動部勞工保險局。

自勞保局設置後陸續新增業務：民國 75 年－積欠工資墊償基金提繳與墊償業務；民國 78 年－農民健康保險業務；民國 84 年－老年農民福利津貼發放業務；民國 91 年－職災勞工保護補助業務（本業務於 103 年移撥至職業安全衛生署）；民國 91 年－敬老福利生活津貼及原住民敬老福利生活津貼發放業務（發放至國民年金開辦前一日 97 年 9 月 30 日止）；民國 92 年－就業保險業務；民國 94 年－勞工退休金新制業務；民國 97 年－國民年金業務。

綜上，勞保局主要承辦勞工保險業務，並陸續接受委託（任）辦理社會安全體系的各項業務，業務範圍涵蓋了社會保險、勞動保障及社會福利津貼等；包括受委任辦理積欠工資提繳與墊償業務、農民健康保險業務、老年農民福利津貼發放業務、就業保險、勞工退休金新制業務、國民年金業務等。

伍、職業安全衛生署

職業安全衛生署掌理職業安全衛生、職業災害勞工保護、勞動監督檢查、職業災害勞工補助與重建等相關業務之政策、法規、制度之推動及督導，將安全衛生政策規劃與執行垂直整合，齊一政策與執行之步調，並納入職業災害勞工保護業務，完備職業傷病防治、職業病調查鑑定、職業災害勞工復工、復健、權益協助等職業災害勞工保護系統，及透過醫療職能復健、社會復健及職業重建等之服務架構，結合政府與民間力量，整合個案管理及服務資源。

陸、勞動基金運用局

勞動基金運用局之成立，將整合勞退基金及勞保基金之研究、稽核及管理資源，打造更堅強的投資團隊，以審慎穩健之資產配置及風險控管機制，布局國內、外利基市場，期大幅提升基金運作效能，追求勞動基金長期穩定績效，確保勞動基金之收益性、安全性及流動性，以增進勞工福祉。

柒、勞動及職業安全衛生研究所

「勞動及職業安全衛生研究所」，為我國唯一勞動政策與安全衛生研究政府機關，以「尊嚴的勞動、安全健康的工作環境」為願景與任務目標，期能「以全球化的思維，關注產業發展的脈動；運用研發成果，協助事業單位應用並落實管理以維護勞工安全與健康」之目標，作為研究所之核心價值。

 第四節　**勞工行政之範圍**

壹、勞動基準

所謂勞動基準，係指勞動條件最低標準。包括工時、工資、傷病、醫療等條件的最低標準。國際勞動基準大致區分為保護性基準、參與基準及促進性基準三類。

隨著零工經濟之影響，非典型勞動關係日趨重要，例如勞動部表示，foodpanda 及 Uber Eats 中登記工作者人數分別是 3 萬與 2 萬左右，目前初步認定平臺業者與外送員間具雇傭關係，限期業者提出外送員的勞工名卡、工資清冊及出勤紀錄，否則將處以合計 175 萬元罰鍰，但業者 foodpanda 則仍堅持與外送員間為承攬關係。[8]

一、最低工資

民國 103 年 9 月 15 日發布，自 104 年 7 月 1 日起實施，每月基本工資調整為 20,008 元，每小時基本工資為 120 元。民國 105 年 9 月 19 日發布，自 105 年 10 月 1 日起實施，每小時基本工資調整為 126 元。民國 105 年 9 月 19 日發布，自 106 年 1 月 1 日起實施，每月基本工資調整為 21,009 元，每小時基本工資調整為 133 元。民國 106 年 8 月 18 日勞動部舉辦基本工資審議委員會決議，基本工資漲 4.72%，月薪 22,000 元，時薪 140 元。

8　零工經濟與斜槓人的世代不容忽視。政府更應重視斜槓老人之勞動條件與勞動力之密度及強度。

勞動部 108 年 8 月 19 日勞動條 2 字第 1080130910 號公告，自 109 年 1 月 1 日起，修正每小時基本工資為新臺幣 158 元、每月基本工資為新臺幣 23,800 元。[9]2022 年 1 月 1 日起，修正每小時為新臺幣 168 元，每月新臺幣 25,250 元。

勞工常見 Q&A

Q： 工資種類有哪些？

A：

1. 薪資分為工資與非工資，工資＝經常性給予＋勞務對價（含免稅之伙食費）。非工資＝恩惠或非定期給予。93 年度臺上字第 44 號最高法院民事判決：給付具有勉勵恩惠性質之給與，即非勞工之工作給付之對價，無論其係固定發放與否，倘未變更其獎勵恩惠給與性質，亦不得列入工資範圍之內。最高行政法院 100 年度裁字第 2924 號判決：然工資係勞工因工作而獲得之報酬，無論資方以何名目給付，只需與工作有關且係經常性給與者均屬之，故實際區分應依上開規定就具體給付內容為判斷，而非依給付名目為區分。

2. 平均工資＝謂計算事由發生之當日前 6 個月內所工資總額除以該期間之總日數所得之金額。所稱「工資總額」，係指事由發生當日前 6 個月內所取得工資請求權之工資總額。

    例如 A 公司阿強的薪資＝每月領取工資（包括本薪、職務加給、補助金、特別獎勵金、敬業獎金、四節獎金等各種名目經常性給予。

3. 原領工資

    勞基法第 59 條醫療期間之原領工資＝勞基法施行細則第 31 條規定＝勞工遭遇職業災害前一日正常工作時間所得之工資。其為計月者，以遭遇職業災害前最近一個月正常工作時間所得之工資除以三十所得之金額，為其一日之工資。例如：甲勞工工作時右手嚴重受傷，住院醫療期間，公司應給原領工資，假如甲是按日計酬勞工，應依曆逐日計算，10 月 28 日受傷，10 月 29、30、31 日請假三天，則須給付 39,600 元。〔計算式＝1800×（30 天－8 天）〕。

---

9 自 109 年 1 月 1 日起，各單位申報於同一課稅年度內在臺灣地區居留未滿 183 天之外籍人士所得時，其全月薪資給付總額超過新臺幣 35,700 元（每月基本工資新臺幣 23,800 元之 1.5 倍）者，應按 18% 扣繳稅額；未超過新臺幣 35,700 元（含）者，則應按 6% 扣繳稅額。https://cashier.site.nthu.edu.tw/p/406-1166-162277,r47.php?Lang=zh-tw

4. 應稅工資

所得稅法第 14 條規定，薪資所得之計算，以在職務上或工作上取得之各種薪資收入為所得額。包括薪金、俸給、工資、津貼、歲費、獎金、紅利及各種補助費，均應稅。

5. 免稅工資

(1) 所得稅法第 14 條規定，「…執行職務而支領之差旅費、日支費及加班費不超過規定標準者（每月 46 小時以內）」。

(2) 自願提繳之退休金或年金保險費，合計在每月工資百分之六範圍內。

(3) 傷害或死亡之損害賠償金。

(4) 每人每月伙食費，包括加班誤餐費，在新臺幣 2,400 元內者。

(5) 職業災害補償金。

二、工時與休息

（一）每日不得超過 8 小時，每週不得超過 40 小時。延長工時每月最高限額為 46 小時。

（二）延時工資之立法意旨係基於勞工於正常工時後如再繼續工作，其精神及體力之負荷相較於正常工時已相對增加，且長時間工作影響勞工健康福祉甚劇，對勞工之家庭生活亦將產生重大影響。爰課雇主給付加乘工資之義務，並進一步避免因長時間工作而損害勞工健康，現行延時工資之規定，尚屬合宜。

（三）政府於 2016 年 12 月 23 日起實施一例一休，勞工每 7 日應有 1 日之休息，作為例假。除應放假外，並應由雇主照給例假日工資（亦即雖無出勤義務，惟雇主仍應給付原約定之報酬）。另一日為休息日，休息日出勤應給加班費。故實施月休 4 日之企業，違反新修正之規定，若查證屬實，罰鍰為 2 萬至 100 萬元。[10]

（四）為契合各行各業不同之營業型態，現行勞動基準法已有彈性工時相關規定可供業者與勞工協商運用。勞動部認為相對於正常工時而言，延

---

[10] 一例一休之實施後，勞工享有週休二日，但勞工參加教育召集日，同時也是例假日，雇主沒給補假，是否合法？勞動部解釋，公假是免除工作義務，例假沒有工作義務，雇主當然無需給予公假，也無需給予補假，勞工權益不受影響。

長工時已是產業界因應淡、旺季需求的調節機制。近日企業發現實施彈性工時後，造成空班值勤，是否補假疑義，勞動部認為勞動基準法第 37 條所定應放假日如適逢同法第 36 條例假或休息日，應另予勞工補假；如適逢採行彈性工時將工作時間分配至其他工作日所形成之空班，則無庸補假。

三、最低特別休假日數

勞動基準法第 38 條新增第 2 項及第 4 項規定，特別休假之期日應由勞工依照自己意願決定，雇主可提醒或促請勞工排定休假，但年度終結或契約終止時，勞工特別休假未休完之日數，不論原因為何，雇主均應發給工資。其立法旨意即為確保勞工特別休假權益不因年度終結或契約終止而喪失。至勞動基準法所規範者係勞動條件之最低標準，事業單位如有優於法令之給假日數，就優於法令規定之給假日數，倘屆請休期限，其未休之日數是否發給工資，仍得依勞資雙方協議辦理。

補充[11]

1. 阿美於民國 105 年 2 月 1 日到職，於 105 年 12 月 8 日雖工作年資已達 10 個月又 8 天，如 106 年 1 月 1 日仍在職，因工作年資已滿 6 個月以上，即可依新修正之勞基法規定取得 3 天特別休假，但應於 106 年 1 月 1 日至 106 年 1 月 31 日間請休；106 年 1 月 31 日未休之日數，雇主應折發工資。如 106 年 2 月 1 日仍在職，因年資已滿 1 年，爰自 106 年 2 月 1 日至 107 年 1 月 31 日，可另排定特別休假 7 天。

2. 阿京 103 年 10 月 1 日到職，依現行勞基法規定，自 105 年 10 月 1 日，因年資已滿 2 年，取得 7 天特別休假（亦即自 105 年 10 月 1 日至 106 年 9 月 30 日，可排定特別休假 7 天）。阿京如 106 年 1 月 1 日仍在職，因工作年資 2 年餘，可依新修正之勞基法規定有 10 天的特休，所以，雇主應自 106 年 1 月 1 日起至 106 年 9 月 30 日，增給阿京第 2 年之特別休假 3 天。

---

[11] 參照臺北市政府資料。

四、童工

　　所謂童工，係指十五歲以上未滿十六歲的受僱人，依規定雇主僱用童工，須置備法定代理人同意書及其年齡證明文件。不過童工的年齡尚小，為免影響其身心健康，因此，童工每日工時不得超過八小時，例假日需使其休息，且不可在午後八時至翌晨六時工作，另繁重及危險工作均不得由童工為之。

五、女工的保護

（一）有關婦女安全的政策在憲法已有明定，在勞動市場上，女工不得在午後十時至翌晨六時工作，但有例外，及須經工會或勞工同意，但雇主須提供安全之設備（宿舍）或交通工具以便接送。但司法院大法官 807 號解釋認為違背憲法第 7 條平等原則之規定，宣告自 110 年 8 月 20 日起失效。

（二）雇主應提供安全的工作場所，防治性騷擾事件發生，即禁止交換式性騷擾、敵意環境性騷擾或性徇私。

（三）女工如有未滿一歲子女須親自哺乳者，雇主應每日給於哺乳時間二次，每次三十分鐘。哺乳期間原則上為產後一年，但仍應視個別勞工之情況而定。

（四）貫徹同工同酬，不得以女工不必養家活口而給予較低的工資。

（五）給予產假、生理假。

六、無薪假（減少工時）

　　勞雇雙方可透過勞資會議就應否採行所謂「無薪休假」進行討論，惟此協議，因涉個別勞工勞動條件之變更，仍應徵得勞工個人之同意，以求勞資關係和諧，保障勞工權益。基此，事業單位如受景氣影響必須減產或停工，為避免大量解僱勞工，可與勞工協商並經同意後，暫時縮減工作時間及依比例減少工資，以共度難關，惟對支領月薪資者，仍不得低於基本工資。[12]新冠

---

[12] 勞動 2 字第 0980070071 號。

肺炎疫情擴大期間，企業經營困難，放無薪假者必須支給最低工資。目前無薪假的替代名詞為「減班休息」。

七、變形工時與彈性工時爭執事項

　　我國實施一例一休後，有人認為變形工時又稱彈性工時。但在日本兩者概念不同。變形工時由資方主導性高，但彈性工時則由特定勞工決定其每日上下班之工時。於彈性時間之範圍內，雇主不得強制勞工工作或延長工時。

　　日本工作時間彈性安排，有三類，分別是變形工時、彈性工時與日本所特有之裁量勞動制。其中變形工時計有一個月、一年、一週。[13]茲分述如下：

（一）變形工時

1. 一個月變形工時制

　　所謂一個月變形工時制，乃雇主得規定 1 個月以內之一定期間，平均 1 週之工作時間若不超出法定每週工作時間總數之範圍，則在特定日或特定週中，雇主得使勞工工作超出法定正常工時之限度。[14]

2. 一年變形工時制

　　勞資得協定限定對象勞工、期間、期間之勞動與各期間之工作時間等。且得以 3 個月以上之時間為其期間之區分，故各區分期間之勞動日與各區分期間之總工作時數，亦需事先於勞資協定中訂定。[15]

3. 一週變形工時制／「非定型之變形工時制」

　　所謂一週變形工時制，乃針對平時業務繁閒有顯著差異，而不易事先特定工作時間之事業單位所設之制度。[16]限於小買賣、旅館、料理店及飲食店，且經常僱用人數須在 30 人以下者。[17]勞資雙方協議得使勞工於特定日工作至 10 小時。又稱為「非定型之變形工時制」。

---

[13] 103 年各國工時制度暨相關配套措施之比較研究，勞動部勞動及職業安全衛生研究所。

[14] 日本勞基法第 32-2 條第 1 項。

[15] 日本勞基法第 32-4 條之 4、日本勞基法施行細則第 12-2 條與第 25-2 條。

[16] 日本勞基法第 32-5 條。

[17] 日本勞基法施行細則第 12-5 條。

（二）彈性工時

雇主依工作規則或其他類似之書面，對特定勞工之上下班時間由勞工自行決定，其平均之工作時數不超過週法定工時之範圍內。[18]於彈性時間之範圍內，雇主不得強制勞工工作或延長工時。

（三）裁量勞動

1. 專門職種型裁量勞動制

於業務性質上之遂行手段及時間分配等相關事項之決定，因雇主為具體之指示有困難，勞資雙方得協議，勞工於從事該業務時，視為工作時間。[19]

2. 企畫業務型裁量勞動制

事業營運事項之企畫、設計、調查及分析之業務，其適切地遂行該業務，由勞工裁量之制度。

貳、安全衛生

工作場所須使空氣流通、清潔，另機器或設備或人身均須注意安全、衛生。為避免過勞勞工於休息日出勤工作「後」，如欲選擇補休，尚為法所不禁，惟勞雇雙方應在不損及勞工權益及不影響雇主人力因應之前提下，就補休標準、補休期限及屆期未休完之時數如何處置等事項，妥為約定。但前提仍須依下列規定：

依勞動基準法第 32-1 條規定，依勞工意願選擇補休並經雇主同意者，應依勞工工作之時數計算補休時數，目前 1：1 進行換算；其補休期限由勞雇雙方協商；補休期限屆期或契約終止未補休之時數，應依延長工作時間或休息日工作當日之工資計算標準發給工資；未發給工資者，依違反勞動基準法第 24 條、第 39 條，主管機關可課罰鍰。另，依據勞動基準法施行細則第 22 條之 2 前段規定，補休應依勞工延長工作時間或休息日工作事實發生時間先後順序補休。

---

[18] 由日本勞基法第 32-3 條之規定，在臺灣部分公司或行政機關已實施彈性工時。

[19] 日本勞基法第 38-3 條。

參、工會組織

早期禁止罷工、並取締工會組織，近年來政府大力須導工會事務與法令及大量勞工進入勞動市場，促使工會組織日漸龐大，目前國內的工會大可分為三種，即職業工會、產業工會與企業工會。

肆、勞資關係

勞資和諧共生，才能永續經營與發展，各國合作措施，均有必要推動，目前互動方式包括勞資會議的進行、團體協約的訂定及分紅入股等（民國 34 年六全大會），至於勞資爭議事件，則可透過調解或訴訟方式解決。

近年來，集體勞資關係已從公共管制方式介入勞動與資本。工會與勞資會議日漸重要，例如工時的調整，加班的同意。促動勞資雙方必須共同參與組織發展策略，促動生命共同體之團結意識蓬勃發展。[20]

新勞動事件法第 9 條規定，工會可擔任訴訟輔佐人，將促進勞資武器平等機制之運作。

伍、勞工福利

目前係依據職工福利金條例提撥福利金，並設置職工福利委員會辦理相關事項。

陸、勞工保險

目前係依據勞工保險條例（民國 47 年 7 月 21 日公布，正式立法）及勞工保險條例施行細則辦理，採強制加保方式要求勞工加保，現由勞保局為保險人；事業單位為投保單位；主管機關則為勞動部。

柒、就業安全

就業安全的範圍包括就業服務、職業訓練及就業保險。

---

[20] 林佳和，勞動與法論文集，元照出版社，2014 年 10 月，初版 1 刷，頁 60~67。

一、就業服務（就業輔導）

　　工業發展後各行業均需勞工，為使職業媒合順暢，政府在各地區設置就業服務中心，主要之法令依據為就業服務法，就業服務法之立法目的，在於維繫及保障勞工之工作權，該法規範的對象包括外籍勞工。

二、職業訓練

　　職業訓練乃工業發展最重要的措施，目前國內各地區設有公共職業訓練機構。

三、就業保險

　　就業保險是一種強制性的社會保險制度，不是商業保險。用以保障勞工遭遇非自願性失業，直至再就業的過渡期間的最低生活。

（一）就業保險的功能

1. 維持勞工原有的生活水準。

2. 維持勞工最低收入、保障社會購買力。

3. 促進經濟穩定、消除貧窮、減少社會問題。

（二）就業保險適用對象

　　凡年滿 15 歲以上，65 歲以下之下列受僱勞工，應以其雇主或所屬機構為投保單位，參加就業保險：

1. 具中華民國國籍者。

2. 與在中華民國境內設有戶籍之國民結婚，且獲准居留依法在臺灣地區工作之外國人、大陸地區人民、香港居民或澳門居民。

（三）就業保險之給付種類

1. 失業給付

　　勞委會於民國 76 年 8 月 1 日成立，即依據勞工保險條例第 74 條規定，規劃辦理失業保險，並於 88 年 1 月 1 日開辦，92 年 1 月 1 日施行就業保險法。失業給付機關分為三個階段：(1)各地就業服務站認定失業；(2)由勞保局

發給失業給付；(3)勞資爭議為勞工局或法院決定。失業給付以非自願離職為前提，始可發給。

依據就業服務法第 23 條規定：「申請人與原雇主間因離職事由發生勞資爭議者，仍得請領失業給付。前項爭議結果，確定申請人不符失業給付請領規定時，應於確定之日起十五日內，將已領之失業給付返還。屆期未返還者，依法移送強制執行。」基此，勞工與原雇主間因離職事由發生勞資爭議者，仍得請領失業給付，近年來勞工遭資遣事由未釐清前，多數人先申請失業給付並由勞保局核給在案。但事後勞資爭議結果認定勞工為「自願離職」，卻因政府通報系統不健全，致領取者追回比例低落，實有必要再檢討體制運作程序。

勞工常見 Q&A

Q1： 勞動基準法被資遣法定事由，得因勞資雙方簽訂契約排除而適用嗎？

A1： 資遣事由為「強制規定」，不能因契約任意改變。因此單純之合意終止，亦違反強制規定，依民法第 71 條前段規定，為「無效」之約定。故就業保險法第 11 條第 3 項所稱之「非自願離職」，是否為勞動基準法第 11 條、第 13 條但書、第 14 條及第 20 條規定而離職？本書認為：不因合意終止之約定而排除法律之適用。

Q2： 失業給付發給後，發現誤發如何處理？

A2： 按「違法行政處分於法定救濟期間經過後，被告得依職權為全部或一部之撤銷…」、「受益人有下列各款情形之一者，其信賴不值得保護：…（二）對重要事項提供不正確資料或為不完全陳述，致使行政機關依該資料或陳述而作成行政處分者。」行政程序法第 117 條第 1 項前段及第 119 條分別定有明文。基此，軍勤指揮部裁撤，但勞工已獲派新職，且職務完全相同，勞工原可選擇擔任新職或優退，而選擇自願退離，自不符合失業之認定。主管機關應發給勞工離職證明書，記載係依勞動基準法第 11 條第 2 款之規定離職，並未註明原告有獲派新職，而選擇優退，以致主管機關誤認該勞工為專案裁減之人員，給予出具失業認定，自屬錯誤而為違法之行政處分，依行政程序法第 117 條之規定係屬得撤銷之行政處分。[21]

---

[21] 臺中高等行政法院判決 97 年度訴字第 319 號。

Q3： 非自願離職之認定因素？

A3：

1. 離職種類
   (1) 員工離職分為「自願性離職」與「非自願性離職」、「視為非自願離職」
       三種。勞工有請求核發服務證明書之權利（臺北地方法院 101 勞訴字
       第 100 號及臺灣高等法院 101 勞上字 130 號判決）。
   (2) 離職後之受僱人得請求雇主開具服務證明書，學說上稱為「後契約義
       務」，指契約關係消滅後，為維護相對人人身、財產上之利益，當事人
       間衍生以保護義務為內容，所負某種作為或不作為之義務，乃脫離契約
       而獨立，違反此項義務，即構成契約終了後之過失責任，應依債務不履
       行之規定，負損害賠償責任。（95 年度臺上字第 1076 號）

2. 非自願離職之認定
   員工「非自願性離職」係依據勞動基準法的規定第 11 條、第 13 條但書規定
   終止勞動契約時，員工得請求發給資遣費。例如公司於員工離職證明書記載
   離職原因為「依勞動基準法第 11 條規定予以資遣」，係非自願性離職。

3. 不得記載對勞工不利之事項
   臺北地方法院 99 勞訴字第 316 號及 100 勞訴字第 125 號民事判決認為，
   與勞工之工作經驗並無必然關連之記載，且明顯不利於勞工另謀新職，雇
   主應重新發給證明書（與工作無關不必記載）。

4. 不發離職證明之責任
   雇主違反勞基法第 19 條規定，於勞動契約終止時拒絕依勞工請求發給服務
   證明書，依同法第 79 條第 3 項，可處新臺幣 2 萬元以上 30 萬元以下罰

鍰，且依同條 80-1 條規定，得公布其事業單位或事業主之名稱、負責人姓名、處份期日、違反條文及罰鍰金額，並限期令其改善；屆期未改善者，應按次處罰。

2. 提早就業獎助津貼

提早就業獎助津貼是按被保險人尚未請領之失業給付金額之 50%，1 次發給。提早就業獎助津貼之立法目的，係為避免失業勞工過度依賴失業給付，針對積極再就業並參加本保險滿 3 個月者，按其尚未請領失業給付金額之半數，提供一次性給付獎勵。另勞工失業期間另有工作且工作收入未達基本工資者，其工作期間雖有參加本保險，然制度設計上仍將該等人員視為失業勞工，並納入失業給付保障。爰就業保險法第 11 條第 1 項第 2 款有關請領提早就業獎助津貼條件之參加本保險 3 個月以上之規定，尚不包括領取失業給付期間因另有工作而參加本保險之年資。

3. 職業訓練生活津貼

非失業勞工身分，得依「就業保險被保險人非自願性離職失業者」身分申請開立職業訓練推介單及推介職業訓練及請領職業訓練生活津貼。

4. 育嬰留職停薪津貼

育嬰津貼適用對象以受僱者為限，不適用於雇主。為使勞工安心照顧未滿三歲幼兒，育嬰留職停薪期間，禁止在原雇主處工作或在其他企業工作。蓋就業保險法育嬰留職停薪津貼之立法目的，係考量受僱者因有照育嬰孩或看顧稚齡子女之需要，特以法律規定受僱者符合要件時得申請育嬰留職停薪，並於育嬰留職停薪期間發給津貼，以維持勞工於留職停薪期間之基本生活所需（依性別工作平等法所申請之育嬰留職停薪期間，擬制為就業保險法中所謂之失業期間，就業保險法第 1 條明文，該法係為保障勞工失業一定期間之基本生活所制定。）使申請育嬰假之勞工父母無後顧之憂，而得專心撫育幼兒。[22]

5. 失業之被保險人及隨同被保險人辦理加保之眷屬全民健康保險保險費補助。

---

[22] 臺中高等行政法院判決 100 年度簡字第 169 號。

勞工常見 Q&A

Q：常見勞工申請育嬰留職停薪，該期間卻從事工作或變更為雇主身分，則育嬰留職停薪津貼是否停發？

A：1. 按育嬰留職停薪實施辦法第 7 條規定與立法意旨，受僱者如於育嬰留職停薪期間，所免除原勞動契約約定應提供勞務之時段兼任其他單位負責人，已有從事非育嬰之情事，自不符合性別工作平等法育嬰留職停薪規定之目的。

2. 另勞工由受僱者身分變更為負責人部分，查性別工作平等法第 16 條規定，適用對象皆為受僱者，勞工如有上述身分變更為負責人情形，自無前開規定之適用。承上，勞工於育嬰留職停薪期間，如有兼任他單位負責人，或於原投保單位轉為雇主身分，而不符性別工作平等法規定者，其育嬰續保部分應自其變更身分之前 1 日予以退保，津貼則給付至變更身分之前 1 日止。[23]

四、尋職津貼

　　《就業促進津貼實施要點》訂定之目的，乃「透過就業促進津貼，確保及安定失業者失業期間之基本生活，並協助及激勵其迅速再就業。」準此，該要點之目的在於確保及安定失業者失業期間之基本生活，故該要點第 4 點「適用對象」有關「尋職津貼」（依該要點第 3 點規定包括求職交通津貼、臨時工作津貼、訓練生活津貼及創業貸款利息補貼等四種）其中之「中高齡者」，自亦係以失業者為限，而非泛指「年滿四十五歲至六十五歲之間」不論是否失業，皆包含在內，一併適用甚明。[24]

---

[23] 前勞委會 98 年 8 月 17 日勞保 1 字第 0980021139 號及 99 年 4 月 16 日勞保 1 字第 0990140119 號函釋在案。

[24] 有關「尋職津貼」依該要點第 3 點規定包括求職津貼、臨時工作津貼、訓練生活津貼及創業貸款利息補貼等四種。臺中高等行政法院判決 92 年度訴字第 225 號。

捌、勞動檢查

所謂行政檢查(Administrative Inspection)，乃行政機關為達成特定之行政目的，對於行政客體所為之查察搜集資料活動。而勞動檢查係行政檢查之一，即勞工行政機關為達成勞工行政之目的，對於產業所為之查察搜集資料活動，包括靜態及動態之活動。[25]我國現行勞動檢查程序係依據勞動檢查法相關規定辦理，而有關安全衛生檢查之檢查標準，則依勞工安全衛生法相關規定辦理，其實施勞動檢查之目的在於督促事業單位建立必要之安全衛生設施，以防止職業災害發生，貫徹勞動法令，保障勞工權益，維護勞工安全與健康，增進勞資和諧，提高勞動生產力，促進社會建設及經濟發展。[26]

晚期工業社會中勞資關係，雖由勞資雙方依契約自由之原則而決定。但就勞資力量不對等，個別勞工於訂約過程無真正自由意志，因此，政府介入有其統治上之正當性與合理性。[27]再者，於職場的工作安全與衛生環境的維持與確保具有相當程度的公共性或公益性格[28]，基此，落實勞動人權保障，必有勞動檢查，其在勞動法制中為重要環節。我國自民國 63 年勞工安全衛生法公布施行後，檢查範圍擴大，並專設勞工檢查機構，勞工檢查係指對雇主提供勞工工作場所的檢查，檢查範圍包括安全、衛生、福利等事項，例如，休假、分娩、職業災害等。勞動檢查制度上有幾種的缺失存在，包括檢查人力不足，經費、設備不夠。

勞動檢查是否屬中央權限？根據國際勞工組織(ILO)第 81 號「關於工業與商業的勞動檢查公約」（1947 年；C81 Labor Inspection Convention）第 4 條，以及 ILO 第 20 號「為確保勞動者保護之目的而建構之勞動檢查機構」勸告（1923 年）第 4 項之規定，或者是 2006 年促進職業安全衛生框架性公約(C187 Promotional Framework Occupational Safety and Health Convention)，皆明確指出，為了避免勞動檢查機構受到地方政治性壓力或其他利害關係的

---

[25] 蘇德勝、吳世雄、鄭邦政、王啟東：勞工檢查制度研究，行政院勞工委員會，1989。

[26] 同上註。

[27] 林良榮，勞動檢查制度論—法理基礎與我國現行體制之檢討，《高大法學論叢》第 8 卷第 2 期（03/2013），頁 149~210。

[28] 同上註。

影響，應建構直接隸屬於中央政府（「監督 supervision」和「控制 control」）之下且具有事權統一之勞動檢查機構。[29]基此，從國際勞工組織相關資料得知勞動檢查屬於中央政府權限。

按我國勞動檢查法第 5 條規定意旨，勞動檢查事項係屬中央主管機關專屬之事務職權事項，而非地方自治事項。勞動部為推動勞動檢查貫徹勞動法令之執行，維護勞動權益與職場安全，加強監督並由各地方主管機關及勞動檢查機構實施勞動檢查，民國 103 年為擴大勞動條件檢查量能，補助地方政府勞動條件檢查人力，辦理「督促事業單位遵守勞動條件相關法令實施計畫」。就近年來我國勞動檢查制度的實施而言，無論在勞動檢查次數及處分率上，相較於過去的勞檢情形已有大幅的增加，職業災害之發生率也大幅降低。[30]

目前我國勞動檢查主要法律規範計有勞動基準法、職業安全衛生法。分別規範勞動條件、勞動安全衛生之管制內容，並將監督與檢查專章就勞動檢查作原則性規定，至檢查之機構、人員、程序等詳細事項，則另立專法——「勞動檢查法」作統一規範，有關勞動檢查程序均有詳盡之規定。[31]至勞動檢查員任用，必須國家考試及格外，尚須符合勞動部檢查員遴選辦法之資格，方可進用。事業單位違反勞動安全衛生法令者，依法均得對企業進行處罰，倘涉及刑事責任者，則移送法辦，而勞工亦得請求事業單位負職災補償或民事賠償責任。近年來勞動僱用型態多元，其中派遣工之職業災害日漸增加，雖依附在傳統僱傭關係下以行政命令規範雇主責任，但兩方雇主推卸責任，不利職災勞工之案例時有所聞，有必要盡速將派遣關係之勞雇關係以專法或專章規範為宜。

---

[29] 同上註。

[30] 同上註。

[31] 杜海容、陳振和、蔡瑜潔、王悅蓉，兩岸勞動檢查法制之比較研究，勞動及職業安全衛生研究季刊，民國 106 年 3 月第 25 卷第 1 期第 1~13 頁。

CHAPTER 03

勞工立法

 **第一節** **勞工立法之內容**

壹、勞工立法之涵義[1]

對於勞工立法之概念向來學者有若干不同的定義，有稱之謂：「規範勞動關係及相關勞動關係之法規總稱」，又稱：「規範雇主與勞動者之勞動關係，工會與雇主之關係以及工會組織之法規之總稱」，「規範勞動關係之法之整個體系」等，此等均以法律規範內容為其著眼點。從勞工立法之生成及推展而加以觀察的結果，勞工立法之含義應為：「以資本社會為基礎，以勞動者身分所展開之生活關係為規範對象，並以確保勞動者依其勞動者身分之生活為目的之法」比較妥適，說明如下：

一、以資本社會為基礎

勞工立法以資本社會之經濟秩序及其法的秩序為基礎，不但可由勞工立法之生成及發展史獲得證明，且理論上亦可得肯定，蓋勞工立法以受僱於他人而提供勞動力者之存在為前提，同時亦以使用勞動力、經營企業或事業之經營者，即資本家之存在為前提，而資本家所擁有之生產工具與勞動者所提供之勞動力之集合係依據資本家與勞動者之自由意志透過勞動市場而以個別的勞動契約為其基本方式實現，並藉此確保勞動者之生存，勞工立法均以這些資本社會之基本制度為制定規範的基礎，並以鞏固其制度之繼續存在為任務。

二、以勞動者身分展開之生活關係為規範對象

所謂勞動者身分所展開之生活關係乃指人以勞動者之地位所延伸的生活面而言，因此勞動者本身與勞動者之身分在概念上應有所分別。勞工立法乃將以成為社會類型之一的勞動者（其相對者為雇主）作為其規範的人格主體。是民法將所有的人均視為自由平等的人格主體，對於雇主及勞動者實際上之不自由及不平等關係均予以忽視。並以所有權絕對的觀念，只注視所有

---

[1] 參考陳繼盛，〈勞動基準法在勞工法上的地位〉，勞工行政，第 2 期，頁 26~31。

權之積極作用面而忽略所有權對人的消極作用面，即得由資本所有權而發展其獨立自由人格者僅為少數，但反因此犧牲了其自由人格者為多數。勞工立法則正視人與人之不同的經濟及社會狀態，並使經濟社會地位強弱明顯化，並將個人主義的法律所建立的抽象的、平等的個人概念代之以具體的、不同實力的勞動者與雇主的概念，因此勞工立法捨棄個人自由主義的平均的、正義的追求，而以實現分配的正義為目的。又勞工立法雖以勞動關係之規範為其主要核心，但並不以規範勞動關係為限，對於無特定雇主的勞動者或已離開雇主之勞動者有關之生活面，亦為勞工立法規範之對象。因此，在勞工關存續前或終止後所有可能引起的勞動者之生活面，茲亦為勞工立法所應規範之範圍，故對於有工作意願及能力之人確保其就業機會之合理的措施及對之給予救助之措施均為勞工立法規範之對象，例如就業安全制度上之就業介紹、就業輔導、職業訓練、失業保險及失業救助均為勞工立法之規範對象。

三、確保勞動者以勞動者身分之生活為目的

資本社會之生產活動有賴勞動者之勞動力之再生，但勞動力在生產之確保，當然以勞動者為完整人格者之生活獲得確保為前提，因此勞動力與財產應同受保險，否則，資本社會之法展無法期待。但言及勞動者之生活保障，必亦言及財產權之限制問題，即必以公共利益之原則來修正財產權絕對的觀念，但在資本社會中雖然言及財產權之限制，並非根本否定私有財產權，因此勞工立法亦可謂以調和勞動者之生存權與資本家之財產權為其任務。

貳、勞工立法的體系

勞工立法之涵義已如前述，依其涵義說明之勞動關係、勞動基準、關係保險、就業安全、勞工福利、勞工教育、勞工組織、團體協約、勞工參與及勞資爭議有關之法規均為勞工立法之內容。但將此勞工立法之內容予以體系化，對於整個勞工立法之理解將有助益。在未有工會運動之前，僱傭之法律關係早已存在，有關僱傭關係之保護法立法也在工會運動之前就已存在，因此以個別的勞動者為立法之出發點或以集體的勞動者為立法之出發點而言，可將勞工法規分為個別的勞工法及集體的勞工法兩大類：

一、個別的勞工法

　　個別勞工法包括勞動關係法及勞工保護法，茲就其區別及關係分述如下：

（一）勞動關係法及勞工保護法之區別

　　勞動關係法以勞動關係之成立、勞動關係之內容及勞動關係之終結為規範內容，而勞工保護法係就勞工關係法中必須以國家干預之項目為其規範之內容，例如，工時、工資、安全及衛生等項之保護規定。勞動關係法與勞動保護法之共同點在於兩者均以個別的勞動者為立法之出發點，但就法的性質而言，勞動關係法係屬於私法之領域，而勞工保護法則屬於公法的範圍。勞動關係法直接規範私人間（及雇主與勞動者之間）之權利義務，違反勞動關係法規只發生私法上之法律效果。勞工保護法則以保護勞動者為目的，課雇主（有時勞動者也在內）以作為或不作為之公法上義務，違反公法上之義務，國家行政機關可予處罰、取締或為強制處分。兩者在概念上截然有別。這種概念上的澄清，不僅是理論上的問題，在立法上及實務上也有其必要，蓋在自主法治的思潮下，私法的勞動關係問題不能全由公法的勞工保護法來代替。因為現代意義下的勞工立法制度，仍然以近代的法律觀念為其基礎加以修正，而非根本推翻。

（二）勞動關係法及勞工保護法之關係

　　勞動關係法與勞工保護法在概念上應有分別以如前述，但勞工保護法與勞動關係法所規律之事項非全然無關，兩者之間就立法上及司法上也有下述之連貫性。本來勞動者與雇主之間的法律關係純粹是私法之領域，無需行政機關大力干預其間，但歷史的演變史這個特殊的司法上法律關係發生極端不協調之現象，立法者才想以國家的力量保護勞動者而予以補救。立法者以保護勞動者之目的就勞資關係為任何規定時，可有三種不同的型態：

1. 僅就司法上的法律關係，做若干有利於勞動者的強制規定，但此一強制規定仍然僅使勞動者與雇主之間直接發生權利義務關係，而不授權行政機關直接干預。例如，有關限制解僱之規定。

2. 就雇主與勞動者之間之權利義務不做任何修正，而僅直接對於雇主課以對國家應作為或不作為之義務，並間接達到保護勞動者之目的。如雇主不為履行義務時，得由行政機關貫徹其實施。例如，工廠之衛生及安全等事項之規定。

3. 就同一事項一方面直接規定為雇主與勞動者之間的權利義務，一方面也規定為雇主對國家應作為或不作為之義務，而由行政機關予以實施。例如，童工、女工、工資及工時等之保護規定。

　　因此，如果立法者採取第一種立法型態，則此項規定仍然屬於私法的領域，行政機關無權據以干預，如有爭執也只能直接訴諸司法機關。如果立法者採取第三種立法型態，則不但私人間可以為主張權利要求履行義務之根據，行政機關亦可根據而干預並強制其實施。

　　但如果採取第二種立法型態，則單純為公法上規定，不直接成為勞雇雙方之權利義務內容。

　　又基於現存的私法體系，如何使之與私法性質之勞動關係法領域發生關聯，亦有略為說明之必要。首先，勞工保護法規通常是課雇主作為或不作為義務，這些規定亦為民法第 71 條之所謂「強制或禁止規定」。因此違反勞工保護法上之規定所為之法律行為，得引用民法第 184 條第 2 項之所謂「保護他人之法律」，故如果違反勞工保護法規而致他人之權利受有損傷時，推定其為有過失而應負賠償責任。此均使勞工保護法與勞動關係法關連。

二、集體的勞工法

　　前述勞動關係法與勞工保護法均以個別勞動者為立法的著眼點，至於工會運動以後，以多數勞動者及工會之存在為前提所發展的有關法規，與前述之勞工保護法規略異其趣，而指導原理亦不同。有關勞工組織、團體協商、勞工參與以及勞資爭議均屬之，茲就集體勞工法性質及內容，以及其與個別勞工法之關係分述如下：

（一）集體勞工法之性質及內容

究其法律性質而言，集體的勞資關係法規除了一些程序上之規定應屬公法性質外，大部分法規所規律地向仍然應屬私法上之法律關係，蓋為集團的勞資關係當事人之工會及雇主團體所締結之團體協約，仍然是私法上契約之一種。又在集體勞資關係的範疇內，就勞力當事人而言係工會，而非如勞動契約中個別勞動者與雇主間的勢力懸殊，而應該勢均力敵的態勢，這個態勢成為立法者在集體勞資關係法規之範圍內謹守當事人自律原則之理由。但是並非立法者在集體勞資關係的領域完全拋棄了保護勞動者的目的，相反地，為了維持前述當事人自律的可能，勞動者的團結權、團體協商權以及爭議權均應受到相當的保障。沒有勞動者之團結權也就沒有勞動者與雇主間勢均力敵的態勢，沒有當事人間均衡的態勢，私法上的自律原理也就失去實質的意義。因此許多國家在憲法上明文保障勞動者的團結權。又沒有集體爭議的權利也就沒有團體協商之後盾，自難有公平的協議。因此爭議權成為勞動者之基本權利之一，應受到國家的保障，否則集體勞工法絕難達成其預期之功用。

（二）集體勞工法與個別勞工法之關係

個別勞工法之內容包括勞動關係法（或稱勞動契約法）及勞工保護法（以勞動基準法為主），已如前述。勞動者之勞動條件依賴勞動契約為其惟一決定之方式時，通常必將發生對於勞動者不利之現象，而國家公權力介入勞動條件之決定時，勞動者之勞動條件將因國家制定勞動基準而得到最起碼的保障，但亦僅維持最低勞動條件水準而已（即支柱力量之提供）此為個別勞工法存在狀況下之勞工問題，從其依賴之程度亦可看到政府承擔之壓力必定加重。因此現今勞工立法有賴集體勞工法來促成勞動者發揮其集體交涉之功能（即無限拉力之提供）使其得到公平勞動條件之水準，並減輕政府承擔之壓力。又從勞動契約、勞動基準、團體協約對於勞動條件之相互運用，吾人亦可理解個別勞工法及集體勞工法在解決勞工問題之基本理念為：1.能由勞動契約獲得公平之勞動條件盡量不要任何壓力干預；2.勞動條件不公平而集體交涉不發生功用時，國家始予干預；3.盡量促使集體交涉發揮其功用而脫離國家之干預，即從勞動契約之私法自律轉移到團體協約之司法自律。

參、我國勞工立法體系

勞工立法之實體規範，一般而言包括勞資關係、勞動契約、勞動基準、工會組織、團體協約、勞工參與及勞資爭議等內涵[2]。我國勞工立法體系歸納如圖 3-1 所示。

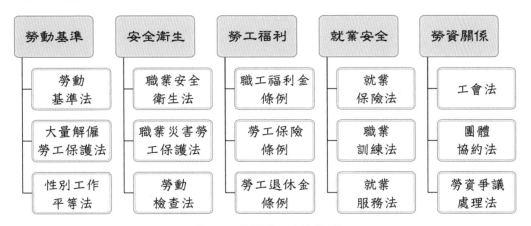

勞動基準	安全衛生	勞工福利	就業安全	勞資關係
勞動基準法	職業安全衛生法	職工福利金條例	就業保險法	工會法
大量解僱勞工保護法	職業災害勞工保護法	勞工保險條例	職業訓練法	團體協約法
性別工作平等法	勞動檢查法	勞工退休金條例	就業服務法	勞資爭議處理法

圖 3-1　我國勞工立法體系

肆、勞工立法之解釋

勞工立法包括集體勞工法及個別勞工法，前者包括工會法、團體協約法予勞資爭議處理法等法律，後者則係諸如工資、工時、休假、退休、特別保護等與勞動契約及勞動條件（基準）相關事項。此外，勞工之社會保障法（勞工保險條例、就業保險法、全民健保法等）、職業訓練法、就業服務法、勞動檢查法、職業安全衛生法或勞動爭訟法等規定得以上述衍生規範稱之，是為勞工立法之內涵。

一、團結權之解釋

大法官會議釋字第 373 號解釋，針對工會法第 4 條「各級政府行政及教育事業、軍火工業之員工，不得組織工會」之規定，以技工工友之工作性質非有必要限制其組織工會之權利為由，宣告該規定失效。大法官會議從工作性質上斟酌規範之必要性，是為本文論述之重心。況且，集體勞動權之保障

---

[2]　參考陳繼盛，《勞資關係》，中正書局，1979。

實為勞工法制特有且具關鍵性意義之內涵，欠缺團結權之保障，無以彰顯勞工法治之特性。

我國行憲以來，與集體勞動權直接相關者，僅有釋字第 373 號解釋，究其緣由，一方面在於現行相關規範不完整，另一方面，勞工欠缺權利意識。現行勞工法制偏重個別勞動關係法之發展，對於集團勞動權保障之建構長期漠視，勞工本身則既亦未能充分認知集體勞動權益保障之重要性，又未終能體認其於勞動職場中，個別勞動權益之保障若僅賴民事程序與行政管制難以克齊攻，職場正義之維護，唯有從集體勞動權保障法治著手。

二、退休權之解釋

我國勞動基準法第 1 條規定：「為規定勞動條件最低基準，保障勞工權益，加強勞雇關係，促進社會與經濟之發展，特制定本法……」而該條例之規範內容包括勞動契約、工資、工時、退休、童工與女工、職業災害之補償等，其中與大法官解釋直接有關部分有工資、工時與退休三項目，釋字第 595 號解釋墊償工資代位求償之法律性質以劃分審判權歸屬，釋字第 494 號解釋工作時間之規定變更新舊法適用原則，釋字第 189、578 號及第 596 號解釋勞工自願退休制度、強制提存制度與退休權保護之合憲性等問題。

三、勞工保險之解釋

勞工保險為我國勞工經濟安全保障最主要之憑藉，大法官會議直接影響該制度之解釋至少有八號，分別是釋字第 279 號解釋，省（市）政府補助保費之義務與是否直接設立勞工保險局無關；釋字第 310 號解釋，勞保傷病給付與老年給付性質相同，二者不得合併請領；釋字第 389 號解釋醫療給付不含美容外科及加保前事故；釋字第 456 解釋，勞保被保險人不以專任員工為限；釋字第 549 號解釋，受養子女遺屬津貼請領之限制不得排除受被保險人生前撫養且無謀生能力者；釋字第 560 號解釋，外國人不得請領喪葬津貼之規定合憲；釋字第 568 號解釋，保險人不得依據勞保施行細則第 18 條之規定逕將保險人退保；釋字第 609 號解釋，對於勞委會函釋有關病後加保不予死亡給付部分宣告違憲。

　　勞工保險為在職保險，已具勞工身分並執行職務為加保之條件，除有特別規定外，離職未再工作即喪失加保資格。又勞工保險為一種社會保險，兼具保險性及社會性之特質，保險性為以保險為方法，使個人風險由集體共同承擔，社會性為藉由所得或財富重分配，被保險人間彼此互助，同時雇主與政府亦透過財務支持與行政支援，使制度得以發揮功能。

第二節　勞工立法之形成

壹、政府遷臺前之勞工立法

　　臺灣現行的勞動法規，除了國民政府在大陸時期制定者外，尚有國民政府遷臺之後的勞動法規。但是現行的主要勞動法規，除了勞動基準法外，所謂的勞動三法：《工會法》、《團體協約法》、《勞資爭議處理法》和工廠法等，均是民國政府於 1930 年前後所制定。

貳、解嚴後之勞工立法

　　國民政府遷臺以後所制定的勞動法規，以 1987 年解嚴為分水嶺，其內涵似乎有所不同。解嚴前，「集體勞動法」（工會法、團體協約法、勞資爭議處理法）沒有太大的變化；在「個別勞動法」方面為了保障勞動條件，除制定了勞工安全衛生法以外，最重要的是以既存的工廠法為基礎而制定了勞動基準法、勞工保險條例和職業訓練法。但是在解嚴以後，配合臺灣的政治、經濟、社會環境的變化，制定了就業服務法、在「個別勞動法」方面除修訂勞動基準法以外，尚制定職業災害勞工保護法、兩性工作平等法；2009 年集體勞動法則是做重大修正，從嚴格管理工會的立場轉變為勞資自治的立場。

參、勞動法制之發展－1980 年代

　　此一時期重要的勞動立法為 1983 年的職業訓練法、1984 年的勞動基準法和 1988 年的勞資爭議處理法。

　　鑑於在產業的轉型時期，有必要將勞工教育轉型成適應臺灣產業需要的勞動力，所以制定了職業訓練法。又由於解嚴之後勞資爭議的處理有燃眉之急，因此在 1988 年將戰前制定之勞資爭議處理法予以修正，並廢止《動員戡亂期間勞資糾紛處理辦法》。

肆、勞動法制之新展開－1990 年以後

一、勞動立法的動向

　　進入 1990 年代勞動立法有明顯的進展，重要的立法有 1992 年就業服務法、1993 年勞動檢查法、2001 年職業災害勞工保險法（2002 年 4 月 28 日施行）和 2002 年兩性工作平等法（同年 3 月 8 日施行）。同時，在勞動基準法修正草案、勞動三法（工會法、團體協約法、勞資爭議處理法）的修正草案、大量解僱勞工保護法草案、勞工退休金條例草案在內的重要勞動法令之修正、制定工作仍在進行中。所以，進入 1990 年代以後，臺灣的勞動法是可說是發生了「地殼大變動」，重要變革期已經來臨。

二、勞動市場法、僱用政策法之新發展

　　1980 年勞動基準法公布實施以來，在勞工立法上已有相當程度之進展，但是 1992 年就業服務法公布施行，勞動市場法、僱用政策法領域有較為令人矚目的發展。在就業服務方面，戰前雖有職業介紹法，然而制訂後並未實施。就業服務法的主要立法目的是「促進國民就業」，但是更重要的是它提供了引進外籍勞工來臺工作之法律依據，解決了部分產業勞動力不足的窘境。

　　1988 年訂定《勞工保險失業給付實施辦法》，來實施勞工保險失業給付業務，並於其後 2003 年 1 月 1 日施行單獨立法通過的《就業保險法》，針對整個就業及失業制度做一個完整的規定。

三、個別勞工法之新發展

（一）勞動基準法的重要修正

　　1996 年修正了勞動基準法第 3 條，擴大了勞動基準法的適用範圍為所有的受僱者。同時增訂 30-1 條導入四週變更工作時間制度，其後增訂了第 84-1

條規定監督、管理人員或責任制專業人員、監視性或間歇性之工作者，得由勞雇雙方另行約定工作時間、例假、休假、女性夜間工作，不受相關規定之限制。2000 年修訂該法第 30 條，規定「勞工每日正常工作時間不得超過八小時，每二週工作總數不得超過八十四小時」，將每週的平均工作時數由原來四十八降為四十二小時。2008、2009 年修正勞動基準法第 53 條、第 54 條之規定，增列退休條件需六十歲工作十年，並將命令退休之年齡由六十歲改為六十五歲。2016 年修正公布第 14 條條文及第 23、24、30-1、34、36~39、74、79 條條文；但第 34 條第 2 項規定，施行日期由行政院定之；第 37 條第 1 項規定及第 38 條條文，自 2017 年 1 月 1 日施行。本次重點以一例一休為主，增列休息日及休息日加班之高價，換勞工健康，特別休假增列工作滿半年未滿一年有 3 天特休假。2017 年修正公布第 61 條條文，增列保障勞工受領職災補償金者，可專戶專供補償金存入使用，該專戶存款不得作為抵銷、扣押、供擔保或強制執行之標的。2018 年修正公布第 24、32、34、36~38、54、55、59、86 條條文及增訂 32-1 條條文，本次重點以休息日加班費改以核實計算，延長工時帳戶制及超過 30 人以上公司需向當地主管機關報備，增加延長工時時數可換補休時數。2019 年修正公布第 2、9、63、78 條條文及增訂 17-1、22-1、63-1 條，本次重點明訂派遣事業單位、要派單位、派遣勞工的定義，訂定派遣勞動契約為不定期契約，要派單位不得有面試或指定勞工的行為（人員轉掛），派遣事業單位積欠勞工工資時可要求要派單位給付，派遣員工發生職業災害時要派單位及派遣事業單位未均負擔雇主之責任。2020 年 6 月 10 日修正公布 80 條之 1。往後事業單位若違反勞基法，主管機關應公布項目，例如：事業單位、負責人姓名，處分日期、違反條文及罰鍰金額；另，拒絕勞動檢查的事業單位，得按次處罰 3 萬元以上、15 萬元以下罰鍰。2021 年 4 月 30 日立法通過《勞工職業災害保險及保護法》；2021 年 8 月 20 日大法官釋字 807 號解釋勞動基準法第 49 條違憲。

（二）職業災害勞工保護法和性別工作平等法

2001 年通過了兩項重要的勞工立法：《職業災害勞工保護法》和《兩性工作平等法》（今性別工作平等法），前法為了「保障職業災害勞工的權利、加強職業災害之預防」。2018 年修正公布第 6、8、23、24、34、41 條條文，

將涉及對身心障礙者歧視意涵之「殘廢」用語，修正為「失能」。後者旨在「保障兩性工作權之平等，貫徹憲法消除性別歧視、促進兩性地位實質平等之精神」，例如：實習生可以適用該法有關申訴、救濟程序及罰則之規定【109 年初等考試】；女工懷孕期間可以申請調動輕鬆工作，雇主不能拒絕且不得減薪【109 年初等考試】；未婚之女工可申請育嬰留職停薪【109 年初等考試】。2004 年修正增列性傾向的平等對待。2014 年修正公布第 4、12、14~16、23、38-1 條條文。2016 年修正公布第 18、23、27、38 條條文。2021 年 12 月 28 日修正性別工作平等法第 15、19、22 條條文。

（三）勞工退休金條例和大量解僱勞工保護法

2007 年和 2008 年通過施行的《勞工退休金條例》和《大量解僱勞工保護法》，兩者對保障勞工權益均有莫大的助益。

四、集體勞工法之新發展

集體勞動法之新發展，即對工會法、團體協約法及勞資爭議處理法的勞動三法的修正。2008、2009 年分別修正通過的勞動三法修正中，工會法之修正以「加強保護勞工之團結權及促使工會會務自主化、運作民主化」為原則。團體協約法修正的最大特色，是導入「義務團體協商制度」，規定勞資雙方有依誠信原則進行團體協商之必要，尤其會員勞工受僱於於協商他方之人數超過僱用勞工數 1/2 之產業工會也有協商資格【109 年初等考試】。為了將勞資關係導入正軌，促進勞資自治，針對不利益待遇和對工會的支配介入兩種類型的不當勞動行為予以規範。為了解決上列不當勞動行為的所造成之勞資爭議，勞資爭議處理法修正中增設了裁決制度，已迅速解決問題。

伍、現行勞工法令的法源

我國勞動法令的法源包括憲法、法律命令、團體協約、工作規則、勞動契約、解釋、判例、習慣、法理。

 **問題與討論**

一、 在我國勞資關係多以個別勞工法規範，集體勞工法之互動較少，何謂
「個別勞工法」？何謂「集體勞工法」？請舉例說明三項係屬集體勞工
法之規定。

MEMO

PART 02

勞動基準

CHAPTER 04

勞動基準法

第一節　對勞動基準法之基本認識[1]

壹、勞動基準法之性質

　　勞動基準法係國家強制干預勞動條件之立法措施。故就規定事項而言，只能就工時、工資、安全衛生及其他勞動條件有關重要事項，需藉國家強制力予以干預者為限，無法為包羅萬象之全部規定。勞動基準法的性質有客觀性與補充性，說明如下：

一、客觀性

　　勞動基準法係以勞動最低標準為其具體規定，而非保障勞工權益抽象原則之宣示。勞動基準法以規定勞動條件之最低標準為其保障勞工權益之方法，自以為保護勞工為其第一要務，但因勞動基準法所規定勞工利益大多將獲致雇主，故又不得不考慮一般雇主之負擔能力。因此，勞動基準法之決定，應以一般客觀經濟社會情況為其判斷基礎，而非可任由勞資雙方協商決定或任由特殊情況否定一般可行性。

二、補充性

　　勞動基準法上所規定勞動基準一經具體規定後，就法之意旨而言，係要求雇主不得以低於此勞動條件要求勞動者提供勞務，並不鼓勵雇主僅以此對待勞動者即可，更不禁止勞動者依勞動契約或團體協約爭取更高的勞動條件。因此勞動基準法絕不能成為勞動者繼續提高勞動條件之絆腳石，勞動基準法所定基準通常並非直接為每一勞動者之實際勞動條件。個別勞動者之實際勞動條件仍應就其勞動契約或有關團體協約之約定內容，予以確定。僅於各該勞動契約或團體所約之勞動條件低於勞動基準法所規定者，或各該勞動契約或團體協約均無規定時，始以勞動基準法所規定之內容代替或補充之，此即為勞動基準法規定內容之代替性或補充性。

---

[1]　參考陳繼盛，〈對勞動基準法應有的基本認識〉，中央月刊，第 13 卷，第 7 期，頁 63~65。

貳、勞動基準法之權義關係

　　勞動基準法以保護勞動者為其目的，但就法之性質而言，其為公法，即法之規定形態上並非直接規定雇主與勞動者之權利義務關係，而係規定國家與雇主之權利義務關係，此與司法上勞動契約之純粹以規範雇主與勞動者之權義關係及團體協約法之規範公會與雇主團體之權義關係有別。因此勞動基準法規定雇主應履行之義務仍以國家為權利人，而勞動者僅因其為雇主義務履行行為之對象而受益。勞動者得依勞動基準法所規定之最低勞動條件，請求雇主給付，係因其與雇主訂有勞動契約而成立勞動關係之故。若無此私法上勞動契約關係之存在，勞動者亦無引用勞動基準法之可能。換言之，勞動基準法之公法上規定可轉為勞動契約關係上私法權義內容方使勞動者之權益獲得請求之保障。因此雇主不依勞動基準法之規定為公法上義務之履行時，單就勞動基準法而言，其請求權利人仍為國家而非勞動者；而國家未達成其強制之目的，則必有罰則之規定，此乃因勞動基準法係國家與雇主間之權義關係之規範使然。

參、勞資糾紛與調解【ADR 機制】

　　目前政府部門之勞資調解機構分別有鄉鎮區公所調解委員會，勞工主管機關之調解，法院訴訟前之調解。2020 年 1 月 1 日起訴訟繫屬之勞動事件之第一審調解是依據勞動事件法。一般而言，勞資糾紛均涉及勞動條件之違規，當發生爭議事件多與勞動基準法有關，例如：積欠工資或資遣費或退休金或職災補償爭議，因此，不論勞方或資方必須準備相關管理表單，例如每月薪資明細表及入帳之存摺明細；每年所得扣繳憑單；「勞保投保薪資明細」及「勞退金專戶金額證明」；上下班打卡資料；主管核准的加班或請假申請單等。制度面上，雇主應具備工作規則及勞動契約，程序方面應符合正義。

圖 4-1

第二節　勞動基準法之內容

壹、總則

一、立法目的

　　為規定勞動條件最低標準，保障勞工權益，加強勞雇關係，促進社會與經濟發展，特制定本法；本法未規定者，適用其他法律之規定。雇主與勞工所訂勞動條件，不得低於勞動基準法所訂之最低標準。（第 1 條）

二、定義

（一）勞工

　　指受雇主僱用從事工作獲致工資者。基此，並無每日工時長短之區別，例如，中油公司僱用從事加油操作之工讀生，亦屬勞工，如工讀生於國定假日出勤，工資加倍發給，再者，任職期間雇主應加勞工保險。一般學理認為勞工之特徵如下：1.人格從屬性。2.親自履行。3.經濟上從屬性。4.納入雇主生產組織體系。基此，從屬性為最重要判斷基準，但部分從屬性為何？法院認為宜從寬認定為勞基法之勞工，縱是承攬與僱傭之混合，仍為勞工（最高法院 81 臺上 347；96 臺上 2630）。2019 年 11 月 19 日勞動部為便於判斷勞動契約之從屬性，於訂定「勞動契約認定指導原則」及「勞動契約從屬性判斷檢核表」，詳列 25 項檢核事項，依從屬性之高低，實質認定是否為勞動契約。再者，職稱非判斷因素，故而實質上有僱傭關係之總經理仍屬勞工，但委任經理人非屬法定勞工（職安乙級）。

　　依據勞工職業災害保險及保護法第 6 條之規定，所指之勞工是指年滿十五歲以上之下列勞工，應以其雇主為投保單位，參加本保險為被保險人：

一、　受僱於領有執業證照、依法已辦理登記、設有稅籍或經中央主管機關依法核發聘僱許可之雇主。

二、　依法不得參加公教人員保險之政府機關（構）、行政法人及公、私立學校之受僱員工。

前項規定，於依勞動基準法規定未滿十五歲之受僱從事工作者，亦適用之。

下列人員準用第一項規定參加本保險：

一、 勞動基準法規定之技術生、事業單位之養成工、見習生及其他與技術生性質相類之人。

二、 高級中等學校建教合作實施及建教生權益保障法規定之建教生。

三、 其他有提供勞務事實並受有報酬，經中央主管機關公告者。

（二）雇主

謂僱用勞工之事業主、事業經營之負責人或代表事業主處理有關勞工事務之人。

（三）工資

謂勞工，因工作而獲得之報酬；包括工資、薪金及按計時、計日、計月、計件以現金或實物等方式給付之獎金、津貼及其他任何名義之經常性給與均屬之。

（四）平均工資

謂計算事由發生之當日前六個月內所得工資總額除以該期間之總日數所得之金額。工作未滿六個月者，謂工作期間所得工資總額除以工作期間之總日數所得之金額。工資按工作日數、時數或論件計算者，其依上述方式計算之平均工資，如少於該期內工資總額除以實際工作日數所得金額 60%者，以60%計。

勞工常見 Q&A

Q1： 甲因高處工作，墜落死亡，如遺屬因「同一事故」已領取勞保給付，雇主的責任為何？

A1： 勞工遭遇職業災害死亡，經勞保局核定為職業災害，且勞工遺屬因「同一事故」已領取勞保給付或依其他法令由雇主支付費用所得之保險給付時，雇主始得抵充其依勞動基準法所應給予之死亡補償。倘勞工遭遇職業災害

死亡，其遺屬符合請領遺屬年金之資格，並依勞工保險條例第 65-1 條規定續領其自身之老年年金給付，致未領取遺屬年金給付，尚不符同一事故已領取勞工保險給付之情形；亦即非屬已由雇主支付費用補償，爰雇主仍須依勞動基準法給付遺屬 40 個月平均工資之死亡補償及 5 個月平均工資之喪葬費。惟遺屬倘依勞工保險條例第 63-2 條第 1 項第 1 款但書規定，領取 10 個月平均月投保薪資之喪葬津貼者，雇主得就此部分主張抵充勞動基準法之喪葬費及死亡補償，不足之部分仍應由雇主補足之。[2]

Q2：夜點費是否為工資？

A2：當事人主張其於公司輪值大、小夜班可領取之夜點費，具備在固定輪班工作型態下「勞務對價」及「經常性給與」之性質，應屬於工資之一部，而作為退休金計算基礎。惟按勞動基準法（下稱勞基法）第 2 條第 3 款規定：「工資：謂勞工因工作而獲得之報酬；包括工資、薪金及按計時、計日、計月、計件以現金或實物等方式給付之獎金、津貼及其他任何名義之經常性給與均屬之。」關於夜點費是否具有工資之性質，而應將其列入平均工資以計算退休金？實務操作見解認為，應回歸勞動基準法第 2 條第 3 款，以是否滿足「勞動對價」與「經常性給與」二要件，就個案具體事實為認定。若系爭夜點費經個案審酌後屬勞務之對價，且為經常性之給與，則屬工資，基於勞動基準法係規定勞動條件最低標準，以保障勞工權益為立法目的，應列入平均工資計算退休金，否則，應認非工資（臺灣高等法院暨所屬法院 93 年法律座談會民事類第 15 號同此見解）。

（五）事業單位

謂適用本法各業僱用勞工從事工作之機構。

（六）勞動契約

謂約定勞雇關係之契約。（第 2 條）

（七）派遣事業單位

指從事勞動派遣業務之事業單位。

---

[2] 勞動部 105 年 02 月 23 日勞動條 2 字第 1050130149 號函。

（八）要派單位

指依據要派契約，實際指揮監督管理派遣勞工從事工作者。

（九）派遣勞工

指受派遣事業單位僱用，並向要派單位提供勞務者。

（十）要派契約

指要派單位與派遣事業單位就勞動派遣事項所訂立之契約。

三、適用行業之範圍

本法於下列各業適用之：（一）農、林、漁、牧業。（二）礦業及土石採取業。（三）製造業。（四）營造業。（五）水電、煤氣業。（六）運輸、倉儲及通信業。（七）大眾傳播業。（八）其他經中央主管機關指定之事業。指定時得就事業之部分工作場所或工作者指定適用。另，醫療保健服務業之住院醫師（非公務人員法制進用者），自 108 年 9 月 1 日起適用。

本法適用於一切勞雇關係。但因經營型態、管理制度及工作特性等因素適用本法確有窒礙難行者，並經由中央主管機關指定公告之行業或工作者，不適用之。

因窒礙難行而不適用本法者，不得逾前述（一）至（七）以外勞工總數五分之一。（第 3 條）

再者，事業單位之雇主，委任經理人、技術生、養成工、見習生、建教合作班學生，無勞基法的適用。

四、主管機關

本法所稱主管機關：在中央為勞動部；在直轄市為直轄市政府；在縣（市）為縣（市）政府。（第 4 條）

五、禁止強制勞動

（一）雇主不得以強暴、脅迫、拘禁或其他非法之方法，強制勞工從事勞動（第 5 條）。違反者，處五年以下有期徒刑、拘役或科或併科新臺幣 75 萬元以下罰金（第 75 條）。

（二）名詞解釋：

 1. 強暴：逞強施用暴力；間接影響勞工自由意識。

 2. 脅迫：威脅逼迫，無論以言詞、姿態、行動脅迫他人，並以使他心生畏懼為要件。

 3. 拘禁：無法律上原因，私自以不法方法拘禁他人，使其行動失去自由。本條與刑法第 302 條妨害自由具有法律競合關係，應依特別法優於普通法之原則引用勞動基準法第 75 條起訴。

 4. 其他非法之方法：其他濫用權勢而違法強制勞工工作之行為。

六、禁止抽取不法

（一）任何人不得介入他人之勞動契約，抽取不法利益。（第 6 條）

（二）立法目的：避免中間剝削，或產生其他弊端而影響勞工權益。

（三）不法利益：無法律上原因而向勞方或資方取得經濟上或財產上的利益。違反者處三年以下有期徒刑、拘役或科或併科新臺幣 45 萬元以下罰金（第 76 條）。

七、勞工卡登記事項

 雇主應置備勞工名卡，登記勞工姓名、性別、出生年月日、本籍、教育程度、住址、身分證統一號碼、到職年月日、工資、勞工保險投保日期、獎懲、傷病及其他必要事項。勞工名卡，應保管至勞工離職後五年[3]。（第 7 條）

八、雇主義務

 雇主對於僱用之勞工，應預防職業上災害，建立適當之工作環境及福利設施。其有關安全衛生及福利事項，依有關法律之規定（第 8 條）。

---

[3]　違反者 2~30 萬元罰鍰。

貳、勞動契約

一、勞動契約之種類

（一）分類

1. 勞動契約，分為定期契約（例外）及不定期契約（常態）。臨時性、短期性、季節性及特定性工作得為定期契約；有繼續性工作應為不定期契約[4]。派遣事業單位與派遣勞工訂定之勞動契約，應為不定期契約。所謂「繼續性」係以勞工實際工作之內容及性質，對雇主有無持續之需要而定（最高法院 103 臺上 2066）。例如公車司機之駕駛工作係屬繼續性工作。

2. 典型契約及非典型契約，傳統典型契約之法律關係，存在於雇勞雙方。非典型契約存在於雇勞雙方及要派單位三方。

勞工常見 Q&A

Q： John Atkinson（約翰・阿特金森）於 1984 年提出「勞動彈性化」的概念，描述企業面對市場景氣變動與不確定時，在僱用人力部分採用數量彈性化，除了縮減核心人力的僱用，其他採用非典型勞動人力，請寫出五種非典型勞動工作型態。（110 就服乙級）

A： 兼職工作、時薪工作；按件計酬工作、部分工時工作、電傳工作；臨時性工作、短期性工作、季節性工作、特定性工作；派遣工作、承攬工作。

（二） 定期契約轉不定期契約的情況（於特定性或季節性之定期工作不適用之）

1. 勞工繼續工作而雇主不即表示反對意思者。

2. 雖經另訂新約，惟其前後勞動契約之工作期間超過九十日，前後契約間斷期間未超過三十日者。（第 9 條）

---

[4] 同上註。

（三） 競業禁止的約定（第 9-1 條）

未符合下列規定者，雇主不得與勞工為離職後競業禁止之約定：

1. 雇主有應受保護之正當營業利益。

2. 勞工擔任之職位或職務，能接觸或使用雇主之營業秘密。

3. 競業禁止之期間、區域、職業活動之範圍及就業對象，未逾合理範疇。

4. 雇主對勞工因不從事競業行為所受損失有合理補償。

前項第 4 款所定合理補償，不包括勞工於工作期間所受領之給付。違反第 1 項各款規定之一者，其約定無效。離職後競業禁止之期間，最長不得逾二年。逾二年者，縮短為二年。

（四）試用期間之約定

勞雇雙方在合理期間內，如約定試用期間為三個月或六個月試用期間尚在合理範圍。

（五）營業秘密的約定

我國是繼 1990 年瑞士之後制定營業秘密法之國家。於 1996 年，韓國認為營業秘密至少有三個要件，即秘密性、經濟價值性、保密管理。近年發生境外公司竊取我國營業秘密事件，皆以大陸企業與南韓企業為主，商業間諜無所不用其極，運用各種方法與管道，不法取得我國高科技研發成果。營業秘密法案件因涉及國防工業，高科技之技術竊取與人才挖角等國安問題，應以新思維審視此為國安問題。

1. 我國最高法院 107 台上 2950：

營業秘密，依營業秘密法第 2 條之規定，係指方法、技術、製程、配方、程式、設計或其他可用於生產、銷售或經營之資訊，而符合下列要件者：(1)非一般涉及該類資訊之人所知者（下稱秘密性）；(2)因其秘密性而具有實際或潛在之經濟價值者（下稱經濟價值）；(3)所有人已採取合理之保密措施者（下稱保密措施）。所稱秘密性，屬於相對秘密概念，知悉秘密之人固不以一人為限，凡知悉者得以確定某項資訊之詳細內容及範圍，具有一定封

閉性，秘密所有人在主、客觀上將該項資訊視為秘密，除一般公眾所不知者外，相關專業領域之人亦不知悉者屬之；所謂經濟價值，係指某項資訊經過時間、勞力、成本之投入所獲得，在使用上不必依附於其他資訊而獨立存在，除帶來有形之金錢收入，尚包括市占率、研發能力、業界領先時間等經濟利益或競爭優勢者而言。他人擅自取得、使用或洩漏之，足以造成秘密所有人經濟利益之損失或競爭優勢之削減；至於保密措施，乃秘密所有人按其人力、財力，依社會所可能之方法或技術，將不被公眾知悉之資訊，依業務需要分類、分級而由不同之授權職務等級者知悉，除有使人瞭解秘密所有人有將該資訊當成秘密加以保密之意思，客觀上亦有保密之積極作為。從而，重製、取得、使用、洩漏他人營業秘密罪之判斷，首須確定營業秘密之內容及其範圍，並就行為人所重製、取得、使用、洩漏涉及營業秘密之技術資訊是否具備秘密性、經濟價值及保密措施等要件逐一審酌。如其秘密，僅屬抽象原理、概念，並為一般涉及相關資訊者經由公共領域所可推知，或不需付出額外的努力即可取得相同成果，或未採取交由特定人管理、限制相關人員取得等合理保密措施，均與本罪之構成要件不符。

2. 我國實務重要概念：

「營業秘密」在於調和社會公共利益，確保商業競爭秩序及維護產業倫理。「營業秘密」之範圍包括「方法、技術、製程、配方、程式、設計或其他可用於生產、銷售或經營之資訊」。「營業秘密」除同時符合以下三項條件：「非一般能知該類資訊；因其秘密性而具有實際或潛在之經濟價值者；所有人必須有合理之保密措施」外，尚須可用於生產、銷售或經營之資訊。

(1) 「合理之保密措施」

    a. 與員工約定「保密協定」。

    b. 營業秘密之資料，限制閱讀或接觸，禁止流傳即通報該項資料之重要性與機密性。

    c. 要標明「機密」或「限閱」或其他類似之記號。

    d. 對於以書面型態記載之營業秘密，限制影印外流。

    e. 制定保全計畫並做好保全措施。

「合理之保密措施」得視情況採取其他有效措施。

(2) 其他應注意事項

    a. 營業秘密不得為質權或強制執行之標的，其所有人可以授權他人使用其營業秘密，亦可將全部或部分營業秘密讓與他人或與他人共有。

    b. 甲公司開發部主管 A 掌握最新技術製程，並約定保密協議但離職後就任乙公司，將甲公司之機密技術揭露於乙公司，甲公司遭受巨額營業上損失，A 可能觸犯之罪責有：營業秘密法—未經授權洩漏營業秘密罪；刑法—洩漏工商秘密罪；刑法—背信罪。

    c. 產品設計或開發流程圖，公司內部各種計劃方案或客戶名單均屬營業秘密法保護範圍。

    d. 營業秘密可分為技術性機密—例如：經研究、設計、製造而成或產品配方；及商業性機密—凡涉及與商業經營有關之資料均屬之，例如：客戶名單、行銷策略與計畫、財務及會計報表、受雇人資料等。但單純的客戶名單，只是名稱與電話或住址等，在市場上或專業領域內易於獲得或知悉，看不出有何價值性與秘密性，非營業秘密保護標的，例如：智慧財產法院 104 年度刑智上訴 61 號刑事判決，認為客戶職員姓名、照片，雖為資訊，二者相合並非營業秘密法所稱秘密。另軍事機密、個人感情方面之秘密亦非營業秘密法保護範圍。

    e. 甲公司若將其新開發受營業秘密法保護之技術授權乙公司使用，則可約定授權使用限於一定之地域及時間。亦可約定限於特定之內容或一定使用方法或要求被授權人在一定期間負有保密義務。

    f. 營業秘密法承認共有關係，例如丙公司與丁公司共同研發新技術成為營業秘密之共有人。

    g. 甲公司嚴格保密最新配方產品大賣，若甲公司員工 B 擅自將配方盜賣給乙公司，則 B 侵害甲公司之營業秘密。凡故意侵害他人營業秘密法院因被害人之請求最高可酌定損害額 3 倍之賠償，並有刑事責任，其中損害賠償請求權為二年。受雇人因承辦業務知悉營業秘密，於離職後仍不可洩漏該營業秘密。

    h. 甲公司受雇人 A 因執行職務觸犯營業秘密法之罪，除處罰行為人外，可對甲公司處罰金。

i. 甲公司的員工 A 離職後要求同事 B 將其在職期間所製作之文件傳送給他，則 B 可能會觸犯營業秘密之侵害必須拒絕。凡行為人以竊取等不正當方法取得營業秘密者，均構成犯罪行為。針對在我國境內竊取營業秘密後，意圖在外國，中國大陸或港澳地區使用者，仍可適用營業秘密法並加重其刑。

勞工常見 Q&A

面試資料爭議

一、第一爭議

Q： A 公司要聘用會計員及保全人員，面談期間請求職者提供無犯罪證明，是否合法？

A： 1. 一般情況犯罪紀錄可不提供。[5]

2. 保全業者必須知悉保全員有無犯罪紀錄（良民證）。

依據保全業第 10-1 條規定：「有下列情形之一者，不得擔任保全人員。…曾犯組織犯罪防制條例、煙毒條例、麻醉藥品、毒品、槍砲、妨害自由罪章、竊盜罪章、槍奪強盜及海盜罪章、侵占罪章…。保全業知悉所屬保全人員，有前項各款情形之一者，應即予解職。」基此，保全公司得請求職者提供良民證。

二、第二爭議

Q： 雇主面試時對求職者提出有無結婚懷孕之問題，求職者如何處理？

A： 涉隱私，求職者可拒絕。

二、工作年資之合併

定期契約屆滿後或不定期契約因故停止履行後，未滿三個月而訂定新約或繼續履行原約時，勞工前後工作年資，應合併計算。（第 10 條）

---

[5] 個資法第 6 條第 1 項規定，有關病歷、醫療、基因、性生活、健康檢查及犯罪前科之個人資料，不得蒐集、處理或利用。（原則法）就業服務法施行細則第 1-1 條規定，就業服務法第五條第二項第二款所定隱私資料包括，1.生理資訊：基因檢測、藥物測試、醫療測試、HIV 檢測、智力測驗或指紋等。2.心理資訊：心理測驗、誠實測試或測謊等。3.個人生活資訊：信用紀錄、犯罪紀錄、懷孕計畫或背景調查等。

三、調動五原則（第 10-1 條）

調動是否合法，要綜合「通勤時間」、「調動理由」、「工作條件」，並注意下列事項：

（一）基於企業經營上所必須，且不得有不當動機及目的。但法律另有規定者，從其規定。

（二）對勞工之工資及其他勞動條件，未作不利之變更。

（三）調動後工作為勞工體能及技術可勝任。

（四）調動工作地點過遠，雇主應予以必要之協助。

（五）考量勞工及其家庭之生活利益。

補充

1. 雇主必須在契約中明訂有調動權與可能性，否則不能任意調動，須經勞工同意後才能調動（最高法院 77 年度台上字第 1868 號）。
2. 事業單位因為疫情影響不能繼續營業，得與勞工約定減班休息（無薪假）的工作方式，但須經勞雇雙方協商同意，如勞工拒絕而主張雇主應先採行調動或調職，仍須協商【110 高考】。

四、需預告之經濟性解僱[6]（第 11 條）

非有下列情形之一者，雇主不得預告勞工終止勞動契約：

（一）歇業或轉讓時。

（二）虧損或業務緊縮時。

（三）不可抗力暫停工作在一個月以上時。

（四）業務性質變更，有減少勞工之必要，又無適當工作可供安置時。

---

[6] 勞基法為保障勞工工作權，特別在第 11 條中明文規定，雇主沒有所列 5 款事由之一時，不得預告勞工終止契約。案例：阿美被公司資遣，其主張之權益包括謀職假、資遣費及未領之工資。另外就業保險有加保者，可依規定請領非自願離職之失業給付或職業訓練生活津貼。

（五）勞工對於所擔任之工作卻不能勝任時。另，被裁減而自願參加勞保之勞工，其保險費要負擔 80%。

雇主以勞基法第 11 條規定之事由解僱勞工時，或有認為應遵守「本勞優先留用原則」，乃基於就業服務法第 42 條，為保障國民工作權，聘請外國人工作，不得妨礙本國人的就業機會、勞動條件、國民經濟發展及社會安定【110 年普考】。

五、無須預告終止契約之事由（第 12 條）

勞工有下列情形之一者，雇主得不經預告終止契約：

（一）於訂立勞動契約時為虛偽意思表示，雇主誤信而有受損害之虞者。

（二）對於雇主、雇主家屬、雇主代理人或其他共同工作之勞工，實施暴行或有重大侮辱之行為者。

（三）受有期徒刑以上刑之宣告確定，而未諭知緩刑或未准易科罰金者。

（四）違反勞動契約或工作規則，情節重大者。

（五）故意損耗機器、工具、原料、產品，或其他雇主所有物品，或故意洩露雇主技術上、營業上之秘密，致雇主受有損害者。

（六）無正當理由繼續曠工三日，或一個月內曠工達六日者。

雇主依前項第 1 款、第 2 款及第 4 款至第 6 款規定終止契約者，應自知悉其情形之日起，三十日內為之。

雇主依嚴謹程序，在使用各種保護手段促請勞工忠誠履行勞動義務，仍無法改善之情況下解僱勞工，方符合最後手段性原則。（106 臺上 333）

六、禁止終止勞動契約及例外（第 13 條）

　　勞工在第 50 條規定之停止工作期間或第 59 條規定之醫療期間，雇主不得終止契約。但雇主因天災、事變或其他不可抗力致事業不能繼續，經報主管機關核定者，不在此限。

七、勞工終止契約權（第 14 條）

　　有下列情形之一者，勞工得不經預告終止契約：

（一）雇主於訂立勞動契約時為虛偽之意思表示，使勞工誤信而有受損害之虞者。

（二）雇主、雇主家屬、雇主代理人對於勞工，實施暴行或有重大侮辱之行為者。但如雇主已將該代理人解僱，勞工不得終止契約。

（三）契約所訂之工作，對於勞工健康有危害之虞，經通知雇主改善而無效果者。

（四）雇主、雇主代理人或其他勞工患有惡性傳染病，有傳染之虞者。但如雇主已將患有惡性傳染病者送醫或解僱，勞工不得終止契約。

（五）雇主不依勞動契約給付工作報酬，或對於按件計酬之勞工不供給充分之工作者。

（六）雇主違反勞動契約或勞工法令，致有損害勞工權益之虞者。

　　勞工依前項第 1 款、第 6 款規定終止契約者，應自知悉其情形之日起，三十日內為之。（準用第 17 條）

八、勞工終止契約之預告期（第 15 條）

　　特定性定期契約期限逾三年者，於屆滿三年後，勞工得終止契約。但應於三十日前預告雇主。（註：不定期契約，勞工終止契約時，應準用第 16 條第 1 項規定期間預告雇主。）

九、服務年限（第 15-1 條）

　　雇主必須符合曾給予專業培訓，並負擔培訓費用或用合理補償換取最低服務年限的要求，並注意下列事項：

未符合下列規定之一，雇主不得與勞工為最低服務年限之約定：

（一）雇主為勞工進行專業技術培訓，並提供該項培訓費用者。

（二）雇主為使勞工遵守最低服務年限之約定，提供其合理補償者。

最低服務年限之約定，應就下列事項綜合考量，不得逾合理範圍：

（一）雇主為勞工進行專業技術培訓之期間及成本。

（二）從事相同或類似職務之勞工，其人力替補可能性。

（三）雇主提供勞工補償之額度及範圍。

（四）其他影響最低服務年限合理性之事項。

違反前二項規定者，其約定無效。勞動契約因不可歸責於勞工事由而於最低服務年限屆滿前終止者，勞工不負違反最低服務年限約定或返還訓練費用之責任。

十、雇主終止契約之預告期（第 16 條）

雇主依第 11 條或第 13 條但書規定終止勞動契約者，其預告期間依下列各款之規定：

（一）繼續工作三個月以上一年未滿者，於十日前預告之。

（二）繼續工作一年以上三年未滿者，於二十日前預告之。

（三）繼續工作三年以上者，於三十日前預告之。

勞工於接到前項預告後，為另謀工作得於工作時間請假外出。其請假時數，每星期不得超過二日之工作時間，請假期間之工資照給。雇主未依第 1 項規定期間預告而終止契約者，應給付預告期間之工資。再者，要特別注意員工請謀職假，雇主不得扣發全勤獎金。

十一、結清工資

依本法終止勞動契約時，雇主應即結清工資給付勞工。

十二、資遣費之計算[7]（第 17 條）

（一）依據勞動基準法第 17 條及相關規定終止勞動契約時，雇主依勞基法第 11、13、14、20 條終止勞動契約者，應依下列規定發給勞工資遣費：

　　1. 在同一雇主之事業單位繼續工作，每滿一年發給相當於一個月平均工資之資遣費。

　　2. 依前款計算之剩餘月數，或工作未滿一年者，以比例計給之。未滿一個月者以一個月計。

（二）另依據勞工退休金條例第 12 條規定終止契約時，其資遣費由雇主按其工作年資，每滿一年發給二分之一個月之平均工資，未滿一年者，以比例計給；最高以發給六個月平均工資為限，不適用勞動基準法第 17 條之規定。

（三）資遣費，應於終止勞動契約三十日內發給。

（四）94 年 7 月 1 日以後受僱勞工的資遣費，依據勞工退休金條例第 12 條發給資遣費。但選擇適用勞基法退休金之勞工，仍依勞基法第 17 條計算資遣費。

勞工常見 Q&A

Q1： 阿美於 94 年 7 月 1 日到 A 公司上班，95 年 7 月 1 日被資遣，雇主應負擔哪些費用？

A1： 勞工退休金條例於 94 年 7 月 1 日實施，阿美只有新制年資。

　　1. 退休金：A公司每月提繳6%共一年＝每月工資×6%×12＝0.06×12＝每月工資×0.72，於年滿60歲，可向勞保局請領。

　　2. 資遣費：一年 0.5 個月。

Q2： 阿美 86 年 8 月 1 日到職，99 年 3 月 1 日離職，106 年阿美向公司請求資遣費，公司找不到阿美離職書，如何處理？

A2： 請求權時效目前無統一見解：第一說：15 年；第二說：5 年。

---

[7] 未給、少給或晚給，罰 30~150 萬元。

十三、不得請求資遣費

有下列情形之一者,勞工不得向雇主請求加發預告期間工資及資遣費:

(一)依第 12 條或第 15 條規定終止勞動契約者。

(二)定期勞動契約期滿離職者。(第 18 條)

十四、服務證明

勞動契約終止時,勞工如請求發給服務證明書,雇主或其代理人不得拒絕[8]。(第 19 條)

十五、留用勞工

事業單位改組或轉讓時,除新舊雇主商定留用之勞工外,其餘勞工應依第 16 條規定期間預告終止契約,並應依第 17 條規定發給勞工資遣費。其留用勞工之工作年資,應由新雇主繼續予以承認。(第 20 條)

十六、禁止轉掛派遣

要派單位不得於派遣事業單位與派遣勞工簽訂勞動契約前,有面試該派遣勞工或其他指定特定派遣勞工之行為。

要派單位違反前項規定,且已受領派遣勞工勞務者,派遣勞工得於要派單位提供勞務之日起九十日內,以書面向要派單位提出訂定勞動契約之意思表示。

要派單位應自前項派遣勞工意思表示到達之日起十日內,與其協商訂定勞動契約。逾期未協商或協商不成立者,視為雙方自期滿翌日成立勞動契約,並以派遣勞工於要派單位工作期間之勞動條件為勞動契約內容。

派遣事業單位及要派單位不得因派遣勞工提出第二項意思表示,而予以解僱、降調、減薪、損害其依法令、契約或習慣上所應享有之權益,或其他不利之處分。

派遣事業單位及要派單位為前項行為之一者,無效。

---

[8]　違反者 2~30 萬元罰鍰。

　　派遣勞工因第二項及第三項規定與要派單位成立勞動契約者,其與派遣事業單位之勞動契約視為終止,且不負違反最低服務年限約定或返還訓練費用之責任。

　　前項派遣事業單位應依本法或勞工退休金條例規定之給付標準及期限,發給派遣勞工退休金或資遣費。(第 17-1 條)

參、工資

一、工資之議定

(一)工資由勞雇雙方議定之。但不得低於基本工資[9]:

　　基本工資:由中央主管機關設基本工資審議委員會擬訂後,報請行政院核定之。2017 年 1 月 1 日起基本工資 21,009 元,時薪 133 元。2020 年 1 月 1 日起基本工資為 23,800 元,時薪內 158 元;2022 年 1 月 1 日起基本工資為 25,250 元,時薪為 168 元。

(二)所稱基本工資係指勞工在正常工作時間所得之報酬。但延長工作時間之工資及休假日、例假日工作加給之工資均不計入(職安乙級)。

(三)採計件工資之勞工所得基本工資,以每日工作八小時之生產額或工作量換算之。

二、工資之給付原則

(一)工資之給付,應以法定通用貨幣為之[10]。但基於習慣或業務性質,得於勞動契約內訂明一部以實物給付之。工資之一部以實物給付時,其實物之作價應公平合理,並適合勞工及其家屬之需要。

(二)工資應全額直接給付勞工。但法令另有規定或勞雇雙方另有約定者,不在此限。(第 22 條)

(三)勞工工作時間每日少於八小時者,除工作規則、勞動契約另有約定或另有法令規定者外,其基本工資得按工作時間比例計算之。

---

[9]　違反者 2~100 萬元罰鍰。

[10]　發給新臺幣。

補充

經營管理者或勞動者應特別留意下列事實層面存在之薪資結構：

- 薪資＝工資＋非工資
- 企業成本＝第一次成本費＋第二次成本費[11]

三、工資給付之時間次數

（一）工資之給付，除當事人有特別約定或按月預付者外，每月至少定期發給二次；按件計酬者亦同。

（二）雇主應置備勞工工資清冊，將發放工資、工資計算項目、工資總額等事項記入。工資清冊應保存五年。（第 23 條）

法案新訊

基本工資 2022 年調漲誰受惠？外勞基本工資應否脫鉤？

馬翠華博士　勞動調解委員

　　基本工資調漲最終定案，2022 年開始，時薪將從 160 元調整至 168 元，調幅為 5%；月薪則從 24,000 元調整至 25,250 元，調幅約為 5.2%。對於新鮮人及大多數的打工族群無疑是件好消息，但基本工資調整後，勞保費用也增加，現行勞保費率為 10.5%，加上就業保險 1%，總計保費費率為 11.5%，若以聘僱一名勞工薪資 25,250 元來計算保費，雇主、勞工與政府三方負擔為 7:2:1，雇主成本增加 101 元；勞工自付金額增加 29 元；政府則須增加 14 元。然而更多人擔心的是物價隨之提升，變相降薪。再者，用人成本上升也可能影響雇主僱用勞工的意願，2021 年 9 月 30 日數據顯示，臺灣失業率達 4.09%，仍值得觀察與注視。

　　臺灣整體 GDP 雖然成長，甚至來到近 11 年新高點，但數據真的能反映真實的產業狀況嗎？疫情期間，特定幾個產業的確快速成長，但事實上觀光、旅宿、服務業等仍受到相當大的影響，疫情期間撐下去已不容易，用人成本再

---

[11] 第二次費用＝加班費；資遣費；退休金（含新制退休 6%）；勞保費；就保費；健保費；職災補償金；特休未休加班費；預告期間工資。

上升恐怕雪上加霜，若政府積極研擬完善的輔導與補貼方案，讓即將凋零的產業鏈運作順遂，進而達到勞資共富目標，或許是當務之急。

另一項重點則是外籍勞工基本工資應否與本勞基本工資脫鉤？有正反兩極看法，現行制度不分本勞、外勞，均適用基本工資相關規定。但也有例外，例如「家庭類看護工」不適用勞動基準法，其工資凍漲與否？依勞雇雙方約定，但不得低於 17,000 元。

反對脫鉤者則認為，外勞及本勞同樣身為勞工，理應同工同酬，其基本生活所需的基本工資也應該相同，不得差別待遇，不得歧視，若影響最基本的人權保障，必與政府簽署之兩項人權公約相悖離。此外，也有部分反對脫鉤者認為，外勞若相對本勞的薪資較低，雇主會偏向僱用外勞，進而影響本國勞工就業，排擠就業機會。

贊成脫鉤者認為，基本工資應是保障勞工及其家庭最低生活所需，而以外籍勞工來說，多為隻身一人來台工作，親屬則居住家鄉，外勞工作契約期滿，就須回到母國，與本勞立基點不同，基本工資應有區分。以新加坡為例，同樣是必須運用東南亞外籍勞工補足國內勞動力缺口的國家，其依賴外籍勞動力不亞於臺灣，雖該國無最低工資之制度，但該國依市場機制僱用外勞，依照不同國家有不同的最低薪資規定，也能提升企業競爭力。

每個政策制度都有其正功能、反功能及無功能層面，基本工資的調漲既有受惠處，自有附隨之負擔。至於外勞工資脫鉤問題，我們都希望在保障本勞及外勞權益之前提下，同時讓企業擁有競爭力，包括建構勞資雙方整體性與完整性之因應措施。

四、派遣工資之積欠

（一）派遣事業單位積欠派遣勞工工資，經主管機關處罰或依第 27 條規定限期令其給付而屆期未給付者，派遣勞工得請求要派單位給付。要派單位應自派遣勞工請求之日起三十日內給付之。

（二）要派單位依前項規定給付者，得向派遣事業單位求償或扣抵要派契約之應付費用。（第 22-1 條）

勞工常見 Q&A

Q：A 公司為準備勞動檢查機構突檢，有關薪資明細如何準備？

A： 1. A 公司應將個人薪資明細及計算式詳列工資金額、工資計算方式、加班費等事項）：

工資	本薪（含假日給予）；職務加給；伙食費；全勤獎金
	休息日加班費；國定假日未休加班費；平日加班費

2. 下列兩種類型是錯誤的薪資條[12]：

(1) 第一類型：

105 年 12 月	工資	勞健保	實領
阿美	35875	1237	34638

(2) 第二類型：

105 年 12 月	實領
阿英	34638

五、加班工資之計算標準

雇主延長勞工工作時間者，其延長工作時間之工資依下列標準加給之：

（一）延長工作時間在二小時以內者，按平日每小時工資額加給三分之一以上。

（二）再延長工作時間在二小時以內者，按平日每小時工資額加給三分之二以上。

（三）依第 32 條第 3 項規定，延長工作時間者，按平日每小時工資額加倍發給之。（第 24 條）

（四）雇主使勞工於第 36 條所定休息日工作，工作時間在二小時以內者，其工資按平日每小時工資額另再加給一又三分之一以上；工作二小時後再繼續工作者，按平日每小時工資額另再加給一又三分之二以上。

---

[12] 資料來源：基隆市政府。

勞工常見 Q&A

Q： 阿美在平日有加班習慣，但雇主的計算基準是 1.33 及 1.66 計算，某日她
　　向勞工局申請調解，勝算如何？

A： 在實務處理上是很嚴謹的，依據勞動基準法第 24 條規定延長工時之計算基
　　準是：1.延長工作時間在二小時以內者，按平日每小時工資額加給三分之
　　一以上。2.再延長工作時間在二小時以內者，按平日每小時工資額加給三
　　分之二以上。所以向來實務之處理是依據上開規定審酌雇主有無違法。本
　　案雇主宜採不低於 1.34 及 1.67 為基準方合法。阿美可請求加班費差額。
　　但 105 年 12 月 27 日臺北高等行政法院認為 1.33 或 1.66 計算係屬數學誤
　　差，業主被裁罰 2 萬元為違法的行政處分（105 年度訴字第 758 號）

六、禁止性別歧視

雇主對勞工不得因性別而有差別之待遇。工作相同、效率相同者，給付
同等之工資。[13]（第 25 條）（評：僅列在工資章節，未列在總則中，是否僅禁
止工資差別待遇，其他不平等條件不適用頗有質疑，因此，需搭配性別工作
平等法，以利整體規範之判斷。）

七、禁止預扣工資

（一）雇主不得預扣勞工工資作為違約金或賠償費用。（第 26 條）

（二）實務上勞動檢查強調禁止不當扣薪，例如遲到或早退必須以分鐘為計
　　　算單位。[14]

八、工資按期給付

雇主不按期給付工資者，主管機關得限期令其給付。（第 27 條）

---

[13] 違反者 2~100 萬元罰鍰。

[14] 同上註。

九、工資優先受償權

（一）雇主有歇業、清算或宣告破產之情事時，勞工之下列債權受償順序與第一順位抵押權、質權或留置權所擔保之債權相同，按其債權比例受清償；未獲清償部分，有最優先受清償之權：

1. 本於勞動契約所積欠之工資未滿六個月部分。

2. 雇主未依本法給付之退休金。

3. 雇主未依本法或勞工退休金條例給付之資遣費。

（二）雇主應按其當月僱用勞工投保薪資總額及規定之費率，繳納一定數額之積欠工資墊償基金，作為墊償下列各款之用：

1. 前項第 1 款積欠之工資數額。

2. 前項第 2 款與第 3 款積欠之退休金及資遣費，其合計數額以六個月平均工資為限。

3. 積欠工資墊償基金，累積至一定金額後，應降低費率或暫停收繳。

（三）費率係由中央主管機關於萬分之十五範圍內擬訂，報請行政院核定之。

（四）雇主積欠之工資、退休金及資遣費，經勞工請求未獲清償者，由積欠工資墊償基金依第 2 項規定墊償之；雇主應於規定期限內，將墊款償還積欠工資墊償基金。

十、獎勵

　　事業單位於營業年度終了結算，如有盈餘，除繳納稅捐、彌補虧損及提列股息、公積金外，對於全年工作並無過失之勞工，應給與獎金或分配紅利。（第 29 條）

肆、工作時間、休息、休假

一、工作時數

（一）勞工每日正常工作時間不得超過八小時，每週不得超過四十小時。（第 30 條第 1 項）

（二）前項正常工作時間，雇主經工會同意，如事業單位無工會者，經勞資會議[15]同意後，得將其二週內二日之正常工作時數，分配於其他工作日。其分配於其他工作日之時數，每日不得超過二小時。但每週工作總時數不得超過四十八小時。（第 30 條第 2 項）

（三）正常工作時間，雇主經工會同意，如事業單位無工會者，經勞資會議同意後，得將八週內之正常工作時數加以分配。但每日正常工作時間不得超過八小時，每週工作總時數不得超過四十八小時。前二項規定，僅適用於經中央主管機關指定之行業。雇主應置備勞工出勤紀錄，並保存五年。前項出勤紀錄，應逐日記載勞工出勤情形至分鐘為止。勞工向雇主申請其出勤紀錄副本或影本時，雇主不得拒絕[16]。雇主不得以第 1 項正常工作時間之修正，作為減少勞工工資之事由。第 1 項至第 3 項及第 30-1 條之正常工作時間，雇主得視勞工照顧家庭成員需要，允許勞工於不變更每日正常工作時數下，在一小時範圍內，彈性調整工作開始及終止之時間。

（四）部分工時勞工每日工時超過八小時或每週超過四十小時，均為工時之延長，必須給加班費。亦即，部分工時的勞工無變形工時的適用[17]。

勞工常見 Q&A

Q1： 阿美在外採訪工作，經常早出晚歸，如何記載出勤事實？法定出勤紀錄必要性為何？

A1： 1. 依據勞動部 2015 年訂頒《勞工在事業場所外工作時間指導原則》規定，得以行車紀錄器、GPS、電話、打卡、通訊軟體作為工時及出勤之判斷依據。

　　 2. 勞動基準法第 30 條第 5 項及第 6 項有關雇主應置備勞工出勤紀錄之規定，係課雇主保存勞工出勤紀錄之義務，並應覈實記載至分鐘為止，俾明確勞資權益；至其記載之載具及形式為何，可由勞資雙方自

---

[15] 雇主調移工時或採行變形工時，或加班，或女性夜間工作，均必須經過勞資會議通過方合法。違反者 2~100 萬元罰鍰。

[16] 罰鍰：9~45 萬元。

[17] 勞動部 103 年 11 月 5 日勞動條 3 字第 1030028069 號函。

行約定，非以打卡為限。又前開出勤紀錄為工資、工時查核以及職業災害認定之重要依據，為明確雙方權益，雇主仍應置備所有人員之出勤紀錄為宜（參見勞動部相關解釋令）。

Q2：A 科技公司之管理制度，將高階員工列入不打卡的員工，且遲到早退不列入考核，不扣減任何福利待遇，A 公司被檢舉，其結果為何？

A2：1. 依據勞基法 30 條，出勤紀錄須紀錄至分鐘。
　　2. A 公司被罰 2 萬元。

二、工作時間變更原則

（一）中央主管機關指定之行業，雇主經工會同意，如事業單位無工會者，經勞資會議同意後，其工作時間得依下列原則變更：

　　1. 四週內正常工作時數分配於其他工作日之時數，每日不得超過二小時，不受第 30 條第 2 項至第 4 項規定之限制。例如：加油站業、銀行業、醫藥保健服務業。

　　2. 當日正常工作時間達十小時者，其延長之工作時間不得超過二小時。

　　3. 女性勞工，除妊娠或哺乳期間者外，於夜間工作，不受第 49 條第 1 項之限制。但雇主應提供必要之安全衛生設施。

（二）依中華民國 85 年 12 月 27 日修正施行前第 3 條規定適用本法之行業，除第 1 項第 1 款之農、林、漁、牧業外，均不適用前項規定。（第 30-1 條）。

三、坑道或隧道內工作時間

　　在坑道或隧道內工作之勞工，以入坑口時起至出坑口時止為工作時間。（第 31 條）

四、延長工時（第 32 條）

（一）雇主有使勞工在正常工作時間以外工作之必要者，雇主經工會同意，如事業單位無工會者，經勞資會議同意後，得將工作時間延長之。

（二）前項雇主延長勞工之工作時間連同正常工作時間，一日不得超過十二小時。延長之工作時間，一個月不得超過四十六小時。但工會或勞資

會議同意，延長工時一個月不超過 54 小時，每三個月不超過 138 小時。如勞工人數在 30 人以上，應報主管機關備查。

（三）因天災、事變或突發事件，雇主有使勞工在正常工作時間以外工作之必要者，得將工作時間延長之。但應於延長開始後二十四小時內通知工會；無工會組織者，應報當地主管機關備查。延長之工作時間，雇主應於事後補給勞工以適當之休息。

（四）在坑內工作之勞工，其工作時間不得延長。但以監視為主之工作，或有前項所定之情形者，不在此限。

勞工常見 Q&A

Q1：B 公司的阿美，為一個護理工作者，因有病患緊急就醫，而醫院人力不足，阿美自告奮勇，主動加班 8 小時，B 公司於勞檢時無言以對，被罰4 萬元，是否合理？

A1：違反勞基法第 32 條，每日工時不得超過 12 小時。（勤勞的工作者，卻讓雇主受罰！）

Q2：阿強剛升科長，想好好把工作做好，3 月份卻連續工作 20 天，經勞檢，公司被罰 2 萬元，是否合理？

A2：違反勞基法一例一休規定。（在公司研究新業務，太過於認真，雇主會挨罰！）

Q3：A 麵包店生意特好，有位中高齡員工阿美，每日上午 4:00 到公司上班，負責開門、清理、打掃，日復一日，每日工時超過 12 小時，經勞檢，公司被罰 2 萬元。

A3：違反勞基法第 32 條。（中高齡勞工找工作不容易，想多幫雇主的忙，反害了雇主。）

Q4：A 醫院與護士約定每日工時＝8 小時，但是當醫生看診時間少於上班時間，致護士上班時數不足，例如當日門診僅有 4 小時或以醫師提早下診、停診為由，醫院以勞工累積的加班時數或特休時數抵扣剩餘未出勤時數，此種負時數抵扣行為是否合法？[18]

A4：不足時數應由醫院承擔，不能從勞工先前所累積的加班時數或特休時數抵扣。

---

[18] http://m.appledaily.com.tw。有些醫院常以病人出院或業務少等理由，臨時要求已準備到醫院上全天班的護理師，僅上半天班即離開，俗稱「批班」。剩餘的時數被當成護理師積欠院方，並記錄在系統班表內成為「負時數」，要求護理師用加班償還，且拒發加班費。https://udn.com/new。

補充

加班爭執

1. 勞基法規定每天工作不得逾 12 小時,每月不得逾 46 小時,乃考量勞工一旦過勞,易影響身體健康及生命安全。

2. 然而某日或某幾日能造成過勞者,或許勞工先天體質弱的因素須併入考量。再者,職災認定程序繁瑣,要列為職災又常有醫理上的判斷,因此,勞檢的手段與目的性,是否相當?比例原則有無遵守?有無錯估社會衝擊?有無將勞資關係逼入緊繃或破同舟共濟及共體時艱之矛盾地帶?容有探討空間。

五、調整工時

勞動基準法第 3 條所列事業,除製造業及礦業外,因公眾之生活便利或其他特殊原因,有調整第 30 條、第 32 條所定之正常工作時間及延長工作時間之必要者,得由當地主管機關會商目的事業主管機關及工會,就必要之限度內以命令調整之。(第 33 條)

六、晝夜輪班制之限制

(一)勞工工作採輪班制者,其工作班次,每週更換一次。但經勞工同意者不在此限。依前項更換班次時,至少應有連續十一小時之休息時間。[19](第 34 條)

(二)經中央主管機關與目的事業機關及工會同意,可變更休息時間不少於連續 8 小時,但勞工人數 30 人以上報當地主管機關核備。

(三)除輪班制外,事業單位為因應長工時作業,大多會用排班方式解決人力問題,如排班保有規律性,自可避免工作單調重複或負荷過重情事發生,自可降低雇主風險。所以,採輪班制,其工作班次原則上每個月更換一次【109 年初等考試】。

---

[19] 民國 105 年 12 月 6 日修正。

七、休息時間

勞工繼續工作四小時,至少應有三十分鐘之休息。但實行輪班制或其工作有連續性或緊急性者,雇主得在工作時間內,另行調配其休息時間。(第35條)

八、例假與休息日

(一) 勞工每七日中應有二日之休息,其中一日為例假,一日為休息日。其中例假日禁止出勤原則,每七日應有一日休息,若出勤工資加倍及補休並處罰鍰。雇主有下列情形之一,不受前項規定之限制:

1. 依第30條第2項規定變更正常工作時間者,勞工每七日中至少應有一日之例假,每二週內之例假及休息日至少應有四日。

2. 依第30條第30項規定變更正常工作時間者,勞工每七日中至少應有一日之例假,每八週內之例假及休息日至少應有十六日。

3. 依第30-1條規定變更正常工作時間者,勞工每二週內至少應有二日之例假,每四週內之例假及休息日至少應有八日。雇主使勞工於休息日工作之時間,計入第32條第2項所定延長工作時間總數。但因天災、事變或突發事件,雇主使勞工於休息日工作之必要者,其工作時數不受第32條第2項規定之限制。(第36條)

(二) 內政部所定應放假之紀念日、節日、勞動節及其他中央主管機關指定應放假之日,均應休假。(第37條)

九、特別休假

(一) 勞工在同一雇主或事業單位,繼續工作滿一定期間者,應依下列規定給予特別休假:

1. 六個月以上一年未滿者,三日。

2. 一年以上二年未滿者,七日。

3. 二年以上三年未滿者,十日。

4. 三年以上五年未滿者,每年十四日。

5. 五年以上十年未滿者,每年十五日。

6. 十年以上者,每一年加給一日,加至三十日為止。

前項之特別休假期日，由勞工排定之。但雇主基於企業經營上之急迫需求或勞工因個人因素，得與他方協商調整。雇主應於勞工符合第一項所定之特別休假條件時，告知勞工依前二項規定排定特別休假。勞工之特別休假，因年度終結或契約終止而未休之日數，雇主應發給工資。雇主應將勞工每年特別休假之期日及未休之日數所發給之工資數額，記載於第 23 條所定之勞工工資清冊，並每年定期將其內容以書面通知勞工。勞工依本條主張權利時，雇主如認為其權利不存在，應負舉證責任。民國 105 年 12 月 6 日修正之本條規定，自 106 年 1 月 1 日施行。（第 38 條）

（二）公用事業之勞工，當地主管機關認有必要時，得停止第 38 條所定之特別休假。假期內之工資應由雇主加倍發給。（第 41 條）

（三）案例：109 年 3 月 4 日桃園市政府勞動局實施勞動檢查，以長 X 公司未核給員工特別休假，違反勞基法第 38 條第 2 項規定罰新臺幣 105 萬元。另，109 年疫情嚴重，部分企業強迫要求員工請完特別休假或事假或家庭照顧假，本書認為勞資共體時艱前提，仍需進行協商程序。

勞工常見 Q&A

Q1： 年假是否要照勞基法？是否可協商？

A1： 由勞工排定。

特定休假日數，勞工得於勞雇雙方協商之下列期間內，行使特別休假權利：

1. 以勞工受雇當日起算，每一週年之期間。但其工作六個月以上一年未滿者，為取得特別休假權利後六個月之期間。

2. 每月一月一日至十二月三十一日之期間。

3. 教育單位之學年度、事業單位之會計年度或勞雇雙方約定年度之期間。

Q2： 勞動基準法第 38 條特別休假的修正重點？性質？

A2： 重點：

1. 增加年資淺的勞工有休假資格。

2. 由勞工排定。

3. 勞資可以協商調整。

性質：為形成權，雇主不能拒絕或單方調整。

Q3： 某甲排定特休日為 10/1、10/2 兩天，須經雇主同意嗎？

A3： 1. 不必經雇主同意，甲在 10/1、10/2 不必提供勞務。

2. 甲宜請代理人代理工作，並循請假程序請假。

3. 為釐清工作責任，雇主宜訂工作規則，規範相關事宜。

Q4： 阿美於 105 年應特休而沒特休，消滅時效是幾年？

A4： 無消滅時效的適用，因為特休為形成權，屬除斥期間範圍。

Q5： 阿強的特別休假可以遞延次一年休嗎？可換補休嗎？

A5： 沒休完的假，轉為金錢給付，但可經勞資雙方合意換休。

十、休假日工作之工資

（一） 第 36 條所定之例假、休息日、第 37 條所定之休假及第 38 條所定之特別休假，工資應由雇主照給。雇主經徵得勞工同意於休假日工作者，工資應加倍發給。因季節性關係有趕工必要，經勞工或工會同意照常工作者，亦同。（第 39 條）

（二） 因天災、事變或突發事件，雇主認有繼續工作之必要時，得停止第 36 條至第 38 條所定勞工之假期。但停止假期之工資，應加倍發給，並應於事後補假休息。前項停止勞工假期，應於事後二十四小時內，詳述理由，報請當地主管機關核備。（第 40 條）

十一、雇主不得強制工作

勞工因健康或其他正當理由，不能接受正常工作時間以外之工作者，雇主不得強制其工作。（第 42 條）

十二、請假

勞工因婚、喪、疾病或其他正當事由得請假；請假應給之假期及事假以外期間內工資給付之最低標準，由中央主管機關定之。（第 43 條）有關請假事項略述如下：1.婚假八日工資照給。2.普通傷病假未住院者，一年內合計不得超過三十天。3.事假一年十四天不給工資（職安乙級）。

Q： 阿強每天工作 14~15 小時，多次因看病用 line 向主管請假，看到主管 line
回覆：yes，阿強以為准了，沒想到一個月後被解僱，公司是否合法？

A： 阿強應把工作規則內容看清楚，因為公司訂定的工作規則內有要求必須在
事後填申請書，循行政程序核准。阿強沒事後補辦請假，臺中地院判決公
司勝訴，但可上訴二審。

伍、童工、女工

一、童工之定義與限制

（一）十五歲以上未滿十六歲之受僱從事工作者，為童工。

（二）童工不得從事危險性或有害性之工作。（第 44 條）

（三）雇主不得僱用未滿十五歲之人從事工作。但國民中學畢業或經主管機
關認定其工作性質及環境無礙其身心健康而許可者，不在此限。且準
用童工保護之規定。（第 45 條）

二、雇主義務

　　未滿十八歲之人受僱從事工作者，雇主應置備其法定代理人同意書及其
年齡證明文件。（第 46 條）

三、童工之工時

（一）童工每日之工作時間不得超過八小時，每週之工作時間不得超過四十
小時，例假日不得工作。（第 47 條）

（二）童工不得於午後八時至翌晨六時之時間內工作。（第 48 條）

四、女工之保護

　　國際勞工組織夜間工作公約自 1990 年起，採性別中立保護方式，允許夜
間工作先決條件限制，而非單獨對女性給予特別保護。

（一）雇主不得使女工於午後十時至翌晨六時之時間內工作。但雇主經工會同意，如事業單位無工會者，經勞資會議同意後，且符合下列各款規定者，不在此限（於因天災、事變或突發事件，雇主必須使女工於午後十時至翌晨六時之時間內工作時，不適用之）：

1. 提供必要之安全衛生設施。所稱必要之安全衛生設施，其標準由中央主管機關定之。但雇主與勞工約定之安全衛生設施優於本法者，從其約定。

2. 無大眾運輸工具可資運用時，提供交通工具或安排女工宿舍。

（二）女工因健康或其他正當理由，不能於午後十時至翌晨六時之時間內工作者，雇主不得強制其工作。

（三）第一項規定，於妊娠或哺乳期間之女工，不適用之。（第 49 條）

　　2021 年 8 月 20 日大法官釋字第 807 號解釋刪除女性夜間工作之限制是為了避免差別待遇淪於性別角色的巢臼而違反平等原則。

 法案新訊

「禁止女性夜間工作」違憲，是性別平權體現，還是勞權開倒車？

馬翠華博士 勞動調解委員 2021.11.05

　　110 年 8 月 20 日，司法院大法官作出釋字 807 號解釋，正式宣告勞動基準法第 49 條第 1 項關於女性夜間工作禁止條款，「雇主不得使女工於午後 10 時至翌晨 6 時之時間內工作。但雇主經工會同意，如事業單位無工會者，經勞資會議同意後，且符合下列各款規定者，不在此限：一、提供必要之安全衛生設施。二、無大眾運輸工具可資運用時，提供交通工具或安排女工宿舍。」自解釋公布之日起失其效力。大法官認為，該法已違反憲法第 7 條保障性別平等之精神，故因失其效力。乍看之下，似乎在性別平權的路上向前了一大步，不論性別皆有夜間工作的權利，但釋字 807 號宣布後，卻引發更多的爭議與討論。

　　工業化後女性的勞參率一再攀升，Kung(1976)研究發現女性勞動者外出工作是為了家庭整體利益與長遠福祉。因此，女性工作者追求個人或家庭幸福之權利應受尊重與保護。1990 年國際勞工組織(ILO)第 171 號夜間工作公約，允許勞工夜間工作，但先要有前置作業程序，即經過勞工同意，且同意免費健

檢，並允許勞工可隨時改調日間工作，尤其是工時與工資之設計應有優惠補償權。再觀看位居東南亞的馬來西亞國家，於 1955 年僱用法(Employment Act)規定，僱用於工農界工作的女性勞動者於 PM10:00~AM5:00 禁止工作。越南勞動法明定夜間工作時間為 PM10:00~AM6:00，須經勞工同意且保證加班時間不超過 50%／日，基於健康因素勞工可以拒絕特殊情況的加班。

釋字 807 號解釋主要討論的爭點在於，勞動基準法第 49 條第 1 項「禁止女性夜間工作」是否過度限制了女性的工作權益？

近年來性別平權意識漸起，基於性別平等，女性家庭的養育或照顧責任或人身安全及健康的保障，不再偏向單方或女性，這些因素的考量促成 807 號解釋。

這些考量的確體現了性別平等的概念，逐漸淡化傳統的女性家庭責任思維，無疑是性別平權上的重要影響，但釋字 807 號之後呢？給予夜間工作權之後，是不是也摒除了原有的保障呢？

最高行政法院 109 年度判字第 230 號判決提到基於男女客觀上生理差異，而有上開禁止工作之時間限制，程序上經工會或勞資會議同意或勞雇雙方另行約定之例外情況時，亦得使女性勞工於夜間工時工作，此等保護自難認侵害女性勞工憲法上之工作權。基此，禁止夜間工作是原則，但踐行一定程序後，例外可以出勤。再回顧釋字 365 號釋以，基於男女生理上之差異或因此差異所生之社會生活功能角色上之不同，而有不同規定。因此，最高法院見解符合特殊例外原則的實踐。

然而，釋字 807 號以首揭之限制違反憲法第 7 條保障性別平等之意旨，自解釋公布之日起失效，其彰顯「重平權」，但立馬開啟女性夜間工作大門，有無遺忘弱勢勞工應有的保障及配套措施？例如在指揮監督權的深化下弱勢勞工有無從眾行為或學得無助感的影響與無奈？有無特殊例外情況的自主拒絕權與法律保留條款？若勞基法 49 條第 1 項不合時宜，有無更新或更好的國家保護傘可用？

另女性於夜間工作，不再需要經過「工會」或「勞資協商」同意，是否可以直接推定女性工作者擁有強大抗拒夜間加班的能力？有謂雇主強制勞動已有罰則，更有認為職業安全衛生法足以保護，然而要女工隻身奮勇提出申訴或訴訟，恐更易陷入屈從或辭職抉擇之窘境。

基於性別中性與平權，不論性別都有夜間工作權利當然樂見，但更應該思考的面向在於尊重或落實性別平等的同時，有無讓勞權走回頭路？容有研討空間。【110 地方特考三等考題】

五、女工分娩前後之保護

（一）產假旨在保護母性身體健康，全時或部分工時女性勞工均有產假，以利母體調養恢復體力。女工分娩前後，應停止工作，給予產假八星期；妊娠三個月以上流產者，應停止工作，給予產假四星期。前項女工受僱工作在六個月以上者，停止工作期間工資照給；未滿六個月者減半發給。（第 50 條）非勞動基準法適用行業，則依據性別工作平等法第 15 條辦理相關事宜。

（二）女工在妊娠期間，如有較為輕易之工作，得申請改調，雇主不得拒絕，並不得減少其工資。（第 51 條）

（三）子女未滿一歲須女工親自哺乳者，於第 35 條規定之休息時間外，雇主應每日另給哺乳時間二次，每次以三十分鐘為限。哺乳時間，視為工作時間。（第 52 條）

陸、退休

一、自請退休之條件

勞工有下列情形之一，得自請退休：

（一）工作十五年以上年滿五十五歲者。

（二）工作二十五年以上者。

（三）工作十年以上年滿六十歲者。（第 53 條）

二、強制退休之條件

（一）勞工非有下列情形之一，雇主不得強制其退休：

1. 年滿六十五歲者。對於擔任具有危險、堅強體力等特殊性質之工作者，得由事業單位報請中央主管機關予以調整。但不得少於五十五歲。
2. 身心障礙不堪勝任工作者。（第 54 條）

（二）退休金之給與標準[20]：

1. 按其工作年資，每滿一年給予兩個基數。但超過十五年之工作年資，每滿一年給予一個基數，最高總數以四十五個基數為限。未滿半年者以半年計；滿半年者以一年計。

2. 依第 54 條第 1 項第 2 款規定，強制退休之勞工，其身心障礙係因執行職務所致者，依前款規定加給百分之二十。前項第一款退休金基數之標準，係指核准退休時一個月平均工資。

3. 退休金，雇主應於勞工退休之日起三十日內給付，如無法一次發給時，得報經主管機關核定後，分期給付。（第 55 條）

（三）年滿 65 歲退休者，於退休日之翌日又回原雇主處工作，依據中高齡就業促進法第 28 條規定，雇主得以定期勞動契約雇用之【110 高考】。

勞工常見 Q&A

Q：甲在 A 公司上班已滿 30 年，平均工資為 40,000 元，依據勞動基準法可領多少退休金？假設甲因職業災害身殘無法勝任工作，可領多少錢？

A：一般退休＝40,000×（15 年×2）＋（15 年×1）＝40,000×45＝220 萬元
職業災害退休＝加給 20%＝220 萬元＋44 萬元＝264 萬元

三、限制

（一）雇主應依勞工每月薪資總額百分之二至百分之十五範圍內，按月提撥勞工退休準備金，專戶存儲，並不得作為讓與、扣押、抵銷或擔保之標的；其提撥之比率、程序及管理等事項之辦法，由中央主管機關擬訂，報請行政院核定之。

（二）最低收益不得低於當地銀行二年定期存款利率之收益；如有虧損，由國庫補足之。

---

[20] 未給或少給或晚給罰鍰 30~150 萬元。

（三）雇主所提撥勞工退休準備金，應由勞工與雇主共同組織勞工退休準備金監督委員會監督之。委員會中勞工代表人數不得少於三分之二。（第56條）

四、工作年資之併計

勞工工作年資以服務同一事業者為限。但受同一雇主調動之工作年資，及依第 20 條規定應由新雇主繼續予以承認之年資，應予併計。（第 57 條）

五、請求權時效

勞工請領退休金之權利，自退休之次月起，因五年間不行使而消滅。基此，凡逾期者，雇主可以拒絕。勞工請領退休金之權利，不得讓與、抵銷、扣押或供擔保。勞工依本法規定請領勞工退休金者，得檢具證明文件，於金融機構開立專戶，專供存入勞工退休金之用。前項專戶內之存款，不得作為抵銷、扣押、供擔保或強制執行之標的。（第 58 條）

柒、職業災害補償[21]

職業災害補償之立法目的，在於受災勞動者失去工作或工資未及時支付，危及經濟安全或人身安全，課予雇主負無過失責任的制度，屬基本人權落實機制。

一、補償與抵充

（一）勞工因遭遇職業災害而致死亡、失能、傷害或疾病時，雇主應依下列規定予以補償。但如同一事故，依勞工保險條例或其他法令規定，已由雇主支付費用補償者，雇主得予以抵充之：

　　1. 勞工受傷或罹患職業病時，雇主應補償其必需之醫療費用。職業病之種類及其醫療範圍，依勞工保險條例有關之規定。

　　2. 勞工在醫療中不能工作時，雇主應按其原領工資數額予以補償。但醫療期間屆滿二年仍未能痊癒，經指定之醫院診斷，審定為喪失原

---

[21] 未給職業災害補償，罰鍰 2~100 萬元。

有工作能力，且不合第 3 款之失能給付標準者，雇主得一次給付四十個月之平均工資後，免除此項工資補償責任。

3. 勞工經治療終止後，經指定之醫院診斷，審定其身體遺存障礙者，雇主應按其平均工資及其殘廢程度，一次給予失能補償。失能補償標準，依勞工保險條例有關之規定。

4. 勞工遭遇職業傷害或罹患職業病而死亡時，雇主除給予五個月平均工資之喪葬費外，並應一次給予其遺屬四十個月平均工資之死亡補償。其遺屬受領死亡補償之順位如下：(1)配偶及子女；(2)父母；(3)祖父母；(4)孫子女；(5)兄弟姐妹。（第 59 條）

5. 依勞基法施行細則規定，雇主應於三日內給付遺屬喪葬費（職安乙級）。

（二）雇主依前條規定給付之補償金額，得抵充就同一事故所生損害之賠償金額。（第 60 條）但如同一事故，依勞工保險條例或其他法令規定，已由雇主支付費用補償者，雇主得予以抵充之。基此，我國職業災害係採補償及社會保險雙軌併行，仍無法落實職業災害勞工生活困境，究其根本原因，乃社會保險常見以多報少之投保薪資，所得補償極微，多數必須轉向雇主請求龐大差額。（參見表 4-1、4-2）

補充

1. 職業工人在家從事本身相關之行業（工作），如其勞務之提供並非為獲取工資或報酬，核屬私人行為，該等行為非屬執行職務，不符請領職災保險給付相關規定。

2. 按日（時）計酬勞工於遭遇職業災害醫療中不能工作時，為維持勞工於醫療期間之正常生活，雇主為原領工資數額補償時，仍應按日補償。理由如下：勞動基準法第 59 條工資補償規定旨在維持勞工於職災醫療期間之正常生活。勞工在醫療中不能工作時，其勞動力業已喪失，惟其醫療期間之正常生活，仍應予以維持。基此，按日（時）計酬勞工之工資補償應依曆計算。（參見勞動部解釋令）

表 4-1　勞基與勞保職業災害抵充關係

勞基／勞保	醫療補償	工資補償／傷病給付		終結工資補償	殘廢／失能	死亡	抵充／結合
勞基（第 59 條）請求權 2 年	醫藥費用（覈實）	第一年	第二年	40 個月	1.5～60個月	45 個月	（勞基金額）減（勞保給付）＝雇主補償餘額
		100%（抵 70%）	100%（抵 50%）				
勞保請求權 5 年	健保勞保門診住院	第一年	第二年	/	1.5～60個月	45 個月	
		70%	50%				
雇主以多報少致須賠償勞保給付部分，也可抵充。2022 年 5 月 1 日起，職災保險給付有新的規定。							

表 4-2　災害發生

工作因素	有					無
法律	勞保		勞基		民法	普通事故勞保給付
適用	有	無	有	無	有過失責任 ・ 無過失責任	
責任	無過失責任					
給付	職災給付	職保法	補償	/	侵權損賠（民法第 184 條、第 192 條、第 195 條） ・ 用特別法處理	
1. 職災判斷：業務起因性＋業務遂行性。2. 請求範圍：民法＞勞基＞勞保。3. 職災發生，雇主責任除行政補償、罰鍰外，尚有民事及刑事責任。						

　　第 59 條之受領補償權，自得受領之日起，因二年間不行使而消滅。受領補償之權利，不因勞工之離職而受影響，且不得讓與、抵銷、扣押或擔保。（第 61 條）

二、承攬責任

（一）事業單位以其事業招人承攬，如有再承攬時，承攬人或中間承攬人，就各該承攬部分所使用之勞工，均應與最後承攬人，連帶負本章所定雇主應負職業災害補償之責任。（第 62 條第 1 項）

（二）事業單位或承攬人或中間承攬人，為前項之災害補償時，就其所補償之部分，得向最後承攬人求償。（第62條第2項）

（三）承攬人或再承攬人工作場所，在原事業單位工作場所範圍內，或為原事業單位提供者，原事業單位應督促承攬人或再承攬人，對其所僱用勞工之勞動條件應符合有關法令之規定。（第63條第1項）

（四）事業單位違背勞工安全衛生法有關對於承攬人、再承攬人應負責任之規定，致承攬人或再承攬人所僱用之勞工發生職業災害時，應與該承攬人、再承攬人負連帶補償責任。（第63條第2項）

三、派遣與要派之連帶責任

（一）要派單位使用派遣勞工發生職業災害時，要派單位應與派遣事業單位連帶負本章所定雇主應負職業災害補償之責任。

（二）前項之職業災害依勞工保險條例或其他法令規定，已由要派單位或派遣事業單位支付費用補償者，得主張抵充。

（三）要派單位及派遣事業單位因違反本法或有關安全衛生規定，致派遣勞工發生職業災害時，應連帶負損害賠償之責任。

（四）要派單位或派遣事業單位依本法規定給付之補償金額，得抵充就同一事故所生損害之賠償金額。（第63-1條）

法案新訊

從醫護人員到超商店員，職場暴力該怎麼解？能預防嗎？

馬翠華博士 勞動調解委員 2021.12.22

職場暴力穿破人民生命與身體保障的圍牆嗎？職場孤鳥被歧視或被霸凌是命運鎖鏈嗎？從時間軸的社會現象觀之，暴力已嚴重侵犯工作權，甚至生存權。哪些職場比較會出現暴力？愛荷華大學「傷害預防研究中心」曾在2001年研究發現，便利商店員或計程車駕駛或深夜工作者都是高危險群。國內某醫學中心研究調查顯示，高達83.9%之護理人員曾經歷職場暴力。另有研究者發現，除了高頻率的暴力外，凡夜間、輪班、長工時、高體力負荷、工作無保障

及無正義的職場等，都是加重的危險因子，都傷及受僱者身心健康（邊立中、鄭雅文、陳怡欣、陳秋蓉，2013）。更有專家學者發現護理人員在一年內曾遭受到身體或精神暴力者有 70.6%，且精神暴力為身體暴力的兩倍，其中比率最高的是言語辱罵（鈕淑芬、李作英、蔡瑞貞、邢世俊、吳淑靜、高靖，2018）。

由於國內外職場暴力普遍存在，國際勞工組織通過了《關於消除勞動世界中的暴力和騷擾的公約》（第 190 號公約，2021 年 6 月 25 日生效）與《關於消除勞動世界中的暴力和騷擾的建議書》，是勞動世界中阻止暴力與騷擾的國際行動基準（李英桃、魏賽偉，2021），它適用於公營和私營部門，彰顯人人都應擁有免於暴力的勞動世界，且防治職場暴力已為國際社會共同目標。

目前臺灣還是常常傳出醫護人員在收受病患時，因當事人酒醉或情緒不穩而打、推、撞、踢或言語攻擊醫護人員，到現他們仍持續面對這樣的職場環境。再者，超商店員因規勸顧客配戴口罩，而遭受攻擊，甚至危及性命，相信這些只是社會中的冰山一角，許多醫療人員或服務業者，在面對病患或是顧客的同時也暴露在一定的風險之中。還有其他行業某些職場之霸權者捏造假資料或假訊息欺凌某種性別或某階級人員，也層出不窮，例如嘲笑諷刺請生理假或合法請假且已准假卻事後捏造非法情節，進行孤立、抹黑、使人邊緣化、打壓排擠，以行免職或不名譽調動之實。面對職場上惡意的肢體暴力或精神暴力，有解嗎？或只能隱忍呢？

所謂職場暴力係指工作人員在其工作相關的情境之下所遭受的虐待、威脅或攻擊，不限於主管與同事之間，也可能來自服務的對象，例如醫護人員面對病人、家屬，超商店員面對來店消費的所有顧客之風險，或職場內權力濫用與不公平之處罰。不論言語冒犯或實際的攻擊皆屬於暴力行為，都會危害到工作者的心理，產生害怕及焦慮，以致躲避人群或被侮辱離職，甚至自殺。因此，侮辱貶損勞動者的品德、聲望、才能、信用的禁止行動與喝止，刻不容緩。

為避免醫護人員遭受更多不可預測的攻擊，許多醫療院所也加強保全人力，以應付突發的暴力突襲。另起於規勸配戴口罩致遭受攻擊的超商店員事件，也引發各超商聲明員工應以自身安全為最優先的考量。外界也建議夜班時段能加派人力，不讓店員獨自面對可能的暴力行為，但人力支出考量之下，要真正落實的確有難度，除此之外，我們還能做什麼？職場暴力除了被動性的預防，能有主動積極性的措施嗎？

職場暴力其實出現在每個場域中，可能來自組織內部，也可能是來自外部，無論是哪一種型態，都必須提早做好內外部的防範與預防。以內部的職場

暴力而言， 日本過去的調查發現 77.7%的員工認為施暴者是「上司」(厚生勞動省，2012)，而上司對下屬的欺凌，包括主管指責作業品質有瑕疵並脫口罵了三字經或五字經，甚至製造假資料栽贓等，或許很多人會選擇隱忍，不過也有提出申訴後雇主有息事寧人的心態，若雇主對於這樣的暴力行為知情卻置之不理，可能觸及之法律包括刑法、民法及職業安全衛生法等。再者，萬一發生暴力事件對於被害人務必給予高度關懷及情緒管理之輔導或轉介，而非恣意從眾及落井下石。

雇主應避免姑息職場霸凌或視若無睹，否則恐另生案外問題，例如實務上曾發生之個別爭議事件，起於匿名檢舉，因 A 員工被檢舉對 B 或 C 同事有暴力事實，雇主卻因某種顧慮一直不處理，除引發除斥期間爭執外，也引出報復性的暴力。因此，除面對正視外，最好能事先訂定防暴處理程序，除了合理的申訴管道及調查外，受害者的持續追蹤及調處也是重要的一環，當然包含後續心理諮商。

反觀來自外部的職場暴力相較於內部職場暴力而言，前者常是不可預期的發生，例如突發的攻擊事件及言語暴力等，員工要優先選擇以自身安全為導向之因應方法或盡量避免與顧客正面衝突，企業端則應事先建立衝突發生之最完善、最完整的通報流程與處置機制，包括風險分級與風險評估，以降低員工受害率，除了雇主需加強突發事件應變技巧的員工訓練外，政府也要在重點區域加強警力的巡邏與配合，俾便即時阻止憾事發生。不過警力的增加或勤前訓練也必須隨社會治安之起伏而做最好的規劃。再者，司法與行政系統之合作或支援關係更應緊密，例如重罪輕判前應考量人權保障之背後或許會有更多的受害人，宜謹慎斟酌裁量妥當性與適法性。

勞動世界正在經歷一個重大的變革過程，未來工作是以人為中心，而人格權包括憲法及民法規範的生命權、身體權、健康權、姓名權等基本權利。為保障勞動人格權，杜絕職場暴力及冷暴力，落實善待工作者之職場文化，預防計畫應按照工作或行業差異性及風險之高低密度優先擬妥後執行，並決意貫徹「職場暴力零容忍」，但切勿將事後究責之手段，充當預防職場暴力之方法。再者，暴力事件發生後，更應該持續追蹤員工的身心狀態，從「事前預防」到「事後追蹤」都應該是面對職場暴力的重要環節，政府也應該加強職場暴力預防及處置與善後的相關法律調整，除雇主應負的責任之外，也應針對犯罪人有更嚴密的法律約束及刑責，才能更有效的阻止職場上駭人聽聞的恐怖暴力再度發生。

捌、技術生

一、技術生之保護

（一）雇主不得招收未滿十五歲之人為技術生。但國民中學畢業者，不在此限。

（二）稱技術生者，指依中央主管機關規定之技術生訓練職類中以學習技能為目的，依本章之規定而接受雇主訓練之人。

（三）本章規定，於事業單位之養成工、見習生、建教合作班之學生及其他與技術生性質相類之人，準用之。（第64條）

二、準用

（一）勞動基準法第四章工作時間、休息、休假，第五章童工、女工，第七章災害補償及其他勞工保險等有關規定，於技術生準用之。

（二）技術生災害補償所採薪資計算之標準，不得低於基本工資。（第 69 條）。

玖、工作規則

一、訂定工作規則之條件

雇主僱用勞工人數在三十人以上者，應依其事業性質，就下列事項訂立工作規則，報請主管機關核備後並公開揭示之[22]：

（一）工作時間、休息、休假、國定紀念日、特別休假及繼續性工作之輪班方法。

（二）工資之標準、計算方法及發放日期。

（三）延長工作時間。

（四）津貼及獎金。

---

[22] 違反者2~30萬元罰鍰。

（五）應遵守之紀律。

（六）考勤、請假、獎懲及升遷。

（七）受僱、解僱、資遣、離職及退休。

（八）災害傷病補償及撫卹。

（九）福利措施。

（十）勞雇雙方應遵守勞工安全衛生規定。

（十一）勞雇雙方溝通意見加強合作之方法。

（十二）其他。（第 70 條）

二、訂定工作規則之限制

工作規則雖可以達成事業單位內部勞動條件和管理規定統一之效果，但是工作規則違反法令之強制或禁止規定或其他有關該事業適用之團體協約規定者，無效。（第 71 條）

三、訂定程序

（一）雇主於僱用勞工人數滿三十人時應即訂立工作規則，並於三十日內報請當地主管機關核備。

　　1. 工作規則應依據法令、勞資協議或管理制度變更情形適時修正，修正後並依前項程序報請核備。

　　2. 主管機關認為有必要時，得通知雇主修訂前項工作規則。

（二）工作規則經主管機關核備後，雇主應於事業場所內公告並印發各勞工。

補充

工作規則未經核備效力爭執

　　工作規則之訂定，以 30 人為必要條件，但 30 人以下則可簽訂勞動契約以資規範。有疑義者，係核備前之工作規則可否作為解僱員工依據？在實務上尚無統一見解。

1. 最高法院

　　未經核備僅生處罰效力，凡無違反強制或禁止規定者，仍有效。另核備非必經勞工局等機關核准始生效（81 臺上 249；97 勞上 24）。基此，工作規則經雇主依程序訂定後，即生效力，不必經主管機關核備。若採此見解，未經核備之工作規則，可做為解僱勞工依據。

2. 學者及少數法院（士林 99 重勞訴）

　　核備目的在控管內容，為保障勞工，自應經核備後，工作規則始生效力。基此，未經核備者，不得作為解僱依據。

3. 本書採最高法院見解，蓋勞資關係著重自治，若每每由官方介入，恐難兼顧雇主經營權。再者，近年來，集體勞動三法已完備，工會功能日漸茁壯，效能漸增，已落實憲法集會結社權，爾後工會能在團體協約簽訂過程發揮保障勞工權益，增進勞資合作宗旨。

拾、監督與檢查

一、勞工檢查機構之設置

　　中央主管機關，為貫徹本法及其他勞工法令之執行，設勞工檢查機構或授權直轄市主管機關專設檢查機構辦理之；直轄市、縣（市）主管機關於必要時，亦得派員實施檢查。（第 72 條）

二、檢查員執行職務

（一）檢查員執行職務，應出示檢查證，各事業單位不得拒絕。事業單位拒絕檢查時，檢查員得會同當地主管機關或警察機關強制檢查之【109 年初等考試】。

（二）檢查員執行職務，得就本法規定事項，要求事業單位提出必要之報告、紀錄、帳冊及有關文件或書面說明。如需抽取物料、樣品或資料時，應事先通知雇主或其代理人並製給收據。（第 73 條）

（三）檢查員對事業單位實施檢查時，得通知事業單位之雇主、雇主代理人、勞工或有關人員提供必要文件或做必要之說明。

（四）檢查員檢查後，應將檢查結果向事業單位作必要之說明，並報告檢查機構。檢查機構認為事業單位有違反法令規定時，應依法處理。

（五）事業單位對檢查結果有異議時，應於通知送達後十日內向檢查機構以書面提出。

（六）企業主發生重大職災時，勞檢機構應派檢查員檢查，必要時可用書面通知企業主全部或部分停工【109 年初等考試】。

三、申訴

（一）勞工發現事業單位違反本法及其他勞工法令規定時，得向雇主、主管機關或檢查機構申訴。受理申訴者必須保密（職安乙級）。

（二）雇主不得因勞工為前項申訴，而予以解僱、調職或其他不利之處分（第 74 條）。所稱之其他不利之處分係指損害其依法令、契約或習慣上所應享有之權益（職安乙級）。

（三）申訴得以口頭或書面為之。

（四）雇主對申訴事項，應即查明，如有違反法令規定情事應即改正，並將結果通知申訴人。

（五）主管機關或檢查機構受理本法第 74 條第 1 項之申訴後，應為必要之調查，並於六十日內將處理情形，以書面通知勞工。主管機關或檢查機構應對申訴人身分資料嚴守秘密，不得洩漏足以識別其身分之資訊。違反前項規定者，除公務員應依法追究刑事與行政責任外，對因此受有損害之勞工，應負損害賠償責任。主管機關受理檢舉案件之保密及其他應遵行事項之辦法，由中央主管機關定之。（第 74 條）

拾壹、罰則

一、罰則

修正第 78 條，未依第 17 條、第 17 條之 1 第 7 項、第 55 條規定之標準或期限給付者，處新臺幣 30 萬元以上 150 萬元以下罰鍰，並限期令其給付，屆期未給付者，應按次處罰。

違反第 13 條、第 17 條之 1 第 1 項、第 4 項、第 26 條、第 50 條、第 51 條或第 56 條第 2 項規定者，處新臺幣 9 萬元以上 45 萬元以下罰鍰。

新修正第 79 條罰責簡略表[23]：

表 4-3　第 79 條：加重罰鍰上限

違反項目	修法前	修法後
工資、工時、職業災害補償規定…	2~30 萬元	2~100 萬元
未置備勞工名冊、未發服務證明書、未置備法定代理人同意書及年齡證明文件…	2~30 萬元	2~30 萬元
加重罰鍰上限：依事業規模、違反人數或情節，加重至法定罰鍰二分之一（即最高可處 150 萬元罰鍰）。		

二、拒絕檢查

拒絕、規避或阻撓勞工檢查員依法執行職務者，處新臺幣 3 萬元以上 15 萬元以下罰鍰。（第 80 條）違反本法經主管機關處以罰鍰者，主管機關應公布其事業單位或事業主之名稱、負責人姓名、處份期日、違反條文及罰鍰金額，並限期令其改善；屆期未改善者，應按次處罰。主管機關裁處罰鍰，得審酌與違反行為有關之勞工人數、累計違法次數或未依法給付之金額，為量罰輕重之標準。（第 80-1 條）

---

[23]　資料來源：勞動部及基隆市政府。

三、代表人違反規定

（一）法人之代表人、法人或自然人之代理人、受僱人或其他從業人員，因執行業務違反本法規定，除依本章規定處罰行為人外，對該法人或自然人並應處以各該條所定之罰金或罰鍰。

（二）法人之代表人或自然人對於違反之發生，已盡力為防止行為者，不在此限。

（三）法人之代表人或自然人教唆或縱容為違反之行為者，以行為人論。（第81條）

四、強制執行

　　勞動基準法所定之罰鍰，經主管機關催繳，仍不繳納時，得移送法院強制執行。（第82條）

拾貳、附則

一、勞資會議

　　為協調勞資關係，促進勞資合作，提高工作效率，事業單位應舉辦勞資會議。（第83條）

二、公務員兼具勞工身分

（一）公務員兼具勞工身分者，其有關任（派）免、薪資、獎懲、退休、撫卹及保險（含職業災害）等事項，應適用公務員法令之規定。但其他所定勞動條件優於本法規定者，從其規定。（第84條）

（二）所稱公務員兼具勞工身分者，係指依各項公務員人事法令任用、派用、聘用、遴用而於勞動基準法第3條所定各業從事工作獲致薪資之人員。所稱其他所定勞動條件，係指工作時間、休息、休假、安全衛生、福利、加班費等而言。

三、勞雇雙方另訂約定事項（第 84-1 條）

（一）為使勞雇間有合理協商彈性，經中央主管機關核定公告之下列工作者，得由勞雇雙方另行約定，工作時間、例假、休假、女性夜間工作，並報請當地主管機關核備，不受第 30 條、第 32 條、第 36 條、第 37 條、第 49 條規定之限制。若無報備，則依勞動基準法辦理相關事宜。

    1. 監督、管理人員或責任制專業人員：

      (1) 監督、管理人員：係指受雇主僱用，負責事業之經營及管理工作，並對一般勞工之受僱、解僱或勞動條件具有決定權力之主管級人員。

      (2) 責任制專業人員：係指以專門知識或技術完成一定任務並負責其成敗之工作者。

    2. 監視性或間歇性之工作。

      (1) 監視性工作：係指於一定場所以監視為主之工作。

      (2) 間歇性工作：係指工作本身已間歇性之方式進行者。

    3. 其他性質特殊之工作。

（二）約定應以書面為之，並應參考本法所定之基準且不得損及勞工之健康及福祉。（第 84-1 條）

（三）雇主與勞工之書面約定報請當地主機關核備時，其內容應包括職稱、工作項目、工作權責或工作性質、工作時間、例假、休假、女性夜間工作等有關事項。

（四）事業單位之首長、主管及獲有配車人員之駕駛、空勤組員、工地監造人員、警衛、受僱會計師、律師、漁船船員、保全員均為勞基法 84-1 條人員（餘參見勞動部規定）。

補充

勞基法 84-1 條與私法自治

　　勞工法上之勞動契約,雖以勞工生存權為其基礎理念,然並非完全摒除契約自由原則之適用,勞雇雙方仍得藉由私法自治以達符合其共同之利益。因此,勞雇雙方對正常工作以外之時間,約定由勞工於該時間從事與其正常工作不同,且屬勞基法第 84-1 條第 1 項第 2 款所稱監視性、間歇性,或其他非屬該條項所定而性質相類之工作時,就勞工於該段時間(值班時間)工資之議定,如已依正義公平之方法,確定並實現權利之內容,以勞雇之利益平衡為依歸,斟酌各該勞動契約之種類、內容及性質,盱衡經濟社會狀況、時空背景及其他主、客觀等因素。(參見勞動部解釋令)另,法院大法官釋字 726 號解釋,要求資方必須將契約送勞工主管機關核備,否則就必須回歸基準工時,並依法給加班費。

四、勞動基準法施行前之年資

(一)勞工工作年資自受僱之日起算,適用本法前之工作年資,其資遣費及退休金給予標準,依其當時應適用之法令規定計算;當時無法令可資適用者,依各該事業單位自訂之規定或勞雇雙方之協商計算之。適用本法後之工作年資,其資遣費及退休金給與標準,依第 17 條及第 55 條規定計算。

(二)資遣費,應於終止勞動契約三十日內發給。

問題與討論

一、 適用勞動基準法第 84-1 條者有哪些？列舉 5 種。責任制人員是否適用勞動基準法？依勞基法第 84-1 條另行約定而未經核備之效力如何？

二、 何謂「不能勝任工作」？

三、 雇主僱用勞工時，要求其簽下「競業禁止條款」禁止其於離職後一定期間內不得經營「同類」公司或在「同類」公司任職，其效力為何？

四、 何謂一例一休？

五、 雇主惡意苛刻勞工，在工資方面主要罰責有哪些？

CHAPTER 05

大量解僱
勞工保護法

第一節 理論解析

壹、前言

　　勞動基準法僅有一般性解僱之規定，並無法適應當前全球化趨勢下所帶來之關廠歇業浪潮。隨著全球化經濟影響日趨明顯及國內經濟景氣的持續低迷，許多公司企業的營運額逐年下降甚至虧損，導致企業紛紛採取應變的措施。許多企業甚至面臨倒閉、關廠，為求能達到損益平衡的目標，大量解僱成了各公司、企業最常用的方法，亦因而對勞工造成極大的殺傷力，喪失工作機會的員工生活頓失依賴，失業人口急速攀升，間接衝擊到被裁員的家庭，眾多失業人口的安置亦增加許多社會成本，更加重國家財政的負擔，而財源所導致的失業、貧窮、自殺潮及犯罪問題更是不容忽視，這也使勞資間的問題從法律層面，擴展到社會、經濟，甚至是政治層面的問題。

　　我國事業單位為求生存與永續發展，對生產和工作組織為策略性調整，例如合併、轉讓、組織改造等。然多數涉及勞工工作權以及雇主經營權之衝突，甚至社會問題，遂有大量解僱勞工保護法之制定。旋於 92 年公布實施大量解僱勞工保護法，設有解僱程序及勞工參與之機制，恰可彌補勞基法疏漏之處，使我國解僱雙軌制之法律架構得以成形。此外，即便在有工會組織及集體協商制度之情形下，仍需此類法令提供勞工關於工作權之基本保障，況且我國集體勞資關係之制度目前仍屬初萌階段，此愈發突顯本法之重要性。蓋大量解僱的實質面，最重要的一環是行政機關使行政權的積極介入與實質審查，而其核心在於控制解僱合法性。

貳、解僱勞工相關法令之程序

　　勞工被資遣或解僱除本人經濟受影響外，更使家庭生計陷入貧困，近年來金 X 咖啡、華 X 飯店、君 X 酒店、華 X 公司均出現大量解僱，因此雇主必須依法檢視法定的程序，包括：

1. 解僱的事由。
2. 提出解僱計畫及通報。

3. 明定協商程序。

4. 就業輔導。

5. 員工工作權保障。

6. 預警通報。

7. 積欠薪資、退休金、資遣費之負責人禁止出境。

　　大量解僱勞工保護法為規定特別解僱程序之法，在勞資關係體系中有必要透過公會、承認其協商權，開誠布公的進行協商，以便勞資雙方共同解決特殊的裁員問題，分二階段說明如下：

一、裁員準備階段

（一）為保障勞工工作權及調和雇主經營權，避免因事業單位大量解僱勞工，致勞工權益受損害或有損害之虞，並維護社會安定，特製定大量解僱勞工保護法（第 1 條）。雇主必須提出「解僱計畫書」通知及公告。

（二）本法所稱大量解僱勞工，係指事業單位有勞動基準法第 11 條所列各款之一，或因併購、改組而解僱勞工，且有解僱人數之限制。

（三）解僱勞工的法源基礎，除了憲法的規定外，就業服務法與勞動基準法是我國企業在解僱勞工時，應該遵守的法令。按照現行勞動基準法的規定，解除勞動契約（解僱）必須符合以下幾項規定，否則被視為不合法的解僱，其規定如下：

　　1. 歇業或轉讓時。

　　2. 虧損或業務緊縮時。

　　3. 不可抗力暫停工作在一個月以上時。

　　4. 業務性質變更，有減少勞工之必要，又無適當工作可供安置時。

　　5. 勞工對於所擔任之工作不能勝任時。（勞基法第 11 條）

　　由勞動基準法有關終止勞動契約的條文分析，第 11 條與 14 條所規定之相關情形應大多發生在個別勞工與雇主的爭議上，較少適用在全體或大量勞工的情況。發生大量勞工被解僱的情況應主要為第 11 條所規定。然條文所規

範者，除了第 1 條與第 3 條較具明顯標準外，其餘如虧損、業務緊縮、業務性質變更與勞工能力無法勝任等情況存在著許多模糊空間，是發生勞資爭議主要的爭議點所在。

（四）預告期間

企業大量解僱時，其預告期間之規定均為六十日，俾預防事業單位突然宣布併購、改組而大量解僱勞工，又別於一般解僱預告期間最長三十日。為何雇主須於一段長的時間前預告勞工？吳育仁(1998)認為乃得自「工作財產」的觀念，並由「工作之所有權」(Ownership of a Job)的含意，表現在勞動契約中時間條款之延長的權利。例如，大學中教師之受保障工作的措施，包括雇主給予工作之承諾。任何突然的解僱將構成本條款的違反，將引發復職的特別救濟，或實質損害賠償。

（五）須進行勞資協商

事業單位依大量解僱勞工法第 4 條規定提出解僱計畫書之日起十日內，勞雇雙方應即本於勞資自治精神進行協商。（大量解僱勞工保護法第 5 條第 1 項）依照法理，雇主大量解僱勞工時，必須在六十日前通知及公告之義務，可見雇主在六十日之前段時間即應展開協商，至遲亦應在十日之前進行。協商之對象依規定如有工會則必須與工會協商，否則應該就勞資會議代表協商。（第 4 條）

事實上，雇主如願意將解僱計畫開誠布公，與工會或員工代表協商，上述內容必然會包括在內。當雇主提議解僱勞工時，把工會當作是諮詢的對象，將可能發生的問題，徵詢工會領導人的意見，包括資遣理由、影響層面、任何取得協議的程序和計算額外補貼方式等；針對協商的內容，工會並可檢視；雇主避免解僱的努力、減少解僱的最低員額、緩和解僱的結果等，上述協商，工會有權要求雇主在解僱計畫決定的第一時間得到資訊，工會也可以因此判斷雇主是否有誠意協商，來決定未來與雇主達成協議的考量。

（六）勞資政組成協商委員會

　　勞雇雙方拒絕協商或無法達成協議時，主管機關應於十日內召集勞雇雙方組成協商委員會，就解僱計畫書內容協商，並適時提出替代方案。（第 5 條第 2 項）

　　協商委員會的設置依照本法第 6 條規定，包括：委員五至十一人，主管機關代表一人及勞雇雙方同數代表組成之。主管機關代表擔任主席。資方代表由雇主指派之，勞方代表則由工會推派、勞資會議之勞方代表推選，或大量解僱部門之勞工推選之。勞雇雙方無法推派代表時，主管機關得依職權於期限屆滿之次日起五日內代表為指定之。至少每二周召開會議一次。（第 6 條）

（七）協議書審核

1. 協商委員會協議成立，應做成協議書，並由協商委員會簽名或蓋章。（第 7 條第 2 項）

2. 主關機關得於協議成立之日起七日內，將協議書送請管轄法院審核。（第 7 條第 3 項）

　　本法規定勞資必須自行協商，並且本於勞資自治精神進行，政府並不予干涉。然而當勞雇雙方拒絕協商或無法達成協議，政府才正式介入，成為勞資政三為一體(Tri-Partite)的協商模式。

二、契約終止階段

（一）預警通報

　　僱用勞工三十人以上之事業單位，有下列情形之一者，由相關單位或人員向主管機關通報：

1. 僱用勞工在二百人以下者，積欠勞工工資達二個月：僱用勞工逾二百人者，積欠勞工工資達一個月。

2. 積欠勞工保險保險費、工資墊償基金、全民健康保險保險費或未依法提繳勞工退休金達二個月，且金額分別在新臺幣 20 萬元以上。

3. 全部或主要營業部分停工。

4. 決議併購。

5. 最近二年曾發生重大勞資爭議。（第 11 條第 1 項）

　　由於我國工會或勞資會議代表在勞資協商或會議的能力不足，對於企業之實際經營狀況，並無法隨時掌握，往往等待雇主採取解僱之措施時，始措手不及。因此，本法第 11 條結合相關單位與人員，建立預警通報制度，列舉預警通報指標及通報單位或人員，主管機關並於接獲預警通報三日內前往查訪，以事先預防避免對於社會衝擊過大。

（二）解僱不得歧視

　　本法第 13 條第 1 項規定：事業單位大量解僱勞工時，不得以種族、語言、階級、宗教、思想，黨派、籍貫、性別、容貌、身心障礙、年齡及擔任工會職務為由解僱勞工。憲法第 7 條「中華民國人民，無分男女、宗教、種族、階級、黨派，在法律上一律平等」。就業服務法第 5 條「……不得以種族、階級、語言、思想、宗教、黨派、籍貫、性別、婚姻、容貌、五官、身心障礙或以往工會會員身分為由，予以歧視」，解僱勞工。（例如：優先解僱原住民或女性員工，均在禁止範圍。）

（三）優先僱用經其大量解僱之勞工

1. 事業單位大量解僱勞工後再僱用工作性質相近之勞工時，除法令另有規定外，應優先僱用經其大量解僱之勞工。

2. 事業單位歇業後，有重新復工或其主要股東重新組織營業性質相同之公司，而有招募員工之事實時，亦同。（第 9 條）

（四）負責人限制出國

　　事業單位於大量解僱勞工時，積欠勞工退休金、資遣費或工資，有下列情形之一時，負責人限制出國：

1. 僱用勞工人數在十人以上未滿三十人時，積欠全體被解僱勞工之總金額達新臺幣 300 萬元以上。

2. 僱用勞工人數在三十人以上未滿一百人時，積欠全體被解僱勞工之總金額達新臺幣 500 萬元。

3. 僱用勞工人數在一百人以上未滿二百人時，積欠全體被解僱勞工之總金額達新臺幣 1,000 萬元。

4. 僱用勞工人數在二百人以上者，積欠全體被解僱勞工之總金額達新臺幣 2,000 萬元。經主管機關限期令其給付，屆期未給付者，中央主管機關得函請入出國管理機關禁止其董事長及實際負責人出國。（第 12 條）

 補充

　　「原告係公司負責人，該公司財產雖經拍賣完竣，惟該公司迄未依法辦理解散清算，其法人人格仍未消滅，原告仍為該公司負責人，從而原處分核駁其撤銷限制出境之申請，並無違誤。」[1]基此，公司未辦理解散清算，法律上資格地位上存在，負責人必須履行法定義務或契約義務。如公司積欠勞工退休金、資遣費或工資等達到法定金額，負責人仍受「禁止出境」之限制。

（五）一般行政處罰

　　上述規定乃勞資間之司法糾紛刑罰限制自由的手段，凡企業或雇主違反本法規定者，罰鍰極重，對惡意之企業或雇主，有相當之遏止作用。（如表 5-1）

表 5-1　大量解僱勞工保護法相關罰則

條文	內容簡述	處罰金額
第 4 條第 1 項	未在期限前提出解僱計畫書	10 萬元以上 50 萬元以下
第 5 條第 2 項	拒絕進行協商	10 萬元以上 50 萬元以下
第 6 條第 1 項	拒絕指派協商代表或未通知全體勞工推選勞方代表	10 萬元以上 50 萬元以下
第 8 條第 2 項	拒絕就業服務人員進駐	10 萬元以上 50 萬元以下
第 10 條第 2 項	在預告期間將員工任意調職或解僱	10 萬元以上 50 萬元以下
第 11 條第 3 項	拒絕提出說明或未提供財務報表	3 萬元以上 15 萬元以下

---

[1] 79 年度判字第 2042 號。

　　（案例：A 公司因經營不善，一次性解僱員工（全部 16 人）並發給資遣費，經通報當地勞工局，被罰 50 萬，因為未按照大量解僱勞工保護法之程序處理相關事宜。）

參、大量解僱勞工保護法之特點

　　本文對大量解僱勞工保護法的通過實施，持高度肯定的看法，其特點歸納如下：

一、符合公平正義的原則

　　我國勞動基準法第 11 條（整理解僱之要件）、第 16 條（預告期間）及第 17 條（雇主給付資遣費之義務）乃一般解僱情事發生時所規範的僅有條文，在許多產業中，這些條文其實效果不大，對於大量解僱勞工部分，足以影響社會生計者根本沒有遏止作用。因此，當國內經濟出現不景氣，產業外移成風潮，企業大量解僱勞工之現象更形加劇，有必要立法特別加以規範，並符合勞動基準法照顧勞工的立法精神。本法第 1 條之意旨在「為保護勞工工作權及調和雇主經營權，避免因事業單位大量解僱勞工，致勞工權益受損害或有受損害之虞，並維護社會安定」而制定的法律。

二、解僱程序專業化

　　本法規定大量解僱勞工時，從初步計畫階段的延長解僱預告期間及通知並公告，到裁員籌備階段的協商、組成協商委員會及預警通報，最後在契約終止階段規定解僱不得歧視、一般行政處罰及負責人限制出境規定等，乃為專業經理人具備專業知識，才有足夠能力處理的事項，傳統非專業的企業負責人上恐力有未殆。

三、承認企業裁員解僱的權利

　　反過來看，本法規定大量解僱時的特殊程序，正式承認企業有裁員解僱的權利，將裁員解僱正當化。任何企業有勞動基準法第 11 條之各款情形，或因併購、改組，均得按本法規定之程序解僱勞工，只要符合規定，事實上是對企業的一種保障。

第二節 大量解僱勞工保護法之重要內容

壹、立法目的

為保障勞工工作權及調和雇主經營權，避免因事業單位大量解僱勞工，致勞工權益受損害或有受損害之虞，並維護社會安定，特制訂本法；本法未規定者，適用其他法律之規定。（第 1 條）

貳、大量解僱勞工之判斷標準

本法所稱大量解僱勞工，係指事業單位有勞動基準法第 11 條所定各款項情形之一，或因併購、改組而解僱勞工，且有下列情形之一：

一、 同一事業單位之同一廠場僱用勞工人數未滿三十人者，於六十日內解僱勞工逾十人。

二、 同一事業單位之同一廠場僱用勞工人數在三十人以上未滿二百人者，於六十日內解僱勞工逾所僱用勞工人數三分之一或單日逾二十人。

三、 同一事業單位之同一廠場僱用勞工人數在二百人以上未滿五百人者，於六十日內解僱勞工逾所僱用勞工人數四分之一或單日逾五十人。

四、 同一事業單位之同一廠場僱用勞工人數在五百人以上者，於六十日內解僱勞工逾所僱用勞工人數五分之一。

前項各款僱用勞工人數之計算，不包括定期契約之勞工。（第 2 條）

參、主管機關

一、 本法所稱主管機關：在中央為勞動部；在直轄市為直轄市政府；在縣（市）為縣（市）政府。

二、 同一事業單位大量解僱勞工事件，跨越直轄市、縣（市）行政區域時，直轄市或縣（市）主管機關應報請中央主管機關處理，或由中央主管機關指定直轄市或縣（市）主管機關處理。（第 3 條）

肆、通知及應載事項（保障勞工資訊對等的取得）

一、 事業單位大量解僱勞工時，應於合乎第 2 條規定情事之日起六十日前，解僱計畫書通知主管機關及相關單位或人員，並公告揭之。但因天災、事變或突發事件，不受六十日之限制。

二、 依前項規定通知相關單位或人員之順序如下：

（一） 事業單位大量解僱勞工所屬之工會。

（二） 事業單位勞資會議之勞方代表。

（三） 事業單位之全體勞工。

三、 前項第 3 款規定所稱全體勞工，不包括定期契約及未涉及大量解僱部門之勞工。

四、 事業單位依第 1 項規定提出之解僱計畫書內容，應記載下列事項：

（一） 解僱理由。

（二） 解僱部門。

（三） 解僱日期。

（四） 解僱人數。

（五） 解僱對象之選定標準。

（六） 資遣費計算方式及輔導轉業方案等。（第 4 條）

五、 特定產、職業，中央主管機關得會同目的事業主管機關另定之。

伍、確定勞雇協商機制

一、 事業單位依大量解僱勞工保護法第 4 條規定提出解僱計畫書之日起十日內，勞雇雙方應即本於勞資自治精神進行協商。

二、 勞雇雙方拒絕協商或無法達成協議時，主管機關應於十日內召集勞雇雙方組成協商委員會，就解僱計畫書內容進行協商，並適時提出替代方案。（第 5 條）

陸、再就業與優先再僱用

一、　大量解僱須成立協商委員會，主管機關於協商委員會成立後，應指派就業服務人員協助勞資雙方，提供就業服務與職業訓練之相關諮詢。

二、　雇主不得拒絕就業服務人員進駐，並應排定時間供勞工接受就業服務人員個別協助。（第 8 條）

三、　事業單位大量解僱勞工後再僱用工作性質相近勞工時，除法令另有規定外，應優先僱用經大量解僱之勞工。

四、　事業單位歇業後，有重新復工或其主要股東重新組織營業性質相同之公司，而有招募員工之事實時，亦同。

柒、資遣費或退休金

員工於預告期間就任他職，原雇主仍須依協商同意書，發給資遣費或退休金。未經協商之前，雇主不得在預告期間將員工任意調職或解僱。（第 10 條）

捌、建立預警通報制度（第 11 條）

一、　僱用勞工三十人以上之事業單位，有以下情形者，由相關單位或人員向主管機關通報：

（一）僱用勞工人數在二百人以下者，積欠勞工工資達二個月；僱用勞工人數逾二百人者，積欠勞工工資達一個月。

（二）積欠勞工保險保險費、工資墊償基金、全民健康保險保險費或未依法提繳勞工退休金達二個月，且金額分別在新臺幣 20 萬元以上。

（三）全部或主要之營業部分停工。

（四）決議併購。

（五）最近二年曾發生重大勞資爭議。

二、 前項規定所稱相關單位或人員如下：

（一） 第 1 款、第 3 款、第 4 款及第 5 款為工會或該事業單位之勞工；第 4 款為事業單位。

（二） 第 2 款為勞工保險局、中央健康保險局。

三、 主關機關得於接獲前項通報七日內前往事業單位查訪，查訪時得令其提出說明或限期令其提供財務報表及相關資料。

四、 主管機關承辦人員及協助辦理人員對於事業單位提供之財務報表及相關資料，應保守秘密。

玖、解僱事由之禁止（第 13 條）

一、 事業單位大量解僱勞工時，不得以種族、語言、階級、思想、宗教、黨派、籍貫、性別、容貌、身心障礙、年齡及擔任工會職務為由解僱勞工。違反者，勞工契約之終止不生效力。主管機關應即限期令事業單位恢復解僱勞工之職務，逾期仍不恢復者，應協助勞工訴訟。

二、 違反勞動基準法第 11 條法定資遣事由規定者，其勞動契約之終止不生效力。

拾、評估委員會之設置（第 15 條）

為掌握勞動市場變動趨勢，中央主管機關應設置評估委員會，就事業單位大量解僱勞工原因進行資訊蒐集與評估，以作為產業及就業政策制訂之依據。

拾壹、廢止禁止出國之處分

依第 12 條規定禁止出國者，有下列情形之一時，中央主管機關應函請入出國管理機關廢止禁止其出國之處分：

一、 已清償全部積欠金額。

二、 提供依全部積欠金額之相當擔保。但以勞工得向法院聲請強制執行者為限。

三、 已依法解散清算，且無賸餘財產可資清償。

四、 全部積欠金額已依破產程序分配完結。（第 16 條）

問題與討論

一、通報解僱計畫書之性質為何？

CHAPTER 06

性別工作
平等法

第一節　性別歧視、性騷擾之禁止及促進平等措施

　　根據消除對婦女一切形式歧視公約(CEDAW)之宗旨，士保護婦女一切人權與基本自由及禁止歧視，所謂對婦女的歧視係指基於性別而做的任何區別、排斥或限制。（職安乙級）例如：學校駐衛警察之遴選規定，以服畢兵役作為條件之一，則排除多數婦女的機會，屬性別歧視違反 CEDAW 第 1 條。又地政機關限制女性測量助理人數比例係屬直接歧視。再者，一項法律、政策方案或措施表面上對男性和女性無任何歧視，但實際上卻產生歧視女性的效果，屬間接歧視。

　　因工業發展與都市化的結果，經濟社會環境變化，婦女投入勞動市場比例日增，為進一步保障這些經濟上的弱勢者，我國立法院乃於 73 年通過立法，制定專章保護婦女從事勞動。我國保障女性勞工之權益之立法，勞動基準法為最重要之立法。我國勞動基準法對女性勞工的規範為第 32 條（延長工時之規定）、第 50 條（女工分娩產假）、第 51 條（妊娠期間改調）及第 52 條（哺乳時間）。

　　另外，勞動基準法 25 條：「雇主對勞工不得因性別而有差別之待遇。工作相同、效率相同者，給付同等之工資」，被認為是男女同工同酬，薪資平等的立法規定。除了勞動基準法外，81 年就業服務法之頒布，亦有相關規定。例如：「輔導因妊娠、分娩或育兒離職之婦女就業」（第 26 條）。

　　2002 年立法通過的兩性工作平等法（性別工作平等法），吾人可歸納成三大項：一為性別歧視之禁止，二為性騷擾之禁止，三為母性特別保護等條文。茲申述如下：

壹、性別歧視之禁止方面

　　性別工作平等並非男女待遇必須完全一樣，而是「對於基本相同者給予相同待遇，對於基本大不相同者給予不同之待遇」，我國大法官解釋對於平等權，認為係指「實質之平等」，因此，並非指男女絕對不准差別待遇，而是得因事實上之差異而積極採取差別待遇，但須注意差別是否合理。上述女性勞工在法定勞動外的勞動工時、有危險性行業及坑內勞動禁止、分娩前後的休

假、育嬰時間、生理假等特別保護，對同樣工作之男性勞工，是否構成差別待遇的問題，此為國際上的公認應無所謂不平等之理由。性別工作之平等包括薪資、任用、調派、進陞及訓練等，如因性別而有差異，即為性別歧視之謂。

一、薪資平等原則

我國規定男女同工同酬原則，意即禁止性別上之差別待遇，不得以各種理由而為薪資上之差別，同一價值的勞動，不管性別如何應給予同一報酬，此一為國際上所公認。

二、任用平等

所謂「各種理由」包括年齡、年資、扶養家庭人口、職業及職位等為任用條件上的差異，給予任用上的限制，一般由於女性就業年數較低，但只要女性勞工在男性相同條件下，以「女性理由」為藉口而不予錄用，差別待遇即可能適用。實務上給予男性勞工「家屬津貼」或男性勞工採月薪制、女性勞工採日薪制均為所指。

三、招募、任用、調派、進陞與訓練

日本「僱用機會均等法」規定：「雇主在招募上與任用上，女性與男性機會均等」、「女性與男性的調派與進陞，應按努力的結果給予相同的待遇」，並非強制規定男女性必須有相同的職位才算合法。相同的待遇是「考慮女性的職業意識和就業的實際情況，符合企業的目標之可行性」，事實上企業的經營意識和習慣是可以改變的。

四、退職與解僱

即不得以女性勞工在婚姻、懷孕、生產及請假等理由而資遣員工。女性勞工結婚自動離職之契約、工作規則或女性在企業緊縮時，以「已婚女性」為理由即行資遣，均為違反「公序良俗」而為歧視之行為，應為禁止之例。日本「僱用機會均等法」對此有詳細之規定，也免除了許多糾紛。

五、糾紛調處及促進

　　各級主管機關設置兩性工作平等委員會接受申訴及諮詢，由當事人之一方提出，任命在學識上有經驗者組成，解決紛爭。

貳、性騷擾之禁止方面

　　中國唐宋的儒家文化確立了家父長制和男尊女卑架構。職場上充滿性別歧視。[1]1995 年發生的七海旅行社之總經理兼董事長性騷擾女性員工一案，臺北地方法院在 2 月 3 日判決，裁定加害人的行為侵害了受害者的「身體權」，賠償 10 萬元。在法律名詞中尚未出現「性騷擾」的情況下，判例已產生。多年前一名高等法院通譯，在辦公室對女同事開黃腔，已經依「公然侮辱」定罪，判處 1,000 元罰金，緩刑兩年。但是當事人不願道歉，因此被騷擾者繼續以「名譽受損」要求民事賠償，臺北地方法院在 5 月 13 日判決，裁定該通譯要賠償 20 萬元，[2]上訴後判賠 10 萬元。兩案件均以民事訴訟損害賠償為救濟手段。

　　在美國，工作場所性騷擾可大體區分為兩大類型：一是交換性騷擾(quid pro quo sexual harassment)，高階主管以要求性方面之好處，來做為應徵求職者或受僱者取得或保有就業之交換條件。另一則是敵意環境性騷擾(hostile environment sexual harassment)，主要是發生在低階主管對下屬、員工相互間或其他人對員工所從事之性騷擾行為。[3]

　　我國在 2002 年制定兩性工作平等法時，將性騷擾防治列為專章，並倣效美國之做法，課雇主必須負擔防範及事後處理之法律責任及受行政罰鍰處分義務。該法自 2003 年 3 月 8 日實施後，對工作場所性騷擾之防治有其功效存在，但僅仿美國將性騷擾行為區分為交換及敵意環境兩大類型，對雇主應負

---

[1] 日本在十九世紀受我國儒家影響男尊女卑社會更是嚴重。2012 年 10 月 26 日東京地方法院由一名女法官森岡玲子所寫的判決內文，竟稱：「性騷擾與歧視確有其事，但是在時裝業是合法的」、「如果女性員工的薪水很高，性騷擾造成的情感上苦惱應該可以忍受」。2016-04-01 日本衛生、勞動與福利部調查發現，48%的孕婦曾在工作場所遭受同事或直屬上司欺凌；三分之一職業婦女曾在職場遭遇性騷擾，而大多數受害者都選擇不舉報騷擾者。原文網址：https://kknews.cc/other/r9ro33n.html。

[2] 楊茹憶，職場中的性別歧視與性騷擾。http://taiwan.yam.org.tw。

[3] 美國最高法院對工作場所性騷擾事件雇主法律責任範圍之最新判決-Pennsylvania State Police V. Suders 一案之評析－國家政策研究基金會 http://www.npf.org.tw/2/5216。

之責任範圍並不明確，因此，只要有類似事件發生，不論情節輕重，即科以嚴厲之懲戒，藉以免除法律責任，與「比例原則」有違背，自 2005 年性騷擾防治法制定後，雇主法律責任更重。[4]

勞工常見 Q&A

Q： 司法機關辦理性騷擾案件，應注意事項為何？

A： 邇來有部分政府機關發生性騷擾事件，請注意必須依據性別工作平等法及性別工作平等法及性騷擾防治法相關規定，採取適當之防範及處理措施。如遇有相關事件，並應注意保護當事人之隱私。[5]

參、母性特別保護方面

一、生理假

女性受僱者因生理日致工作有困難者，每月得請生理假，其請假日數併入病假計算。

二、產假、陪產假及產檢假

（一）產假

雇主於女性受僱者分娩前後，應使其停止工作，給予產假。

（二）陪產假

修法前受僱者於其配偶分娩，雇主應給予陪產假 5 天。

受僱者應於配偶分娩當日及其前後合計 15 日期間內，選擇其中 5 日請假。例如夫於 12 月 1 日請第一天陪產假，但是妻於 12 月 7 日生產，則最後一天的陪產假需在 12 月 15 日以前請完。

---

[4] 同上註。

[5] 祕臺廳少家三字第 0980007904 號。

（三）產檢假

勞工確有產檢事實及需求，可請產檢假及選擇半日或時為單位，但一經選擇不得變更。（勞動部勞動條 4 字第 1040130594）。

（四）新修正陪產及產檢假

2021 年 7 月 1 日起產檢假為 7 天（原本 5 天），有薪。2021 年 12 月 28 日立法院三讀通過修正陪產假及產檢假 7 天有薪，其中超過 5 天的假得向中央主管機關申請補助。但是其他法律已規定有薪者，不能申請。

三、留職停薪

受僱者任職滿六個月後，於每一子女滿三歲前，得申請育嬰留職停薪。

2021 年 12 月 28 日修正通過不論配偶是否就業，有無正當理由，受僱者均可以申請育嬰留職停薪及家庭照顧假。

四、哺乳時間

雇主應每日另給哺（集）乳時間六十分鐘。

五、家庭照顧假

受僱於僱用五人以上雇主之受僱者，於其家庭成員預防接種、發生嚴重之疾病或其他重大事故須親自照顧時，得請家庭照顧假，其請假日數併入事假計算，全年以七日為限。

補充

部分工時人員之保障

依《僱用部分時間工作勞工應行注意事項》陸、勞動條件基準，三、例假、休假、請假等相關權益（五）產假…應依勞動基準法第 50 條及性別工作平等法第 15 條規定，給予產假，以利母體調養恢復體力。適用勞動基準法之女性勞工，受僱工作 6 個月以上者，產假停止工作期間工資照給；未滿 6 個月者減半發給。（六）其他性別工作平等法所規定之各種假別及相關權益與全時勞工相同。

　　有關部分工時勞工依性別工作平等法規定提出相關假別及權益之請求時，依下列原則辦理：

1. 產假、安胎休養及育嬰留職停薪

　　基於母性保護之精神，部分工時勞工請休產假者，其產假期間應依性別工作平等法第 15 條第 1 項規定，依曆連續計算；懷孕期間經醫師診斷需安胎休養者，雇主應按所需期間，依曆給假。至於有親自照顧養育幼兒需求而申請育嬰留職停薪者，其期間依曆計算，不因部分時間工作而依比例計給。

2. 產檢假、陪產假及家庭照顧假

　　部分工時勞工相較全時勞工，於工作與家庭生活之時間運用較富彈性，且部分工時勞工之每日工作時數型態多元，爰部分工時勞工於請求產檢假、陪產假及家庭照顧假時，依均等待遇原則，按勞工平均每週工作時數依比例計給（平均每週工作時數除以 40 小時，再乘以應給予請假日數並乘以 8 小時）。

3. 生理假

　　部分工時勞工依性別工作平等法第 14 條規定，每月得請生理假一日，該假別係基於女性生理特殊性而定，爰每次以一曆日計給為原則。生理假全年請假日數未逾三日者，不併入病假計算，薪資減半發給；逾三日部分，按規定應併入病假計算，其有薪病假之給假時數，按勞工平均每週工作時數除以 40 小時之比例計給，薪資減半發給。另部分工時勞工年度內所請應併入未住院普通傷病假之生理假，連同病假如已屆上開按比例計給時數上限，仍有請生理假需求者，雇主仍應給假，但得不給薪資。

4. 哺（集）乳時間

　　基於部分工時勞工每日工作時段及時數有不固定之情形，哺（集）乳時間若按其平均每週工作時數除以 40 小時之比例計給，於實務執行上恐有無法完整運用哺（集）乳時間之疑慮，爰部分工時勞工若有哺（集）乳之需求，雇主應依性別工作平等法第 18 條規定給予哺（集）乳時間。

　　另不適用勞動基準法之勞工，應參照上開原則辦理。

第二節　性別工作平等法之內容

壹、總則

一、立法目的

為保障性別工作權之平等，貫徹憲法消除性別歧視、促進性別地位實質平等之精神。（第 1 條）

二、適用條件與對象

（一）雇主與受僱者之約定優於本法者，從其約定。

（二）公務人員、教育人員及軍職人員，亦適用之。但第 33 條、第 34 條及第 38 條之規定，不在此限。

（三）公務人員、教育人員及軍職人員之申訴、救濟及處理程序，依各該人事法令之規定。（第 2 條）

三、名詞定義

（一）受僱者：謂受雇主僱用從事工作獲致薪資者。

（二）求職者：謂向雇主應徵工作之人。

（三）雇主：謂僱用受僱者之人、公私立機構或機關。代表雇主行使管理權之人或代表雇主處理有關受僱者事務之人，視同雇主。

（四）薪資：謂受僱者因工作而獲得之報酬；包括薪資、薪金及按計時、計日、計月、計件以現金或實物等方式給付之獎金、津貼及其他任何名義之經常性給予。（第 3 條）

（五）性騷擾，1990 年歐洲共同體對性騷擾的定義是指一些與性有關的行為，且此行為足以影響兩性工作的尊嚴者。具體言之，性騷擾是指行為人使用強迫、威脅等言詞或身體碰觸的方式，對他人實施違反其意願，且與性或性別有關之行為。例如：在辦公室開黃腔或評論身材。

胡楠(2010)的調查研究發現，年齡越小、學歷越低、收入越低、職位越低者越容易被性騷擾。年齡、學歷、收入和職位都與個體的資源有關，並間接地與個體的社會地位及權力存在聯繫。

四、主管機關

在中央為勞動部；在直轄市為直轄市政府；在縣（市）為縣（市）政府。（第4條）

五、應設置之組織

（一）為審議、諮詢及促進性別工作平等事項，各級主管機關應設性別工作平等會。

（二）性別工作平等會應置委員五至十一人，任期兩年，由具備勞工事務、性別問題之相關學識經驗或法律專業人士擔任之，其中經勞工團體、女性團體推薦之委員各二人，女性委員人數應占全體委員人數二分之一以上。

（三）性別工作平等會組織、會議及其他相關事項，由各級主管機關另定之。

（四）地方主管機關如設有就業歧視評議委員會，亦得由該委員會處理相關事宜。該會之組成應符合第2項之規定。（第5條）

六、勞動檢查項目

主管機關應就本法所訂之性別、性傾向歧視之禁止、性騷擾之防治及促進工作平等措施納入勞動檢查項目。（第6-1條）

貳、性別歧視之禁止

一、平等原則

（一）禁止性別歧視。歧視女性或同性戀者均屬之。就業徵才，例如徵經理、祕書、作業員，禁止刊登只限女性之廣告。

（二）雇主對求職者或受僱者之招募、甄試、進用、分發、配置、考績或陞
　　　遷等，不得因性別或性傾向而有差別待遇。但工作性質僅適合特定性
　　　別者，不在此限。（第 7 條）

二、內部管理

（一）雇主為受僱者舉辦或提供教育、訓練或其他類似活動，不得因性別或
　　　性傾向而有差別待遇。（第 8 條）例如舉辦「經理人才培訓營」，不能
　　　限男性。

（二）雇主為受僱者舉辦或提供各項福利措施，不得因性別或性傾向而有差
　　　別待遇。（第 9 條）

三、同工同酬

　　雇主對受僱者薪資之給付，不得因性別或性傾向而有差別待遇；其工作
或價值相同者，應給付同等薪資。但基於年資、獎懲、績效或其他非因性別
或性傾向因素之正當理由者，不在此限。雇主不得以降低其他受僱者薪資之
方式，規避之。（第 10 條）例如聘請男性工程師為月薪 5 萬元，聘請女性工
程師卻給月薪 3 萬元，不符同工同酬原則。

四、退離應公平對待

（一）雇主對受僱者之退休、資遣、離職及解僱，不得因性別或性傾向而有
　　　差別待遇。例如禁止解僱同性戀者。

（二）工作規則、勞動契約或團體協約，不得規定或事先約定受僱者有結
　　　婚、懷孕、分娩或育兒之情事時，應行離職或留職停薪；亦不得以其
　　　為解僱之理由。例如禁止解僱結婚者或懷孕者。

（三）違反規定者，其規定或約定無效；勞動契約之終止不生效力。（第 11
　　　條）

補充

懷孕歧視直接視為「性別歧視」類型

　　性別工作平等法制定時，業參考歐美先進國家處理懷孕歧視之經驗及作法，將懷孕歧視直接視為「性別歧視」類型之一。倘雇主因受僱者懷孕而為退休、資遣、離職及解僱之差別待遇，當屬違反第 11 條第 1 項性別（懷孕）歧視之範疇；至第 11 條第 2 項則係雇主於工作規則、勞動契約或團體協約規定或事先約定受僱者有結婚、懷孕、分娩或育兒之情事，應行離職或留職停薪或為解僱之理由時，始認違反是項規定。性別工作平等法第 11 條第 1 項旨在防範雇主因性別或性傾向因素而對受僱者之退休、資遣、離職及解僱為差別待遇，爰地方主管機關於處理懷孕歧視時，應探究雇主於知悉受僱者懷孕前後之差異性、雇主對於相似情形受僱者（如：其他懷孕員工）之處置方式等，以為認定懷孕歧視「差別待遇」之參據。[6]

參、性騷擾之防治

一、禁止工作場所性騷擾

（一）敵意環境性騷擾

　　受僱者於執行職務時，任何人以性要求、具有性意味或性別歧視之言詞或行為，對其造成敵意性、脅迫性或冒犯性之工作環境，致侵犯或干擾其人格尊嚴、人身自由或影響其工作表現。

（二）交換式性騷擾

　　雇主對受僱者或求職者為明示或暗示之性要求、具有性意味或性別歧視之言詞或行為，作為勞務契約成立、存續、變更或分發、配置、報酬、考績、陞遷、降調、獎懲等之交換條件。（第 12 條）本條規定，係以雇主身分對受僱者的性騷擾，明定為禁止行為。

---

[6] 參照立法理由。勞動條 4 字第 1050132108 號函。

（三）性騷擾認定

性騷擾行為包括在行為上或言詞上的性騷擾與性別歧視。性騷擾之認定，應就個案審酌事件發生之背景、工作環境、當事人之關係、行為人之言詞、行為及相對人之認知等具體事實為之。

有關「性騷擾」行為之認定，除應從事件發生之背景、環境、當事人之關係及行為人之言詞等客觀情狀綜合研判之外，尚應考量被害人之主觀感受及認知，至行為人是否有侵犯意圖則非絕對之要件。例如：電話中之言語性騷擾，其性質不具公開性，被害人通常極難於突遭電話中言語性騷擾之當下即知要錄音存證，必須綜合研判與認定。【高雄高等行政法院判決 103 年度訴字第 123 號】被害人主觀感受也必須考量有個別差異性，例如：甲男凝視 A、B 二女胸部，A 女不介意、但 B 女覺得不舒服、噁心。B 自可以表達自己不舒服的感受不必以 A 為基準。[7]

（四） 性騷擾防治法有關性騷擾之責任與罰責：

1.利用權勢為性騷擾者，得加重處罰鍰至二分之一；2.意圖性騷擾，乘人不及抗拒而為親吻、擁抱或接觸其臀部、胸部或其他身體隱私處之行為者處二年以下有期徒刑、拘役或科或併科十萬元以下罰金（觸摸罪）；3.對他人性騷擾者，由直轄市縣市主管機關處 1 萬元以上 10 萬元以下罰鍰。

二、訂定性騷擾防治措施

（一） 依據：性別工作平等法第 13 條；工作場所性騷擾防治措施、申訴及懲戒辦法訂定準則。

（二） 雇主應防治性騷擾行為之發生。其僱用受僱者三十人以上者，應訂定性騷擾防治措施、申訴及懲戒辦法，並在工作場所公開揭示。雇主於

---

[7] 公共場所性騷擾問題相當多，例如 2018-06-05〔記者溫于德／台北報導〕自稱法律系碩士畢業的麥男，日前搭公車時對鄰座的女生伸鹹豬手，搔撫對方大腿長達 2 分鐘之久，待被害人求助才停止。刑事部分認定麥已違反性騷擾防治法，判拘 55 日、得易科罰金確定；民事方面，原告索賠 66 萬元精神慰撫金，且在書狀內提到聯合國通過的「消除對婦女一切形式歧視公約（CEDAW）」獲認同；法官最後判賠 30 萬元，可上訴。最高法院認性騷擾防治法所稱之「性騷擾」，係指帶有性暗示之動作，具有調戲之含意，讓人有不舒服之感覺（最高法院 100 年度台上字第 2479 號判決意旨參照），並不將性騷擾 限縮在與「利益交換」或「敵意環境」有關之範疇。並認性騷擾防治法第 25 條規定之「性騷擾」，指對被害人之身體為偷襲式、短暫式、有性暗示之不當觸摸，含有調戲意味，而使人有不舒服之感覺，但不符合強制猥褻構成要件之行為而言。

知悉性騷擾之情形時，應採取立即有效之糾正及補救措施。違反者處10萬元以上50萬元以下罰鍰。（職安乙級）

（三）雇主應提供受僱者及求職者免於性騷擾之工作環境，採取適當之預防、糾正、懲戒及處理措施，並確實維護當事人之隱私。

（四）性騷擾防治措施應包括下列事項

1. 實施防治性騷擾之教育訓練。

2. 頒布禁止工作場所性騷擾之書面聲明。

3. 規定處理性騷擾事件之申訴程序，並指定人員或單位負責。

4. 以保密方式處理申訴，並使申訴人免於遭受任何報復或其他不利之待遇。

5. 對調查屬實行為人之懲戒處理方式。

（五）雇主應設置處理性騷擾申訴之專線電話、傳真、專用信箱或電子信箱，並將相關資訊於工作場所顯著之處公開揭示。

（六）雇主處理性騷擾之申訴，應以不公開方式為之。雇主為處理申訴，得由雇主與受僱者代表共同組成申訴處理委員會，並應注意委員性別之相當比例。

（七）雇主調查過程應保護當事人之隱私權及其他人格法益。

（八）申訴處理委員會召開時，得通知當事人及關係人到場說明，並得邀請具相關學識經驗者協助。

（九）申訴處理委員會應為附理由之決議，並得作成懲戒或其他處理之建議。該決議，應以書面通知申訴人、申訴之相對人及雇主。

（十）申訴應自提出起三個月內結案。申訴人及申訴之相對人對申訴案之決議有異議者，得於十日內提出申覆。經結案後，不得就同一事由，再提出申訴。

（十一）性騷擾行為經調查屬實，雇主應視情節輕重，對申訴之相對人為適當之懲戒或處理。如經證實有誣告之事實者，亦對申訴人為適當之懲戒或處理。

（十二）雇主應採取追蹤、考核及監督，確保懲戒或處理措施有效執行，並避免相同事件或報復情事發生。雇主得引介專業輔導或醫療機構。

思辯爭點

　　性騷擾防治工作屬雇主法定責任，但有些性騷擾之發生為雇主與員工間之複雜關係，或雙方各有婚姻或一方陷於無奈屈從，往往必須透過第三者介入始揭開秘史，雇主是防治者也是行為者，以球員兼裁判方式進行性騷擾防治，恐無法符合立法目的，本文建議在法制上宜有特殊規範，方能達到真正防治目的，例如：女性員工被雇主之配偶告妨害家庭、被迫離職，究其因是女性員工之父有癌症，為家計不得不與有配偶之雇主為交換，以維持續僱狀態。[8]該雇主既為防治義務人也是行為人，如何防範，恐在實務操作面須再研討。

伍、促進工作平等措施

一、生理假

　　女性受僱者因生理日致工作有困難者，每月得請生理假一日，全年請假日數未逾三日，不併入病假計算，其餘日數併入病假計算（病假 30 日內半薪）。併入及不併入病假之生理假薪資，減半發給（第 14 條）。受僱者依規定為請求時，雇主不得拒絕。受僱者請求時，雇主不得視為缺勤而影響其全勤獎金、考績或為其他不利之處分。[9]如雇主拒絕，受僱者可向各縣（市）政府申訴【111 初等】。

　　女性受僱者得因生理日而請病假，不會因此而曠職或解僱。然而實務上，女性申請生理假不多，或許在事實面及制度面有阻礙之虞，但立法精神特好。

---

[8] 馬翠華勞動調解委員兼高等法院高雄分院家事調解委員之心得：職場上性別保障仍有加強改善之空間。

[9] 因病切除子宮及卵巢，如經由適當醫學方法合理判斷女性勞動者仍有排卵，且於排卵日及原行經之日仍因荷爾蒙變化而有身體不適，應可屬「廣義生理日」，如因而致工作困難，得依性別工作平等法規定請生理假。勞動條 4 字第 1040132621 號函。

二、產假

（一）雇主於女性受僱者分娩前後，應使其停止工作，給予產假八星期；妊娠三個月以上流產者，應使其停止工作，給予產假四星期；妊娠二個月以上未滿三個月流產者，應使其停止工作，給予產假一星期；妊娠未滿二個月流產者，應使其停止工作，給予產假五日。產假期間薪資之計算，依相關法令之規定。

（二）受僱者依規定為請求時，雇主不得拒絕。受僱者請求時，雇主不得視為缺勤而影響其全勤獎金、考績或為其他不利之處分。

三、安胎假

受僱者經醫師診斷需安胎休養者，其治療、照護或休養期間之請假及薪資計算，依相關法令之規定。及該法施行細則第 13 條規定：「受僱者依本法第 15 條至第 20 條規定為申請或請求者，必要時雇主得要求其提出相關證明文件。」

四、育嬰留職停薪與復職

為保障勞工請育嬰留職停薪之權利及雇主僱用替代人力之可行性為衡量基準，育嬰留職停薪期間，每少不得少於六個月為原則。

為救少子化政府於 2021 年 7 月 1 日起修改育兒父母可同時申請育嬰留職停薪。留職停薪津貼，從補助 6 成薪，調高到 8 成薪，育嬰留職停薪申請期間可以少於 6 個月（不低於 30 日），以 2 次為限。[10]換言之，懷孕者可提前 10 天申請育嬰假，一次最短可申請一個月，但以二次為限，例如阿美申請 2 次育嬰假分別為一個月、三個月，則第三次申請時，至少六個月以上（總加不得超過 2 年）。

2021 年 12 月 24 日立法院通過就業保險法第 19 條之 2 條修正案，不分行業別夫妻可以同時留職停薪及申請育嬰津貼。2021 年 12 月 28 日性別工作平等法立法院也通過相關法條。

---

[10] https://heho.com.tw/archives/170756

（一）育嬰留職

1. 受僱者任職滿六個月後，於每一子女滿三歲前，得申請育嬰留職停薪，期間至該子女滿三歲止，但不得逾二年。同時撫育子女二人以上者，其育嬰留職停薪期間應合併計算，最長以最幼子女受撫育二年為限。

2. 受僱者於育嬰留職停薪期間，得繼續參加原有之社會保險，原由雇主負擔之保險費，免予繳納；原由受僱者負擔之保險費，得遞延三年繳納。（第16條）

3. 不論配偶是否就業受僱者都可以申請育嬰假且夫妻可同時育嬰留職停薪。

4. 育嬰留停津貼是提供無收入的補助，所以該期間不能兼差貼補家用。

（二）復職

1. 受僱者於育嬰留職停薪期滿後，申請復職時，除有下列情形之一，並經主管機關同意者外，雇主不得拒絕：
   (1) 歇業、虧損或業務緊縮者。
   (2) 雇主依法變更組織、解散或轉讓者。
   (3) 不可抗力暫停工作在一個月以上者。
   (4) 業務性質變更，有減少受僱者之必要，又無適當工作可供安置者。

2. 雇主因前項各款原因未能使受僱者復職時，應於三十日前通知之，並應依法定標準發給資遣費或退休金。（第17條）

（三）解僱

　　育嬰留職停薪期間，雇主可否解僱？向來有爭執，從政策性考量，勞基法第十三條對產假期間有禁止解僱的規定，係特別保護。但該條就育嬰留職停薪期間是否可類推適用，不無疑義。若從本質面而言，該期間無提供勞務事實，無法列為考核對象，故而無從有勞基法第十二條之判斷。因此，必須個別認定。

五、哺乳時間

（一）子女未滿二歲須受僱者親自哺（集）乳者，除規定之休息時間外，雇主應每日另給哺（集）乳時間六十分鐘。受僱者於每日正常工作時間

以外之延長工作時間達一小時以上者，雇主應給予哺（集）乳時間三十分鐘。哺（集）乳時間，視為工作時間。（第 18 條）

（二）受僱者依規定為請求時，雇主不得拒絕。受僱者為哺乳時間之請求時，雇主不得視為缺勤而影響其全勤獎金、考績或為其他不利之處分。

六、撫育未滿三歲子女得減工時

（一）受僱於僱用三十人以上雇主之受僱者，為撫育未滿三歲子女，得向雇主請求為下列二款事項之一：
1. 每天減少工作時間一小時；減少之工作時間，不得請求報酬。
2. 調整工作時間。（第 19 條）

勞工常見 Q&A

Q： 依據性別工作平等法第 19 條規定，甲君為撫育小孩，除得向乙公司請求調整工作時間外，還可以請求哪一種事項？（110 就服乙級）

A： 每天減少工作一小時。

（二）受僱於僱用未滿 30 人雇主之受僱者，經與雇主協商，雙方合意後，得適用減少工時或調整工時之規定。

（三）受僱者依規定為請求時，雇主不得拒絕。受僱者為撫育未滿三歲子女之請求時，雇主不得視為缺勤而影響其全勤獎金、考績或為其他不利之處分。

七、家庭照顧假

2021 年 12 月 28 日修正，不論配偶是否就業夫妻均可申請家庭照顧假。

（一）受僱者於其「家庭成員」預防接種、發生嚴重之疾病或其他重大事故須親自照顧時，得請家庭照顧假，其請假日數併入事假計算，全年以七日為限。

（二）家庭照顧假薪資之計算，依各該事假規定辦理。（第 20 條）

（三）受僱者依規定為請求時，雇主不得拒絕。受僱者為請求時，雇主不得
　　　視為缺勤而影響其全勤獎金、考績或為其他不利之處分。（第 21 條）

補充

　　所稱之「家庭成員」，為免過度限縮立法意旨，其屬民法第 1123 條規定
之家屬或視為家屬者，亦屬之。雇主對受僱者申請家庭照顧假，必要時得請受
僱者提供相關證明文件。至證明文件之形式，法無明文，足茲證明受僱者有須
親自照顧家屬之事實，即為已足。

　　同性伴侶依民法第 1123 條第 3 項規定取得「家屬」之身分，自屬前開
「家庭成員」之範疇。至是否具備永久共同居住之意思及客觀事實，不以登記
同一戶籍為唯一認定標準。

八、應設置托兒設施

（一）僱用受僱者一百人以上之雇主，應提供下列設施、措施：

　　1. 哺（集）乳室。

　　2. 托兒設施或適當之托兒措施。（第 23 條）

（二）僱用受僱者二百五十人以上之雇主，設置或提供前項設施或措施，以
　　　收托受僱者子女未滿十二歲者為限。

九、促進就業之服務、訓練與獎勵

　　主管機關為協助因結婚、懷孕、分娩、育兒或照顧家庭而離職之受僱者
獲得再就業之機會，應採取就業服務、職業訓練及其他必要之措施。雇主僱
用因結婚、懷孕、分娩、育兒或照顧家庭而離職之受僱者成效卓著者，主管
機關得給予適當之獎勵。（第 24、25 條）

陸、救濟及申訴程序

一、雇主應負賠償責任

（一）受僱者或求職者因第 7 條至第 11 條或第 21 條之情事，受有損害者，雇主應負賠償責任。（第 26 條）

（二）受僱者或求職者因雇主違反第 13 條第 2 項之義務，受有損害者，雇主應負賠償責任。（第 28 條）

（三）受僱者或求職者雖非財產上之損害，亦得請求賠償相當之金額。其名譽被侵害者，並得請求恢復名譽之適當處分。（第 29 條）

二、雇主及行為人連帶負損害賠償責任

（一）受僱者或求職者因第 12 條之情事，受有損害者，由雇主及行為人連帶負損害賠償責任。但雇主證明其已遵行本法所定之各種防治性騷擾之規定，且對該事情之發生已盡力防止仍不免發生者，雇主不負賠償責任。如被害人依前項但書之規定不能受損害賠償時，法院因其聲請，得斟酌雇主與被害人之經濟狀況，令雇主為全部或一部之損害賠償。雇主賠償損害時，對於為性騷擾之行為人，有求償權。（第 27 條）

（二）受僱者或求職者雖非財產上之損害，亦得請求賠償相當之金額。其名譽被侵害者，並得請求回復名譽之適當處分。

三、請求權時效

損害賠償請求權，自請求權人知有損害及賠償義務人時起，二年間不行使而消滅。自有性騷擾行為或違反各該規定之行為時起，逾十年者，亦同。（第 30 條）

四、舉證責任

受僱者或求職者於釋明差別待遇之事實後，雇主應就差別待遇之非性別、性傾向因素，或該受僱者或求職者所從事工作之特定性別因素，負舉證責任。（第 31 條）

五、雇主內部申訴制度

（一）雇主為處理受僱者之申訴，得建立申訴制度協調處理。（第 32 條）

（二）申訴案件之審議，以不公開為原則。

六、中央與地方主管機關

（一）受僱者發現雇主違反第 14 條至第 20 條之規定時，得向地方主管機關申訴。其向中央主管機關提出者，中央主管機關應於收受申訴案件，或發現有上開違反情事之日起七日內，移送地方主管機關。地方主管機關應於接獲申訴後七日內展開調查，並得依職權對雙方當事人進行協調。前項申訴處理辦法，由地方主管機關定之。（第 33 條）

（二）中央或地方主管機關性別工作平等會為審議申訴案件，必要時，得指派委員二人以上組成專案小組進行調查。專案小組調查過程應保護申請人、相對人及關係第三人之隱私權，調查結束後，由專案小組作成調查報告，提主管機關性別工作平等會審議。

（三）申請人向主管機關性別工作平等會申請審議時，得於審定書送達前，撤回審議申請。撤回後，不得就同一案件再申請審議。

（四）中央或地方主管機關性別工作平等會審議時，得通知申請人及其他相關人員到場說明。中央主管機關性別工作平等會審議時，並得邀請地方主管機關列席。

七、訴願與行政訴訟

（一）受僱者或求職者發現雇主違反第 7 條至第 11 條、第 13 條、第 21 條或第 36 條規定時，向地方主管機關申訴後，雇主、受僱者或求職者對於地方主管機關所為之處分有異議時，得於十日內向中央主管機關性別平等會申請審議或逕行提起訴願。雇主、受僱者或求職者對於中央主管機關性別工作平等會所為之處分有異議時，得依訴願及行政訴訟程序，提起訴願及進行行政訴訟。前項申訴審議處理辦法，由中央主管機關定之。（第 34 條）

（二）法院及主管機關對差別待遇事實之認定，應審酌性別工作平等會所為之調查報告、評議或處分。（第 35 條）

八、禁止不利之處分

雇主不得因受僱者提出本法之申訴或協助他人申訴，而予以解僱、調職或其他不利之處分。（第 36 條）

九、罰則

雇主違反第 21 條、第 27 條第 4 項或第 36 條規定者，處新臺幣 2 萬元以上 30 萬元以下罰鍰。（第 38 條）雇主違反第 7 條至第 10 條、第 11 條第 1 項、第 2 項者，處新臺幣 30 萬元以上 150 萬元以下罰鍰。雇主違反第 13 條第 1 項後段、第 2 項規定者，處新臺幣 10 萬元以上 50 萬元以下罰鍰。

凡違反上開規定者，應公布其姓名或名稱、負責人姓名，並限期令其改善；屆期未改善者，應按次處罰。（第 38-1 條）

附錄　性別工作平等法自主檢視表

一、自主檢視前說明

（一）為保障勞工權益，促進工作平等，營造友善工作環境，藉由自主檢視方式，協助事業單位瞭解及遵守相關規定，同時提升勞工之勞動條件，爰將該法檢查重點項目分列如下，由事業單位以自主管理方式，檢視是否符合法令規定。

（二）公司已置備下列文件及辦理相關事項：

1. 人員招募廣告。

2. 工作規則及人事規章（含教育訓練、福利措施、薪資管理辦法、獎金給付、工作場所性騷擾防治措施與申訴及獎懲辦法等）。

3. 勞工名卡（冊）（記載勞工之姓名、性別、出生年月日、本籍、教育程度、住址、身分證統一編號、到職年月日、工資、勞工保險投保日期、獎懲、傷病及其他必要事項）。

4. 出勤紀錄（含請假紀錄）。

5. 薪資清冊（包括每位勞工之工資計算項目、金額及工資總額等事項）。

6. 促進工作平等措施（如生理假、產假…）相關申請制度，及近一年實際申請勞工人數等資料。

7. 設置哺（集）乳室與托兒設施或提供托兒措施等相關資料。

8. 勞工請領勞工保險生育給付及育嬰留職停薪津貼情形。

（三）勞動檢查之重點檢查項目如下所列。

二、重點檢視項目

自主檢視內容	法規條款
本公司於招募、甄試、進用、分發、配置、考績或陞遷等，未對受僱者或求職者之性別或性傾向而有差別待遇。 本公司於薪資給付、退休、資遣、離職、解僱，未對受僱者之性別或性傾向而有差別待遇。	性別工作平等法第 7 條
沒有規（約）定勞工結婚、懷孕、分娩或育兒之情事時，應行離職、留職停薪或解僱。	性別工作平等法第 11 條第 2 項
已訂有性騷擾防治措施、申訴及懲戒辦法，並於工作場所公開揭示。	性別工作平等法第 13 條第 1 項後段
本公司未拒絕女性勞工請生理假，且依規定給予生理假工資。	性別工作平等法第 14 條
對於勞工生產或流產者，皆依規定給予產假及薪資。	性別工作平等法第 15 條第 1 項、第 2 項 勞動基準法第 50 條
對於勞工有安胎休養之需要，給予其安胎休養請假，並依規定給予工資。	性別工作平等法第 15 條第 3 項、勞工請假規則第 4 條第 2 項、第 3 項
有給予勞工產檢假 5 日。其配偶生產時，給予陪產假 5 日。產檢假及陪產假期間，薪資照給。	性別工作平等法第 15 條第 4 項、第 5 項及第 6 項
同意勞工申請育嬰留職停薪。	性別工作平等法第 16 條
員工育嬰留職停薪期滿後申請復職時，公司未拒絕其復職。	性別工作平等法第 17 條

自主檢視內容	法規條款
子女未滿二歲，須受僱者親自哺（集）乳者，本公司於每日正常工作時間中給予需親自哺（集）乳勞工 60 分鐘之哺（集）乳時間；延長工作時間達 1 小時以上者，給予哺（集）乳時間 30 分鐘。	性別工作平等法第 18 條
同意勞工因其家庭成員預防接種、發生嚴重之疾病或其他重大事故須親自照顧，而申請家庭照顧假之請求。	性別工作平等法第 20 條
不會拒絕勞工生理假、產假、安胎休養請假、產檢假、陪產假、家庭照顧假、哺乳時間之請求，或視為缺勤而影響其全勤獎金、考績或其他不利之處分。	性別工作平等法第 21 條
1. 已依「雇主設置員工哺（集）乳室檢核表」所列事項設置哺（集）乳室。 2. 已設置托兒服務機構或以委託方式與托兒服務機構簽約，或提供受僱者托兒津貼辦托兒服務。 * 托兒服務機構係指經許可設立之托嬰中心、幼兒園或兒童課後照顧服務中心等	性別工作平等法第 23 條第 1 項

PART 03

安全衛生

CHAPTER 07

職業安全
衛生法

第一節 職業安全衛生歷次修法沿革與重點

壹、修法沿革

　　國際勞工公約 1981 年第 155 號「職業安全衛生公約」建議使用「職業安全衛生」，另我國自簽署兩人權公約後其施行法因應而生，尤其該公約強調締約國應確保人人享有安全衛生之工作環境（第 7 條）；改善環境及工業衛生（安全）（第 12 條）；採取職業病、流行病之預防、診斷及控制；確保傷病者能獲得親近之醫療照顧服務。我國旋即加強檢討原勞工安全衛生法之適用範圍檢討，同時考量機械、設備及化學品管理落伍及產業結構改變，新興職業疾病產生，與勞動力變遷趨向高齡化、派遣化、少子化，致使職業安全衛生面臨新挑戰。尤其「防過勞」條款，命雇主須就輪班、夜間或長時間工作等異常工作負荷，容易引發之疾病加以預防。如勞工提出過度工作負荷之醫院診斷書，雇主仍不當指派工作致過勞死，涉嫌刑法第 276 條罪責。

　　近年來，職場暴力頻傳，主要方式包括：肢體暴力、語言暴力及性騷擾。依據 2012 年北市府調查發現，五成四勞工曾受職場霸凌，言語占 53.96%，包括道人長短、冷嘲熱諷；次為人際關係霸凌占 26.04%，包括同事小圈圈或可以孤立某人。勞動部職安署於 2017 年 6 月訂頒執行職務遭受不法侵害預防指引以資因應。

貳、主要重點[1]

一、職業安全衛生法主要重點如下

（一）擴大適用對象，並及於所有勞動場所。

（二）建構機械、設備及化學品源頭管理機制。

---

[1] 自 95 年著手修法，7 年來共召開 40 餘場次研商會議：一、100 年 9 月第 1 次送立法院審議。二、100 年 11 月立法院衛環委員會審查通過。三、100 年 12 月立法院院會未順利完成三讀，因屆期不連續，送回勞委會重新檢討。四、101 年 11 月第 2 次送立法院審議。五、102 年 4 月立法院衛環委員會審查完竣。六、102 年 6 月 18 日立法院院會三讀通過。七、102 年 7 月 3 日總統公布。資料來源：前行政院勞工委員會勞工安全衛生處《2013 年職業安全衛生法修法說明會》。

（三）健全職業病預防體系，強化勞工身心健康保護。

（四）健全女性及少年勞工之健康保護措施。

（五）強化高風險事業之定期製程安全評估監督機制。

（六）增列勞工立即危險作業得退避、原事業單位連帶賠償及勞工代表會同職業災害調查等規定。

（七）增訂職業安全衛生顧問服務、補助與獎助及跨機關合作等職業安全衛生文化促進規定。

二、就整體雇主責任而言，職業安全衛生法屬於符合國際趨勢及要求之先進立法，其主要特色如下[2]

（一）一般責任：1.增訂雇主預防職災之一般責任。2.增訂設計、製造、輸入或施工者預防職災之一般責任。

（二）生物性危害預防：防止動物、植物或微生物引起之危害。

（三）勞工健康：1.增訂雇主促進勞工身心健康之義務。2.增訂健檢異常依醫囑管理與健檢通報制度。3.增訂作業環境測定計畫訂定、測定結果揭示與通報制度。

（四）化學品管理：1.增訂化學物質源頭管制制度。2.增訂化學品分級管理制度。

（五）機械設備產品驗證：增訂機械設備產品安全驗證制度。

（六）定期製程安全評估：增訂石化業等高風險場所定期評估制度，如未落實造成火災爆炸等意外致死亡或三人以上罹災，最高可罰 300 萬元。

（七）職業安全衛生管理系統化。

---

[2]　資料來源同上註。

勞工常見 Q&A

Q1： 刪除一般女工禁止從事危險性或有害性工作之理由為何？

A1： 乃因我國產業結構改變，服務業占極高比例，女性工作者約有五成，而且近代醫學並無證實必須特別保護，反有就業歧視之虞，故而刪除。[3]

Q2： 動物園有許多會傷人之動物，如何做到勞工安全作業呢？

A2： 雇主使勞工於獅、虎、豹、熊及其他具有攻擊性或危險性之動物飼養區從事餵食、誘捕、驅趕、外放或獸舍打掃維修等作業時，應有適當之人獸隔離設備與措施。但該作業無危害之虞者，不在此限。

雇主為前項人獸隔離設備與措施時，應依下列規定辦理（參見立法理由）：

1. 勞工打開獸欄時，應於安全處以電動控制為之。但有停電、開關故障、維修保養或其他特殊情況時，經雇主或主管在現場監督者，得以手動為之。

2. 從事作業有接近動物之虞時，應有保持人獸間必要之隔離設施或充分之安全距離。

3. 從獸舍出入口無法透視內部情況者，應設置監視裝置。

4. 勞工與具有攻擊性或危險性動物接近作業時，有導致傷害之虞者，應指定專人監督該作業，並置備電擊棒等適當之防護具，使勞工確實使用。

5. 訂定標準作業程序，使勞工遵循。

6. 其他必要之防護措施。

 第二節　**總　論**

壹、立法目的

為防止職業災害，保障工作者安全及健康。（第 1 條）

貳、名詞定義

職業安全衛生法之用詞定義如下（第 2 條）：

---

[3] 參考修正條文說明。

一、 工作者：指勞工、自營作業者及其他受工作場所負責人指揮或監督從事勞動之人員。

二、 勞工：指受僱從事工作獲致工資者。

三、 雇主：指事業主或事業之經營負責人。職安法對於雇主定義及雇主責任之範圍，大於勞基法。

四、 事業單位：指本法適用範圍內僱用勞工從事工作之機構。

五、 職業災害：指因勞動場所之建築物、機械、設備、原料、材料、化學品、氣體、蒸氣、粉塵等或作業活動及其他職業上原因引起之工作者疾病、傷害、失能或死亡。（國際勞工組織將職業災害分為意外傷害、職業病、通勤職災，其中預防職業病最根本措施是實施作業環境改善，其危害因子包括：物理性危害、人因工程危害及化學性危害）。

補充

自營作業者

　　指獨立從事勞動或技藝工作，獲致報酬，且未僱用有酬人員幫同工作者。其他受工作場所負責人指揮或監督從事勞動之人員：指與事業單位無僱傭關係，於其工作場所從事勞動或以學習技能、接受職業訓練為目的從事勞動之工作者。在發生死亡職業災害之工作場所，以有無實質指揮或監督勞工從事勞動之事實判斷。[4]

職業病—中風／過勞

1. 勞工心血管疾病發病的風險與年齡、吸菸、總膽固醇數量、家族病史、生活型態、心臟方面疾病均有正相關。

2. 若有「感覺心力交瘁、感覺挫折而且上班時都很難熬」可能已快被工作累垮、或工作相關過勞程度可能嚴重。

3. 勞工於職場上遭受主管或同事利用職務或地位上的優勢，予以不當之對待及遭受顧客、服務對象或其他相關人士之肢體攻擊、言語侮辱、恐嚇、威脅等霸凌或暴力事件，致發生精神或身體上的傷害歸屬社會心理性之職業危害。（職安乙級）

---

[4]　參考臺北高等行政法院判決 105 訴，1184。

4. 流行病學實證研究顯示，輪班、夜間長時間工作與心肌梗塞、高血壓、睡眠障礙、憂鬱等罹病風險有正相關。

參、適用行業

職業安全衛生法適用於各業。但因事業規模、性質及風險等因素，中央主管機關得指定公告其適用本法之部分規定（第 4 條）。基此，擴大適用對象至所有工作者，亦即其保護範圍增大。

肆、雇主預防責任[5]

雇主使勞工從事工作，應在合理可行範圍內（類似「可期待性原則」），採取必要之預防設備或措施，使勞工免於發生職業災害。機械、設備、器具、原料、材料等物件之設計、製造或輸入者及工程之設計或施工者，應於設計、製造、輸入或施工規劃階段實施風險評估，致力防止此等物件於使用或工程施工時，發生職業災害（第 5 條）。基此，雇主事先須進行風險評估並採取預防作為（參照施行細則第 8 條）。

第三節　安全衛生設施

壹、防止危害用具之使用（第 6 條）

我國重大職業災害事故多以墜落（例如廣告業者拆卸廣告招牌）、滾落為主因，次為捲夾。故雇主對下列事項應有符合規定之必要安全衛生設備及措施：

一、 防止機械、設備或器具等引起之危害（例如，甲為貨車司機，A 公司提供的中古車因剎車老舊致車禍受傷）。

---

[5] 一般責任為訓示性規定：1.增訂雇主預防職災之一般責任。2.增訂設計、製造、輸入或施工者預防職災之一般責任。例如工業用車無規定須使用安全帶，且道路交通相關法令也未規範工業用車，若發生事故，得歸屬雇主一般責任。亦即「雇主應盡保護責任」。

二、 防止爆炸性或發火性等物質引起之危害。雇主應採取火災爆炸預防措施，例如：裝設可燃性氣體偵測裝置或使用防爆電氣設備或標示「嚴禁煙火」。

三、 防止電、熱或其他之能引起之危害。例如：接近高電壓電線範圍會有危害，通常感電電流流過人體會有痛覺、強烈痙攣。

四、 防止採石、採掘、裝卸、搬運、堆積或採伐等作業中引起之危害。

五、 防止有墜落、物體飛落或崩塌等之虞之作業場所引起之危害。例如：對於墜落危險之預防設施—高度二公尺以上開口處應設護欄或安全網。[6]雇主在容易發生墜落災害的作業場所應特別防範，例如：施工架或屋頂或梯子、合梯的作業。又雇主確實要求人員不得進入吊舉物下方可避免物體飛落災害。

六、 防止高壓氣體引起之危害。

七、 防止原料、材料、氣體、蒸氣、粉塵、溶劑、化學品、含毒性物質或缺氧空氣等引起之危害。（工作場所化學性有害物進入人體的常見路徑是呼吸道）

八、 防止輻射、高溫、低溫、超音波、噪音、振動或異常氣壓等引起之危害。（勞工於室外高溫作業環境工作對身體熱危害，計有熱衰竭、中暑、熱痙攣）

九、 防止監視儀表或精密作業等引起之危害。

十、 防止廢氣、廢液或殘渣等廢棄物引起之危害。

十一、防止水患或火災等引起之危害。

十二、防止動物、植物或微生物等引起之危害。

十三、防止通道、地板或階梯等引起之危害。

十四、防止未採取充足通風、採光、照明、保溫或防濕等引起之危害。

---

[6] 職安乙級考題。

勞工常見 Q&A

Q： A 公司在 B 地營造建物，應注意事項有哪些？

A： 1. 雇主對於建築構造物及其附置物，應保持安全穩固，以防止崩塌等危害。

　　2. 雇主對於建築構造物之基礎及地面，應有足夠之強度，使用時不得超過其設計之荷重，以防止崩塌。

　　3. 雇主對於建築物之工作室，其樓地板至天花板淨高應在 2.1 公尺以上。但建築法規另有規定者，從其規定。（勞動部）

　　4. 工程車需放安全地點並確定已停妥不滑動。

貳、雇主規劃義務（第 6、40 條）

雇主對下列事項，應妥為規劃及採取必要之安全衛生措施：

一、 重複性作業等促發肌肉骨骼疾病之預防（例如：幼稚園保育員抱兒童重複開關車門，致下背疼痛）。

二、 輪班、夜間工作、長時間工作等異常工作負荷促發疾病之預防（例如長期超時工作致傷）。

三、 執行職務因他人行為遭受身體或精神不法侵害之預防。

四、 避難、急救、休息或其他為保護勞工身心健康之事項。

1. 雇主違反上述義務致發生死亡災害，處三年以下有期徒刑、拘役或科或併科三十萬以下罰金。

2. 雇主違反上述義務致罹災人數在三人以上者，處一年以下有期徒刑、拘役或科或併科十八萬以下罰金。

勞工常見 Q&A

Q1： 商店老闆為免勞工被顧客打傷，有何措施可進行？

A1： 依據職業安全衛生設施規則第 324-3 條規定：雇主為預防勞工於執行職務，因他人行為致遭受身體或精神上不法侵害，應採取下列暴力預防措施，作成執行紀錄並留存三年：

1. 辨識及評估危害。

2. 適當配置作業場所。

3. 依工作適性適當調整人力。

4. 建構行為規範。

5. 辦理危害預防及溝通技巧訓練。

6. 建立事件之處理程序。

7. 執行成效之評估及改善。

8. 其他有關安全衛生事項。

前項暴力預防措施，事業單位勞工人數達一百人以上者，雇主應依勞工執行職務之風險特性，參照中央主管機關公告之相關指引，訂定執行職務遭受不法侵害預防計畫，並據以執行；於僱用勞工人數未達一百人者，得以執行紀錄或文件代替。

Q2：某縣市因強烈颱風而宣布停班，但 A 公司勞工卻須外勤工作，有危險之虞（例如修復電力或水管），雇主有何義務？

A2：依據職業安全衛生設施規則第 286-2 條規定：雇主使勞工於經地方政府已宣布停止上班之颱風天從事外勤作業，有危害勞工之虞者，應視作業危害性，置備適當救生衣、安全帽、連絡通訊設備與其他必要之安全防護設施及交通工具。另對於天然災害發生時，勞工是否出勤、是否指定特定勞工出勤及相關工資給付事項，應事前透過勞資會議協商約定或於工作規則中訂定，避免衍生相關爭議。[7]

Q3：工作場所容易造成勞工過勞負荷型態有哪些？

A3：勞工如面臨長期工作負荷壓力及工作疲勞累積，沒有獲得適當休息及充足睡眠，可能影響體能及精神狀態，甚至促發腦心血管疾病。

依據《職業促發腦血管及心臟疾病之認定參考指引》型態如下：

1. 工作時間不規律。

2. 工作時間長。

3. 經常出差之工作。

4. 輪班或夜班之工作。

5. 作業環境惡質之工作。

6. 伴隨精神緊張之工作。

---

[7] 勞動部民國 106 年 03 月 03 日勞動條 2 字第 1060130136 號函。

Q4： A公司在道路施建工程應注意事項有哪些？略述兩種。

A4： 雇主對於使用道路作業之工作場所，為防止車輛突入等引起之危害，應依下列規定辦理：

1. 從事挖掘公路施工作業，應依所在地直轄市、縣（市）政府審查同意之交通維持計畫，設置交通管制設施。

2. 作業人員應戴有反光帶之安全帽，及穿著顏色鮮明有反光帶之施工背心，以利辨識。

 補充

屋頂作業災害防止對策（職安乙級）

1. 雇主義務：

   雇主使勞工從事屋頂作業時，應指派專人督導，並依下列規定辦理：……
   (3)於易踏穿材料構築之屋頂作業時，應先規劃安全通道，於屋架上設置適當強度，且寬度在三十公分以上之踏板，並於下方適當範圍裝設堅固格柵或安全網等防墜設施……於前項第 3 款之易踏穿材料構築屋頂作業時，雇主應指派屋頂作業專人督導。

2. 官方職責：

   (1) 主管應於現場辦理下列事項：a.決定作業方法，指揮勞工作業。b.實施檢點，檢查材料、工具、器具等，並汰換不良品。c.監督勞工確實使用個人防護具。d.確認安全衛生設備及措施之有效狀況。e.其他為維持作業勞工安全衛生所必要之設備及措施。（營造安全衛生設施標準第 18 條第 1 項第 3 款、第 2 項暨職業安全衛生法第 6 條第 1 項）

   (2) 雇主對於在高度二公尺以上之高處作業，勞工有墜落之虞者，應使勞工確實使用安全帶、安全帽及其他必要之防護具，或採安全網等措施。（職業安全衛生設施規則第 281 條第 1 項暨職業安全衛生法第 6 條第 1 項）

參、製造輸入供應責任（第 7 條）

　　製造者、輸入者、供應者或雇主，對於中央主管機關指定之機械、設備或器具，其構造、性能及防護非符合安全標準者，不得產製運出廠場、輸入、租賃、供應或設置。[8]

肆、驗證機械設備（第 8 條）

　　製造者或輸入者對於中央主管機關公告列入型式驗證之機械、設備或器具，非經中央主管機關認可之驗證機構實施型式驗證合格及張貼合格標章，不得產製運出廠場或輸入。但有特別除外規定者，不在此限。例如：供國防軍事用途使用，並有國防部或其直屬機關出具證明。

勞工常見 Q&A

Q： A 公司營造工程必須使用機械設備時，應注意事項有哪些？

A： 雇主應使勞工於機械、器具或設備之操作、修理、調整及其他工作過程中，有足夠之活動空間，不得因機械、器具或設備之原料或產品等置放致對勞工活動、避難、救難有不利因素。雇主使勞工從事前項作業，有接觸機械、器具或設備之高溫熱表面引起灼燙傷之虞時，應設置警示標誌、適當之隔熱等必要之安全設施。

伍、不合格之處置（第 9 條）

　　製造者、輸入者、供應者或雇主，對於未經型式驗證合格之產品或型式驗證逾期者，不得使用驗證合格標章或易生混淆之類似標章揭示於產品。中央主管機關或勞動檢查機構，得對公告列入應實施型式驗證之產品，進行抽驗及市場查驗，業者不得規避、妨礙或拒絕。

---

[8] 國際情勢促動國內修法者有：聯合國經濟社會文化公約(1976)；建立職業安全衛生公約(1981)；職業健康服務公約(1985)；職業按全衛生架構公約(2006)。其中建立職業安全衛生公約強調下列人員必須負擔風險評估與控制，使勞工安全無虞：1.設計者 2.製造者 3.進口者 4.供應者.5.施工規劃者。資料來源：前行政院勞委會。

陸、化學品之控管（第 10、11、43、44 條）

危害性之化學品應採通識措施及分級管理措施：

一、 雇主對於具有危害性之化學品，應予標示、製備清單及揭示安全資料表，並採取必要之通識措施。雇主對於前條之化學品，應依其健康危害、散布狀況及使用量等情形，評估風險等級，並採取分級管理措施。違反者處 3 萬元以上 30 萬元以下罰鍰。

二、 製造者、輸入者或供應者，提供化學品與事業單位或自營作業者前，應予標示及提供安全資料表；資料異動時，亦同。違反者處 3 萬元以上 15 萬元以下罰鍰。

柒、容許暴露之作業場所（第 12、42 條）

一、 雇主對於中央主管機關定有容許暴露標準之作業場所，應確保勞工之危害暴露低於標準值。

二、 雇主應訂定作業環境監測計畫，並設置或委託由中央主管機關認可之作業環境監測機構實施監測。

三、 雇主對於監測計畫及監測結果，應公開揭示，並通報中央主管機關如查核不實處 30 萬元以上 100 萬元以下罰鍰。中央主管機關或勞動檢查機構得實施查核。

捌、定期評估（第 15、42 條）

有下列情事之一之工作場所，事業單位應依中央主管機關規定之期限，定期實施製程安全評估，並製作製程安全評估報告及採取必要之預防措施；製程修改時，亦同：

一、 從事石油裂解之石化工業。

二、 從事製造、處置或使用危害性之化學品數量達中央主管機關規定量以上。

前項製程安全評估報告，事業單位應報請勞動檢查機構備查，違反上面規定致洩漏或爆炸致罹災三人以上者，處 30 萬元以上 300 萬元以下罰鍰，經限期改善未改善，得按次處罰。

玖、未經檢查機械設備處置（第 16 條）

一、雇主對於經中央主管機關指定具有危險性之機械或設備，非經勞動檢查機構或中央主管機關指定之代行檢查機構檢查合格，不得使用；其使用超過規定期間者，非經再檢查合格，不得繼續使用。

二、雇主違反上述規定致發生死亡災害，處三年以下徒刑、拘役或科或併科三十萬元以下罰金，如發生罹災人數三人以上者，處一年以下徒刑、拘役或科或併科十八萬元之以下罰金。（第 40、41 條）

拾、退避立即危害作業（第 18 條）

一、工作場所有立即發生危險之虞時，雇主或工作場所負責人應即令停止作業，並使勞工退避至安全場所，違反者處一年以下有期徒刑、拘役或科或併科十八萬元之以下罰金。（第 41 條）。

二、勞工執行職務發現有立即發生危險之虞時，得在不危及其他工作者安全情形下，自行停止作業及退避至安全場所，並立即向直屬主管報告。

三、雇主不得對勞工予以解僱、調職、不給付停止作業期間工資或其他不利之處分。但雇主證明勞工濫用停止作業權，經報主管機關認定，並符合勞動法令規定者，不在此限。

補充

依勞動檢查法規定，勞動檢查機構之勞動檢查員到廠場實施安全衛生檢查時，發現勞工有立即發生危險之虞時，得就該場所以書面通知逕予先行停工。

（一）請列出有立即發生危險之虞之 5 種災害類型。(5 分)

（二）勞動檢查員執行那 3 項檢查事項，得事先通知事業單位？（3 分）

　　　（101 職安乙級）

【答】

（一）5 種災害類型為：1.墜落。2.感電。3.倒塌、崩塌。4.火災、爆炸。5. 中毒、缺氧。

（二）3 項檢查為：1.危險性工作場所之審查或檢查。2.危險性機械或設備檢查。3.職業災害檢查。

補充

依職業安全衛生管理辦法規定，回答下列問題：

（一）職業安全衛生委員會應至少多久開會 1 次？（2 分）

（二）上述委員會會議紀錄應保存多久？（2 分）

（三）請列舉 3 項召開上述職業安全衛生委員會需辦理之事項。（6 分）（108 職安乙級）

【答】

（一）職業安全衛生委員會應至少三個月開會 1 次。

（二）紀錄要保存三年。

（三）職業安全衛生委員會需辦理之事項如下：1.對雇主擬訂之職業安全衛生政策提出建議。2.協調、建議職業安全衛生管理計畫。3.審議安全、衛生教育訓練實施計畫。

拾壹、高溫作業（第 19 條）

在高溫場所工作之勞工，雇主不得使其每日工作時間超過六小時；異常氣壓作業、高架作業、精密作業、重體力勞動或其他對於勞工具有特殊危害之作業，亦應規定減少勞工工作時間，並在工作時間中予以適當之休息。

拾貳、體格檢查（第 20 條）

依職業安全衛生法施行細則規定，特別危害健康作業，包括：噪音、游離輻射及粉塵作業。

　　雇主於僱用勞工時，應施行體格檢查；對在職勞工應施行下列健康檢查：

一、一般健康檢查。

二、從事特別危害健康作業者之特殊健康檢查。

三、經中央主管機關指定為特定對象及特定項目之健康檢查。[9]

　　檢查紀錄雇主應予保存，並負擔健康檢查費用；實施特殊健康檢查時，雇主應提供勞工作業內容及暴露情形等作業經歷資料予醫療機構。

　　醫療機構對於健康檢查之結果，應通報中央主管機關備查，以作為工作相關疾病預防之必要應用。但一般健康檢查結果之通報，以指定項目發現異常者為限。

拾參、體格檢查結果處置（第 21 條）

　　雇主於體格檢查發現應僱勞工不適於從事某種工作，不得僱用其從事該項工作。健康檢查發現勞工有異常情形者，應由醫護人員提供其健康指導；其經醫師健康評估結果，不能適應原有工作者，應參採醫師之建議，變更其作業場所、更換工作或縮短工作時間，並採取健康管理措施。

　　雇主應依前條檢查結果及個人健康注意事項，彙編成健康檢查手冊，發給勞工，並不得作為健康管理目的以外之用途，例如：有些單位會要求雇主提供檢查結果，以利研究，則雇主必須考慮個資法相關規定。

拾肆、特約醫護設置（第 22 條）

　　事業單位勞工人數在五十人以上者，應僱用或特約醫護人員，辦理健康管理、職業病預防及健康促進等勞工健康保護事項。職業病預防事項應配合安全衛生人員辦理之。

---

[9]　檢查應由中央主管機關會商中央衛生主管機關認可之醫療機構之醫師為之。

第四節 安全衛生管理

壹、訂定安管計畫（第 23 條）

雇主應依其事業單位之規模、性質，訂定職業安全衛生管理計畫；並設置安全衛生組織、人員，實施安全衛生管理及自動檢查。

貳、置專技合格人員（第 24 條）

經中央主管機關指定具有危險性機械或設備之操作人員，雇主應僱用經中央主管機關認可之訓練或經技能檢定之合格人員充任之。

參、連帶責任與告知（第 25 條、第 26 條）

一、 事業單位以其事業招人承攬時，其承攬人就承攬部分負本法所定雇主之責任；原事業單位就職業災害補償仍應與承攬人負連帶責任。再承攬者亦同。原事業單位違反本法或有關安全衛生規定，致承攬人所僱勞工發生職業災害時，與承攬人負連帶賠償責任。再承攬者亦同。

二、 事業單位以其事業之全部或一部分交付承攬時，應於事前告知該承攬人有關其事業工作環境、危害因素暨本法及有關安全衛生規定應採取之措施。承攬人就其承攬之全部或一部分交付再承攬時，承攬人亦應依前項規定告知再承攬人。[10]

肆、共同作業措施（第 27 條）

事業單位與承攬人、再承攬人分別僱用勞工共同作業時，為防止職業災害，原事業單位應採取下列必要措施[11]：

---

[10] 事業單位將其專業之一部交付承攬必須事先告知承攬人事項。

[11] 例如原告為從事廢水處理工程規劃設備安裝、檢修維護之事業，為職業安全衛生法所稱事業單位，其以 185 萬元承攬○○電子有限公司廢水處理工程，將承攬之系爭工程其中 PP 沉澱槽方管補強不含攪拌機座工程交由 AA 機械公司承攬（約定承攬報酬 5 萬元），且向 BB 起重工程有限公司租用移動式起重機，並由 BB 起重公司指派移動式起重機操作手陳○○及吊掛作業人員羅○○參與系爭沉澱槽及補強機座吊掛作業，有重大災害初步檢查報告書可參，原告自屬將其事業一部交由他人承攬，則原告與承攬人 AA 機械公司、BB 起重公司分別僱用勞

一、 設置協議組織，並指定工作場所負責人，擔任指揮、監督及協調之工作。

二、 工作之連繫與調整。

三、 工作場所之巡視。

四、 相關承攬事業間之安全衛生教育之指導及協助。

五、 其他為防止職業災害之必要事項。

　　事業單位分別交付二個以上承攬人共同作業而未參與共同作業時，應指定承攬人之一負前項原事業單位之責任。

伍、出資共同承攬代表人（第 28 條）

　　二個以上之事業單位分別出資共同承攬工程時，應互推一人為代表人；該代表人視為該工程之事業雇主，負本法雇主防止職業災害之責任。

陸、未成年勞工保護（第 29 條）

　　雇主不得使未滿十八歲者從事下列危險性或有害性工作（違反者處一年以下有期徒刑、拘役或科或併科十八萬元之以下罰金。）：

一、 坑內工作。

二、 處理爆炸性、易燃性等物質之工作。

三、 鉛、汞、鉻、砷、黃磷、氯氣、氰化氫、苯胺等有害物散布場所之工作。

四、 有害輻射散布場所之工作。

五、 有害粉塵散布場所之工作。

六、 運轉中機器或動力傳導裝置危險部分之掃除、上油、檢查、修理或上卸皮帶、繩索等工作。

工共同作業，經被告北區職業安全衛生中心檢查發現原告違反前開規定，而由被告以原處分通知原告限期改善，於法並無違誤。基此，分別僱用勞工共同作業之各家公司對於職業災害均有連帶責任。（臺北高等行政法院判決 105 年度訴字第 426 號）

七、　超過二百二十伏特電力線之銜接。

八、　已熔礦物或礦渣之處理。

九、　鍋爐之燒火及操作。

十、　鑿岩機及其他有顯著振動之工作。

十一、一定重量以上之重物處理工作。

十二、起重機、人字臂起重桿之運轉工作。

十三、動力捲揚機、動力運搬機及索道之運轉工作。

十四、橡膠化合物及合成樹脂之滾輾工作。

十五、其他經中央主管機關規定之危險性或有害性之工作。

　　未滿十八歲者從事危險或有害以外之工作，經醫師評估結果，不能適應原有工作者，雇主應參採醫師之建議，變更其作業場所、更換工作或縮短工作時間，並採取健康管理措施。

柒、女工保護（第 30 條）

　　職業安全衛生法母性健康危害之虞之工作禁止女工或妊娠婦女擔任。因為對於具生育能力之女性勞動者從事工作，可能會導致影響胚胎發育、妊娠期間母體健康或哺乳期間幼兒健康。

　　雇主不得使妊娠中之女性勞工從事下列危險性或有害性工作（違反者處一年以下有期徒刑、拘役或科或併科十八萬元之以下罰金。）：[12]

一、　礦坑工作。

二、　鉛及其化合物散布場所之工作。

三、　異常氣壓之工作。

四、　處理或暴露於弓形蟲、德國麻疹等影響胎兒健康之工作。

---

[12] 第 1 項第 5 款至第 14 款所定之工作，雇主依第 31 條採取母性健康保護措施，經當事人書面同意者，不在此限。

五、 處理或暴露於二硫化碳、三氯乙烯、環氧乙烷、丙烯醯胺、次乙亞胺、砷及其化合物、汞及其無機化合物等經中央主管機關規定之危害性化學品之工作。

六、 鑿岩機及其他有顯著振動之工作。

七、 一定重量以上之重物處理工作。

八、 有害輻射散布場所之工作。

九、 已熔礦物或礦渣之處理工作。

十、 起重機、人字臂起重桿之運轉工作。

十一、 動力捲揚機、動力運搬機及索道之運轉工作。

十二、 橡膠化合物及合成樹脂之滾輾工作。

十三、 處理或暴露於經中央主管機關規定具有致病或致死之微生物感染風險之工作。

十四、 其他經中央主管機關規定之危險性或有害性之工作。

　　雇主未經當事人告知妊娠或分娩事實而違反規定者，得免予處罰。但雇主明知或可得而知者，不在此限。

捌、分娩女工之保護

　　對於妊娠中或分娩後未滿一年之女性勞工，應依醫師適性評估建議，採取工作調整或更換等健康保護措施，並留存紀錄。雇主不得使分娩後未滿一年之女性勞工從事下列危險性或有害性工作[13]：

一、 礦坑工作。

二、 鉛及其化合物散布場所之工作。

三、 鑿岩機及其他有顯著振動之工作。

---

[13] 第 3 款至第 5 款經當事人書面同意者，不在此限。

四、 一定重量以上之重物處理工作。

五、 其他經中央主管機關規定之危險性或有害性之工作。

雇主未經當事人告知妊娠或分娩事實而違反規定者，得免予處罰。但雇主明知或可得而知者，不在此限。

玖、教育訓練（第 32 條）

雇主對勞工應施以從事工作與預防災變所必要之安全衛生教育及訓練。勞工對於安全衛生教育及訓練，有接受之義務。

拾、雇主宣導義務（第 33 條、第 34 條）

雇主應負責宣導本法及有關安全衛生之規定，使勞工周知。並應會同勞工代表訂定適合其需要之安全衛生工作守則，報經勞動檢查機構備查後，公告實施。勞工對於前項安全衛生工作守則，應切實遵行。

 第五節　監督與檢查

壹、實施檢查（第 36 條）

中央主管機關及勞動檢查機構對於各事業單位勞動場所得實施檢查。其有不合規定者，應告知違反法令條款，並通知限期改善；屆期未改善或已發生職業災害，或有發生職業災害之虞時，得通知其部分或全部停工。勞工於停工期間應由雇主照給工資。事業單位對於前項之改善，於必要時，得請中央主管機關協助或洽請認可之顧問服務機構提供專業技術輔導。（違反停工通知者處一年以下有期徒刑或十八萬元以下罰金。）

貳、職業災害措施（第 37 條）

事業單位工作場所發生職業災害，雇主應即採取必要之急救、搶救等措施，並會同勞工代表實施調查、分析及作成紀錄。事業單位勞動場所發生下列職業災害之一者，雇主應於八小時內通報勞動檢查機構：

一、 發生死亡災害。

二、 發生災害之罹災人數在三人以上。

三、 發生災害之罹災人數在一人以上，且需住院治療。

四、 其他經中央主管機關指定公告之災害（違反者處一年以下有期徒刑、拘役或十八萬元以下罰金）（41 條）。

　　勞動檢查機構接獲報告後，應就工作場所發生死亡或重傷之災害派員檢查。事業單位發生災害，除必要之急救、搶救外，雇主非經司法機關或勞動檢查機構許可，不得移動或破壞現場（職安乙級）。

參、申訴（第 39 條）

　　工作者發現下列情形之一者，得向雇主、主管機關或勞動檢查機構申訴：

一、 事業單位違反本法或有關安全衛生之規定。

二、 疑似罹患職業病。

三、 身體或精神遭受侵害。

　　主管機關或勞動檢查機構為確認前項雇主所採取之預防及處置措施，得實施調查。調查於必要時得通知當事人或有關人員參與。雇主不得對申訴之工作者予以解僱、調職或其他不利之處分。

案　例

案例一：通勤職災爭議

　　美國不承認通勤災害屬職業災害範圍。但我國雖有不同見解且未統一，惟實踐面上多數法院或通說採肯定見解，並依個案判斷，且勞工保險條例或審查準則均有相關規範。通勤職業災害有兩種情況，一為執行職務途中；另一為上下班途中。前者之認定基準相較於後者之認定有寬鬆傾向。

　　勞工保險之被保險人因執行職務而受傷、死亡者，雖可領取傷病或死亡給付，但限於執行職務，所謂執行職務，包括主觀上有執行職務的意思為必要，客觀上、外觀上依社會觀念認為是執行職務即可。換言之，應符合「職務起因性及遂行性」而非僅以時間或工作場所或工廠為唯一判斷，亦即並非在上班期間內或工作處所發生者，即有執行職務致傷害死亡之適用。至於執行職務中之第三人所為侵權行為是否屬職業災害範圍？例如保全公司運鈔人員，運鈔途中，遭受第三人不法侵害（被搶），若運鈔者受傷，屬職業災害範圍，蓋其特定工作伴隨固有風險或特定風險，符合「業務起因性」要件。

　　至於執行職務前準備行為，例如上下班途中發生車禍，是否為職業災害？我國學者通說或大多數法院判決，均認為屬職業災害。依勞工保險被保險人因執行職務而致傷病審查準則第 4 條規定：「被保險人上、下班，於適當時間，從日常居、住處所往返就業場所之應經途中發生事故而致之傷害，視為職業傷害。」基此，勞工保險被保險人如果於上、下班途中發生事故，視其傷害情況可以向勞保局請領勞工保險職業災害醫療給付、傷病給付、失能給付或死亡給付。另依照勞工保險被保險人因執行職務而致傷病審查準則第 18 條各款規定，被保險人於同準則第 4、9、10、16、17 條規定之情況下，而有非日常生活所必需之私人行為、未領有駕駛車種之駕駛執照駕車、或闖越鐵路平交道等行為時，應不得視為職業傷害。故勞工於上下班必經途中發生交通事故，又無除外情事，且非違反其他法令者，自應認屬職業災害。換言之，勞工上下班必經途中之意外事故，應包括交通事故及其他偶發意外事故，此類事故非出於勞工私人行為而違反法令者（如：無照駕駛、闖紅燈、

酒駕等），應屬職業災害，但仍應就個案發生之事實情況予以認定。[14]臺北陽明山曾發生一起車禍事件，企業之員工搶黃燈轉彎，在特大的十字路口（有槽化線）與人碰撞，當下該勞工賠付對方新臺幣 2 萬元，並簽下和解書，事後該勞工申請勞保職災給付，經勞保局同意在案。惟該勞工再轉向公司請求勞動基準法第 59 條職災補償時，該公司認為該勞工有和解及賠付 2 萬元在先，為加害人，不予給付，且該勞工有違規。事後該勞工提民事訴訟救濟，該公司則向勞保局申請撤銷原核准之職災給付。公司認為該勞工在交通號誌燈下之路口搶黃燈，行車轉彎至特大的十字路口中心點 3 秒位置致對方因綠燈而起步 3 秒時間，兩車發生碰撞前，已閃紅燈，不符合職業災害之認定。惟勞保局卻認為在交通號誌下之路口是黃燈即可通行，即使行車 3 秒至路口中心點閃紅燈撞人，仍維持原核給職災傷病給付之決定。雖然該交通事故，勞保局並無對路權判斷，但其照顧勞工之立場顯然自明。惟就廣大社會大眾行車平安之犧牲與危險，恐有檢討空間。

　　通勤災害是否為職業災害？延伸之問題頗多。前述執行職務行車中第三人之侵害行為，受害勞工可依據相關規定領取補償或給付。但上下班途中第三人不法侵害所致之傷害是否相同對待，屬職業災害範圍？例如企業中之勞工在上下班途中遭受飆車族撞傷，如該勞工無過失，能否請領職業災害給付？換言之，通勤勞工遭受第三人不法行為之侵害，可否主張職業災害？前行政院勞工委員會（今：勞動部）曾釋以屬於職業災害，得請領相關給付。然通勤職業災害，常生爭執者，乃侵權之加害人會主張被害人已有職災補償金，而否認自己有賠償責任。惟法院認為，勞動基準法第 59 條第 1 項第 2 款所定職業災害薪資補償之義務，與侵權行為與損害賠償，並非出於同一原因；且職業災害補償制度採無過失責任主義，旨在保護受僱人，而非減輕職業災害事故加害人之責任所設，是被害勞工對於因侵權行為損害賠償債權，自不因受領職業災害補償而喪失，亦不生損益相抵之問題。[15]

　　另企業為犒賞年度辛勞之員工而舉辦年終尾牙餐會，如員工從工廠到餐廳途中發生車禍，或從活動結束回家途中發生車禍，是否屬於職業災害？應

---

[14] 81 年臺上字第 2985 號。

[15] 參見臺灣臺北地方法院 103 年度重訴字第 513 號判決及最高法院 101 年 04 月 19 日臺上字第 544 號判決。

視該尾牙活動有無強制員工參加而斷，如僅是鼓勵性，縱給公假，仍非屬職業災害。基此，企業主必須立場清楚或訂在工作規則中，可避免勞資糾紛，畢竟馬路車禍事件頻傳，又非雇主可控管，多一層約定，多一層保障。

案例二：精神病職災爭議

從 19 世紀開始不論政治、經濟、社會或職場均充滿市場談判過程的競爭現象。由於工作職場壓力大，患精神疾病的人也越來越多，判斷精神異常之因素相當多，但前提須與工作有關。而發病有無職務原因，通常以人際關係及發作時間點為基本因素。2009 年 11 月前行政院勞工委員會（今：勞動部）將精神疾病納入職業傷病表中，曾有醫師表示，職場容易罹患的精神疾病包括憂鬱症、妄想症、焦慮症、暴食、厭食症、失眠或恐懼症。通常需經三位合格精神病及職業病專業醫師鑑定確認與工作壓力有關，必要時勞保局可派員訪查工作地點和住家，鑑定通過才能視為職災。[16]基此，精神疾病之鑑定為專業且繁瑣之事。

早期精神病未列入職業災害範圍。近期雖列入職業病種類中，但仍有許多爭點。例如某甲上下班途中經過高架橋，突然攀爬高架橋護欄，不幸頭顱損傷致死，其遺屬申請職業災害。經調查，甲患有精神病（精神分裂），以此案例而言，因病或意外？如是意外，又如何認定？在相關判決中：地方法院認為甲是精神病引起自意墜落而死。第二審認為甲攀爬是重心不穩而墜落死亡。第三審發回更審，理由：到底甲為何要攀爬？有無幻聽？因幻聽而被指示垂直落地？若借用傷害保險或保險法第 131 條第 1 項規定，「意外」必須是非由疾病引發之外來突發事故。一般意外之認定有三種因素：第一，外來性（非內在身體所生結果）。第二、突發性（快速發生無法預見或預期）。第三、非自願性。就此案例而言，甲是否為非自願性、非自由意思下的死亡？若是，應排除疾病因素，對甲方有利。再者，有些精神疾病會有自殺或自殘

---

[16] 臨床上例如：被同事排擠而復發精神疾病，可以認定是由工作引起；送貨司機在工作途中遭遇車禍，小腿骨折住院治療，外傷痊癒出院後返回工作崗位，但對騎車心生恐懼，無法擔任送貨員的工作，被迫離職；出現「不合比例的情緒反應」，產生逃避行為，有創傷後壓力症候群，可能伴隨反覆經歷、易夢、驚嚇、絕望等症狀，需經鑑定是否與工作有關。《職災篇》從職場第一天保到人生最後一天，文／鄭慧菁 2010.05.01（月刊）http://www.rmim.com.tw。

結果，又如何判斷其意外要件呢？最高法院判決中可歸納兩種見解，第一，自我危害行為，仍有外來因素之意外發生。[17]第二，屬於疾病引起的自殺或自殘，無意外可能。[18]故尚無統一見解，視個案而定。

除「意外」之判斷外，尚有「相當因果關係」之連結，在此宜用民法因果關係理論為基本理論基礎，最高法院 98 年 2341 號判決認為宜建立在數種條件之或然率上。亦即一個損害有數種條件，須考量原因相當性，而非直接性。基此，產生一種怪象，有精神病之勞工，其自殺行為一律都是本身問題，而不必探討相當因果關係嗎？本書認為宜採傾斜主義，例如患有精神病之甲為非自願性之自殺或自殘，且具外來性，則宜認定為其有相當因果關係。

近年來國人憂鬱或精神問題影響工作者甚多，若求職者隱瞞雇主應如何因應？某企業為派遣公司，錄取一名作業員張三進入要派公司工作，工作第三天要派公司向派遣公司反映張三有憂鬱症，常因同事或主管之言語不順，而大發雷霆或徒手重擊公物，第五天派遣公司將張三解僱，並發給資遣費。張三不服向地方法院提出不當解僱之訴。[19]設若張三主張其憂鬱症乃因職場霸凌而生，是否屬職業病？依據《工作相關心理壓力事件引起精神疾病認定參考指引》之規定符合認定標準者，可被認定是職業病。

又某企業因公司急需勞工加入行列，以因應作業，該公司從應徵人中錄取李四。應徵前李四患有憂鬱症並按時醫治療，仍然在 2017 年 7 月 1 日至 A 公司應徵作業員，並未向雇主主動告知患有憂鬱症，而獲錄取。李四在 2017 年 7 月 3 月突以患憂鬱症為由請假 7 日，雇主應如何處理？[20]依據個人資料保護法第 6 條規定，「有關病歷、醫療、基因、性生活、健康檢查及犯罪前科之個人資料，不得蒐集、處理或利用。但有下列情形之一者，不在此限：一、法律明文規定。二、…六、經當事人書面同意。但逾越特定目的之必要範圍或其他法律另有限制不得僅依當事人書面同意蒐集、處理或利用…。」基

---

[17] 參見最高法院 98 臺上 643 號判決；最高法院 98 臺上 2425 號判決。

[18] 參見最高法院 93 上 26 號判決。

[19] 高雄大學職業災害碩士學分班學員提出之勞資爭議案件。

[20] 106 年 8 月高雄大學勞動基準法學分班課程中學員提出之勞資爭議問題。

此，勞工患有精神相關疾病，處理方式有二：第一、求職面談期間：雇主可請求並經求職者同意，提供健康證明。雇主可依據職業安全衛生法第 20 條規定，支付檢查費。第二、在職期間：不論公司有無試用期間，得參考勞基法第 11 條第 5 款處理。

目前職業安全衛生法第 6 條第 2 項第 3 款明定雇主應防範及規劃職場上安全措施之施行，期盼未來職場致勞工患精神疾病之機率日漸降低至零。

CHAPTER 08

職業災害
勞工保護法

第一節　職災勞工保護立法總論

壹、立法背景

　　對於勞工的照護，最重要的是安全工作，無災害發生；但不幸發生了，如何讓勞工能夠安全重返工作？本章重點在於使勞工找到適當工作並保障勞工的生活。職業災害勞工保護法於民國 90 年 10 月 31 日總統(90)華總一義字第 9000214010 號令制定公布全文 41 條；並自 91 年 4 月 28 日起施行。主要突破未加入勞保而雇主又未依據勞基法去給予補償的職災勞工給予殘疾、死亡補助，提供各種生活津貼，放寬續保，屬補充性質。例如：2009 年 4 月 3 日擔任某大醫院醫師蔡 A 因連續工作超過 30 小時，在開刀房昏倒急救失去記憶，當時住院醫師未納入勞基法，還好有職災勞工保護法使其能獲得少許的補償金。

貳、職業病認定

一、國際勞工組織(ILO)職業病表列表準則如下

（一）該疾病與特定媒介(agent)、暴露(exposure)或工作程序(work process)具有因果關係者。

（二）該疾病發生於工作相關環境及（或）特定職業者。

（三）該疾病發生於某工作群聚，其平均發病次數高於其他工作群體者。

（四）暴露後有科學證據明確定義疾病類型(pattern of disease)及可信之原因者。

二、我國認定「職業促發腦血管及心臟疾病」的基本原則如下

（一）原有腦血管及心臟疾病之危險因子者，在某工作條件下，促發本疾病之盛行率較高。

（二）原有腦血管及心臟疾病之危險因子者，在某工作條件下，被認知會超越自然進行過程而明顯惡化本疾病。

補充

本國要被認定為職業病必須要滿足 5 項原則：

（一）有客觀的生理證據以證實有病。

（二）要有暴露的證據：所暴露之物理性、化學性或生物性危害之證據及強度與時間。

（三）要合乎時序性：除了暴露因素必須在發病之前外，尚要有一段最低的暴露期或誘發期，及在最大潛伏期以前發生。

（四）要合乎一致性：要有流行病學文獻或個案報告，以及同廠工人發現類似症狀。

（五）要排除其他可導致症狀的原因（尤其是非屬自己健康原因）。

參、派遣工職災

國際勞工組織(ILO)發現經濟景氣低迷時期，派遣勞工(dispatched worker)是最早遭到企業精簡的一群人，因之呼籲各國批准一項公約，保障派遣勞工的結社自由權與團體協商權，同時禁止歧視派遣勞工。但在臺灣地區並無勞動派遣法，實務上派遣工遭受職業災害，不論受派或派遣公司均先推卸。因此，職災勞工保護法之保障很重要。

肆、職災勞工重建

職災勞工保護立法上除給予職業災害勞工之補助外，對於有工作能力者，將予以輔導就業；對於缺乏技能者，輔導其參加職業訓練，以使勞工重返就業場所。

伍、職災勞工訓練

職業訓練時，應安排適當時數之勞工安全衛生教育訓練課程，內容包含教導其安全作業方法、安全作業標準、安全衛生紀律等，以增進勞工之安全衛生意識，防止職業災害再度發生。

第二節 總則與經費

壹、立法目的及主管機關

一、職業災害勞工保護法之立法目的

（一）為保障職業災害勞工之權益，加強職業災害之預防，促進就業安全及經濟發展，爰制定本法；本法未規定者，適用其他法律之規定。（第 1 條）

（二）本法最大缺點為並無規定適用範圍，產生無勞基法適用之行業有無本法保障疑義，本文採肯定見解，以落實第 1 條之立法目的。

二、主管機關

本法所稱主管機關：在中央為勞動部；在直轄市為直轄市政府；在縣（市）為縣（市）政府。（第 2 條）

貳、經費來源、用途、管理及監督

一、提撥

中央主管機關應自勞工保險基金職業災害保險收支結餘提撥專款，作為加強辦理職業災害預防及補助參加勞工保險而遭遇職業災害勞工之用，不受勞工保險條例第 67 條第 2 項規定之限制，其會計業務應單獨辦理。專款除循預算程序由勞工保險基金職業災害保險收支結餘一次提撥之金額外，並按年由上年度收支結餘提撥 40%以上，60%以下之金額。（第 3 條）

二、未加入勞工保險之補充與抵充

未加入勞工保險而遭遇職業災害之勞工，雇主未依勞動基準法規定予以補償時，得比照勞工保險條例之標準，按最低投保薪資申請職業災害殘廢、死亡補助。但所領補助，應扣除雇主已支付之補償金額。

申請殘廢補助者，其身體遺存障害須適合勞工保險殘廢給付標準表第一等級至第十等級規定之項目及給付標準。

雇主依勞動基準法規定給予職業災害補償時，所領補助得予抵充。（第 6 條）

三、雇主責任

勞工因職業災害所致之損害，雇主應負賠償責任。但雇主能證明無過失者，不在此限。（第 7 條）基此，雇主能證明自己無過失，則無賠償責任，如此，與民法第 487-1 條有矛盾處，法律制度混亂。

補充

不適用勞基法之勞工可適用職業災害保險爭執

1. 職業災害勞工保護法立法目的在於保障職業災害受災勞工，因此，應有適用。

2. 職保法第 7 條舉證責任轉換之規定，凡受職災勞工均容易求償。

3. 實際發生案例如下：

   甲為保全員，全年無休，在 98 年發生職業災害，職災署於高等行政法院主張甲不受勞基法保護，亦即保全業當時非勞基法適用行業，因此，無職保法適用。案經高等行政法院發回訴願機關重新審議，而獲救濟，所得補償金額為 80 萬元。

四、生活津貼

勞工保險之被保險人，在保險有效期間，於本法施行後遭遇職業災害，得向勞工保險局申請下列補助（第 8、9 條）：

（一）罹患職業疾病，喪失部分或全部工作能力，經請領勞工保險各項職業災害給付後，得請領生活津貼。

（二）因職業災害致身體遺存障害，喪失部分或全部工作能力，適合勞工保險殘廢給付標準表第一等級至第七等級規定之項目，得請領殘廢生活津貼。

（三）發生職業災害後，參加職業訓練期間，未請領訓練補助津貼或前二款之生活津貼，得請領生活津貼。

（四）因職業災害致身體遺存障害，必須使用輔助器具，且未依其他法令規定領取器具補助，得請領器具補助。

（五）因職業災害致喪失全部或部分生活自理能力，確需他人照顧，且未依其他法令規定領取有關補助，得請領看護補助。

（六）因職業災害死亡，得給予其家屬必要之補助。

（七）其他經中央主管機關核定有關職業災害勞工之補助。

勞工保險效力終止後，勞工保險被保險人，經醫師診斷罹患職業疾病，且該職業疾病係於保險有效期間所致，且未請領勞工保險給付及不能繼續從事工作者，得請領生活津貼。

請領第 1 項第 1 款、第 2 款、第 5 款及前項之補助，合計以五年為限。

未加入勞工保險之勞工，於本法施行後遭遇職業災害，符合前條第 1 項各款情形之一者，得申請補助。請領前條第 1 項第 1 款、第 2 款及第 5 款之補助，合計以三年為限。

五、重建補助

為加強職業災害預防及職業災害勞工之重建，事業單位、職業訓練機構及相關團體辦理下列事項，得向勞工保險局申請補助（第 10 條）：

（一）職業災害之研究。

（二）職業疾病之防治。

（三）職業疾病醫師及職業衛生護理人員之培訓。

（四）安全衛生設施之改善與管理制度之建立及機械本質安全化制度之推動。

（五）勞工安全衛生之教育訓練及宣導。

（六）職業災害勞工之職業重建。

（七）職業災害勞工之職業輔導評量。

（八）其他與職業災害預防及職業重建有關之事項。

勞工常見 Q&A

Q：職災補償能否與強制險抵充？

A：未加入勞工保險而遭遇職業災害之勞工，依職業災害勞工保護法第 6 條規定申請補助時，應扣除雇主已支付之補償金額。如雇主有依強制汽車責任保險法為所有汽車投保強制汽車責任保險，其受僱勞工因使用該被保險汽車致體傷、殘廢或死亡者，雇主得以強制汽車責任保險之保險金，抵充其依勞動基準法應負擔之職業災害補償金額。但肇事汽車非雇主所有，應由第三人負法律責任者，不在此限。[1]

補充

1. 職業災害

所謂職業災害，應以該災害係勞工本於勞動契約，在雇主支配下之勞動過程中發生，且該災害與勞工所擔任之業務間存在相當因果關係，亦即勞工因就業場所或作業活動及職業上原因所造成之傷害，始足當之。因此，當事人於上班午休時間身體不適，經送醫後不治，仍應認其係基於勞動契約在雇主支配下之勞動過程中發生死亡結果，其死亡具有業務遂行性。[2]

2. 津貼補助要件

職業災害勞工保護法第 8 條規定之立法意旨，係提供「勞工保險之被保險人」於遭遇職業災害時，給予生活保障之補充性規定，又津貼補助之經費來源，係雇主繳納職業災害保險費之勞工保險職業災害保險基金收支結餘提撥之專款，準此，被保險人於從事已加保之工作且符合職業災害保險給付規定時，其本人或遺屬始得依該規定請領相關津貼補助。

※ 津貼補助＝從事已加保之工作＋符合職業災害保險給付規定

---

[1] 勞職授字第 10402015982 號令。

[2] 105 年勞上字第 83 號。

3. 無勞保人之津貼補助

職保法第 9 條立法意旨係因未加入勞工保險之勞工或其遺屬無法獲得勞工
保險給付，爰以公務預算提供基本生活保障。考量職保法第 6 條、第 9 條
之適用對象均為「未加入勞工保險遭遇職業災害之勞工」，若准予該等已參
加勞工保險可依勞工保險條例獲得普通事故保險保障之勞工或遺屬，得依
第 9 條規定請領津貼補助，則其符合職保法第 6 條規定時，亦得請領「未
加保」職災勞工殘廢、死亡補助，將衍生過度保障之不公平情形，爰不宜
再給予職保法第 9 條規定之津貼補助。

第三節 職業疾病認定及鑑定

壹、醫師診斷

　　勞工疑有職業疾病，應經醫師診斷。勞工或雇主對於職業疾病診斷有異
議時，得檢附有關資料，向直轄市、縣（市）主管機關申請認定。（第 11
條）例如：勞方因搬運果菜兩年後髖骨頭壞死主張職業病，但雇主認為是受
僱前既有的生理障礙，雙方爭執無共識？凡適用勞動基準法之事業，受雇主
僱用從事工作或致工資者，有職災補償之保障。又勞動契約，係指當事人之
一方，在從屬他方之關係，提供職業上之勞動力，而由他方給付報酬之契
約，雙方具有使用從屬及指揮監督關係屬雇傭關係。凡勞工依據勞動基準法
請求職業病之職災補償、民法、職保法之職災賠償，須證明疾病與工作有相
當因果關係。亦即必須依據職災勞工保護法第 11 條：「勞工疑有職業疾病，
應經醫師診斷。勞工或雇主對於職業疾病診斷有異議時，得檢附有關資料，
向直轄市、縣（市）主管機關申請認定。」

貳、設置職業疾病認定委員會

　　直轄市、縣（市）勞工局（處）為認定職業疾病，確保罹患職業疾病勞
工之權益，得設置職業疾病認定委員會。前項職業疾病認定委員會之組織、
認定程序及會議，準用第 14 條至第 16 條之規定。（第 12 條）

參、申請鑑定

　　直轄市、縣（市）勞工局（處）對於職業疾病認定有困難及勞工或雇主對於直轄市、縣（市）勞工局（處）認定職業疾病之結果有異議，或勞工保險局於審定職業疾病認有必要時，得檢附有關資料，向勞動部申請鑑定。（第13條）

肆、設職業疾病鑑定委員會

　　勞動部為鑑定職業疾病，確保罹患職業疾病勞工之權益，應設職業疾病鑑定委員會（以下簡稱鑑定委員會）。鑑定委員會置委員十三人至十七人，委員任期二年，期滿得續聘之；代表機關出任者，應隨其本職進退。（第14條）

伍、鑑定委員會開會人數

　　鑑定委員會應有委員超過二分之一出席，且出席委員中職業疾病專門醫師應超過二分之一，始得開會；開會時，委員應親自出席。為提供職業疾病相關資料，鑑定委員會於必要時，得委請有關醫學會提供資料或於開會時派員列席。鑑定委員會開會時，得視案情需要，另邀請專家、有關人員或機關代表一併列席。（第15條）

陸、鑑定委員會決議

　　勞動部受理職業疾病鑑定之申請案件時，應即將有關資料送請鑑定委員會委員作書面審查，並以各委員意見相同者四分之三以上，決定之。

　　未能依前項做成鑑定決定時，由勞動部送請鑑定委員會委員作第二次書面審查，並以各委員意見相同者三分之二以上，決定之。

　　第二次書面審查未能做成鑑定決定時，由鑑定委員會主任委員召集全體委員開會審查，經出席委員投票，以委員意見相同者超過二分之一，決定之。（第16條）

勞工常見 Q&A

Q： 頸椎椎間盤病變是否屬職業病？

A： 歐盟中只有德國將頸椎椎間盤病變納入職業病種類表內。丹麥、比利時、法國、盧森堂、葡萄牙五國雖然並未將頸椎椎間盤病變納入表中，但個案仍可能得到認定。我國於 85 年增列勞工保險職業病種類表，在第三類物理性危害引起之疾病及其續發症中，將「長期工作壓迫引起的椎間盤突出，適用職業範圍：長期從事負重於肩或頭部工作等與頸椎椎間盤突出有明確因果關係之作業」加以納入，成為正式、法定、表列的職業病之一，在勞工保險實務上，被保險人可以申請急性頸椎椎間盤突出職業傷害、或慢性頸椎椎間盤突出職業病，本基準的標的疾病僅限於後者。[3]

柒、至工作場所勞動檢查

職業疾病鑑定委員會認有必要時，得由勞動部安排職業疾病鑑定委員，依勞動檢查法會同勞動檢查員至勞工工作場所檢查。（第 17 條）

主管機關應通知限期改善，並處新臺幣 5 萬元以上 30 萬元以下罰鍰。經限期改善或繼續限期改善，而未如期改善者，得按次分別處罰，至改善為止。（第 33 條）

 第四節 **職災勞工之保障**

壹、醫療終止

職業災害勞工經醫療終止後，直轄市、縣（市）勞工局（處）發現其疑似有身心障礙者，應通知當地社會行政主管機關主動協助。（第 22 條）

---

[3] 參引職業性頸椎椎間盤突出認定參考指引 www.osha.gov.tw。

貳、雇主不得預告終止契約之情事

非有下列情形之一者，雇主不得預告終止與職業災害勞工之勞動契約（第 23、25、33 條）：

一、 雇主歇業或重大虧損，報經主管機關核定者。雇主應依勞動基準法之公定，發給勞工資遣費，雇主違反規定者，主管機關應通知限期改善，並處新臺幣 5 萬元以上 30 萬元以下罰鍰。經限期改善或繼續限期改善，而未如期改善者，得按次分別處罰，至改善為止。

二、 職業災害勞工經醫療終止後，經公立醫療機構認定心神喪失或身體殘廢不堪勝任工作者。雇主應依勞動基準法之規定，發給勞工退休金。雇主違反規定者，主管機關應通知限期改善，並處新臺幣 5 萬元以上 30 萬元以下罰鍰。經限期改善或繼續限期改善，而未如期改善者，得按次分別處罰，至改善為止。

三、 因天災、事變或其他不可抗力因素，致事業不能繼續經營，報經主管機關核定者。雇主應依勞動基準法之規定，發給勞工資遣費。雇主違反規定者，主管機關應通知限期改善，並處新臺幣 5 萬元以上 30 萬元以下罰鍰。經限期改善或繼續限期改善，而未如期改善者，得按次分別處罰，至改善為止。

補充

勞基法與職災保護法競合處理

勞工因執行職務致心神喪失或身體殘廢不堪勝任工作者，仍應符合職業災害勞工保護法第 23 條第 2 款規定，經治療終止後，經公立醫療機構認定心神喪失或身體殘廢不堪勝任工作，雇主始得終止勞動契約，尚不得逕依勞動基準法第 54 條第 1 項規定強制該勞工退休。[4]

---

[4] 勞動福 3 字第 1030136648 號函。

參、職業災害勞工得終止勞動契約

有下列情形之一者，職業災害勞工得終止勞動契約（第 24、25、33 條）：

一、 經公立醫療機構認定心神喪失或身體殘廢不堪勝任工作者。雇主應依勞動基準法之規定，發給勞工退休金。雇主違反規定者，主管機關應通知限期改善，並處新臺幣 5 萬元以上 30 萬元以下罰鍰。經限期改善或繼續限期改善，而未如期改善者，得按次分別處罰，至改善為止。

二、 事業單位改組或轉讓，致事業單位消滅者。雇主應依勞動基準法之規定，發給勞工資遣費。雇主違反規定者，主管機關應通知限期改善，並處新臺幣 5 萬元以上 30 萬元以下罰鍰。經限期改善或繼續限期改善，而未如期改善者，得按次分別處罰，至改善為止。

三、 雇主未安置適當工作者，應依勞動基準法之規定，發給勞工資遣費。雇主違反規定者，主管機關應通知限期改善，並處新臺幣 5 萬元以上 30 萬元以下罰鍰。經限期改善或繼續限期改善，而未如期改善者，得按次分別處罰，至改善為止。

肆、雇主責任

職業災害勞工經醫療終止後，雇主應按其健康狀況及能力，安置適當之工作，並提供其從事工作必要之輔助設施。雇主違反規定者，主管機關應通知限期改善，並處新臺幣 5 萬元以上 30 萬元以下罰鍰。經限期改善或繼續限期改善，而未如期改善者，得按次分別處罰，至改善為止。（第 27、33 條）

伍、留用之勞工

事業單位改組或轉讓後所留用之勞工，因職業災害致身心障礙、喪失部分或全部工作能力者，其依法令或勞動契約原有之權益，對新雇主繼續存在。雇主違反規定者，主管機關應通知限期改善，並處新臺幣 5 萬元以上 30 萬元以下罰鍰。經限期改善或繼續限期改善，而未如期改善者，得按次分別處罰，至改善為止。（第 28、33 條）

陸、請假

　　職業災害未認定前，勞工得依勞工請假規則第 4 條規定，先請普通傷病假，普通傷病假期滿，雇主應予留職停薪，如認定結果為職業災害，再以公傷病假處理。雇主違反規定者，主管機關應通知限期改善，並處新臺幣 5 萬元以上 30 萬元以下罰鍰。經限期改善或繼續限期改善，而未如期改善者，得按次分別處罰，至改善為止。（第 29、33 條）

柒、以勞工團體為投保責任

　　參加勞工保險之職業災害勞工，於職業災害醫療期間終止勞動契約並退保者，得以勞工團體或勞工保險局委託之有關團體為投保單位，繼續參加勞工保險普通事故保險，至符合請領老年給付之日止，不受勞工保險條例第 6 條之限制。勞工自願繼續參加普通事故保險者，其投保手續、保險效力、投保薪資、保險費、保險給付等辦法，由中央主管機關定之。（第 30 條）

MEMO

CHAPTER 09

勞動檢查法

第一節　總　則

　　我國自 64 年勞工安全衛生法公布施行後，檢查範圍擴大，並專設勞工檢查機構，勞工檢查係指對雇主提供勞工工作場所的檢查，檢查範圍包括安全、衛生、福利等事項，例如，休假、分娩、職業災害等。目前勞工檢查制度尚有幾種的缺失存在，包括檢查人力不足，經費、設備不夠。

壹、勞動檢查

　　指政府設置勞動檢查機構，內部編制置勞動檢查員，而由檢查員就各工作場所之勞工安全衛生、一般勞動條件及福利設施予以檢查，以保護勞工權益，例如，事業單位內部違法超時工作，檢查單位應就具體個案了解，予以適當處置。

貳、定義

一、勞動檢查機構

　　謂中央或直轄市主管機關或有關機關為辦理勞動檢查業務所設置之專責檢查機構。（第 3 條第 1 項）

二、代行檢查機構

　　謂由中央主管機關指定為辦理危險性機械或設備檢查之行政機關、學術機構、公營事業機構或非營利法人。（第 3 條第 2 項）

三、勞動檢查員

　　謂領有勞動檢查證執行勞動檢查職務之人員。（第 3 條第 3 項）

四、代行檢查員

　　謂領有代行檢查證執行代行檢查職務之人員。（第 3 條第 4 項）

> **補充**
>
> 　　本法所稱危險性機械或設備，係指勞工安全衛生法第 8 條所定之危險性之機械或設備。

參、勞動檢查事項範圍

一、　依本法規定應執行檢查之事項。

二、　勞動基準法令規定之事項。

三、　勞工安全衛生法令規定之事項。

四、　其他依勞動法令應辦理之事項。（第 4 條）

> **補充**
>
> 　　所稱「勞動法令」，係指勞工保險、勞工福利、就業服務及其他相關法令。

肆、勞動檢查員不得有下列行為（於代行檢查員適用之）

一、　為變更、隱匿或捏造事實之陳報。

二、　洩漏受檢查事業單位有關生產技術、設備及經營財務等秘密；離職後亦同。

三、　處理秘密申訴案件，洩漏其申訴來源。

四、　與受檢查事業單位發生不當財務關係。

　　勞動檢查員有違法或失職情事者，任何人得根據事實予以舉發。（第 11 條）

伍、不得事先通知事業單位之事項

一、 第 26 條規定之審查或檢查。

二、 危險性機械或設備檢查。

三、 職業災害檢查。

四、 其他經勞動檢查機構或主管機關核准者。（第 13 條）

陸、勞動檢查員應注意事項

一、 勞動檢查員依本法第 13 條第 1 款規定通知事業單位檢查行程，應確認事業單位依本法第 26 條或第 38 條規定之申請審查或檢查之文件已完成查核，檢查日期業經勞動檢查機構排定後為之。

二、 勞動檢查員依本法第 13 條第 2 款規定通知事業單位檢查行程，應確認事業單位申請危險性機械或設備檢查之文件已完成查核，檢查日期業經勞動檢查機構排定後為之。

三、 勞動檢查員依本法第 13 條第 3 款規定通知事業單位檢查行程，應事前完成事業單位發生職業災害之登錄後為之。

柒、 下列危險性工作場所，非經勞動檢查機構審查或檢查合格，事業單位不得使勞工在該場所作業

一、 從事石油裂解之石化工業之工作場所。

二、 農藥製造工作場所。

三、 爆竹煙火工廠及火藥類製造工作場所。

四、 設置高壓氣體類壓力容器或蒸汽鍋爐，其壓力或容量達中央主管機關規定者之工作場所。

五、 製造、處置、使用危險物、有害物之數量達中央主管機關規定數量之工作場所。

六、 中央主管機關會商目的事業主管機關指定之營造工程之工作場所。

七、 其他中央主管機關指定之工作場所。（第 26 條）

　　承上，危險性工作場所未經申請審查或檢查合格，事業單位不得使勞工在該所工作，違反者可罰 3 年以上有期徒刑，拘役或科或併科新臺幣 15 萬元以下罰金。【職安證照考題】

 第二節　勞動檢查機構及檢查員

壹、勞動檢查機構

一、 勞動檢查由中央主管機關設勞動檢查機構或授權直轄市主管機關或有關機關專設勞動檢查機構辦理之。勞動檢查機構認有必要時，得會同縣（市）主管機關檢查。

二、 授權之勞動檢查，應依本法有關規定辦理，並受中央主管機關之指揮監督。（第 5 條）

補充

　　所稱有關機關，係指經濟部加工出口區管理處、行政院國家科學委員會科學工業園區管理局及其他經中央主管機關授權辦理勞動檢查之機關。

貳、勞動檢查方針

一、 中央主管機關應參酌我國勞動條件現況、安全衛生條件、職業災害嚴重率及傷害頻率之情況，於年度開始前六個月公告並宣導勞動檢查方針，其內容為：

（一） 優先受檢查事業單位之選擇原則。

（二） 監督檢查重點。

（三）檢查及處理原則。

（四）其他必要事項。（第 6 條第 1 項）

二、106 年監督檢查重點[1]

（一）勞動條件事項及其他勞動法令

　　1. 正常工時（包括彈性工時）、延長工時（包括休息日）、例假及休假
　　　（包括原住民族歲時祭儀）等工資之給付規定。

　　2. 正常工時（包括彈性工時）及延長工時（包括休息日）之規定。

　　3. 例假及休假（包括原住民族歲時祭儀）之相關規定。

　　4. 工資定期、全額直接給付及不得低於基本工資及不得預扣勞工工資
　　　作為違約金或賠償費用之規定。

　　5. 勞工退休（準備）金及積欠工資墊償基金之提撥（繳）。

　　6. 退休金及資遣費之給付。

　　7. 童工、女工及技術生保護規定。

　　8. 職業災害補償之規定。

　　9. 工作規則之報備。

　　10. 勞工名卡之置備及保存。

　　11. 勞資會議之舉辦。

　　12. 性別工作平等法規定之性別、性傾向歧視之禁止、性騷擾之防治及
　　　 促進工作平等措施等事項。

　　13. 職工福利金之提撥等事項。

　　14. 勞工保險、就業保險之投保及投保薪資等事項。

　　15. 就業服務之就業歧視、資遣通報及非法僱用、非法工作等外籍勞工
　　　 查察事項。

（二）勞動檢查機構於平時檢查與職業災害檢查時，應將職業安全衛生法第
　　　23 條之組織人員及安全衛生管理、第 25 條至第 27 條之承攬管理及統
　　　合管理事項列為檢查重點。

---

[1] 一例一休實施後之重點檢查。

三、 勞動檢查機構應於前項檢查方針公告後三個月內，擬定勞動監督檢查計畫，報請中央主管機關核備後實施。(第 6 條第 2 項)

補充

　　本法第 6 條所稱職業災害嚴重率，係指每百萬工時之失能傷害總損失日數；傷害頻率，係指每百萬工時之失能傷害次數。

參、勞動檢查之相關資料

　　勞動檢查機構應建立事業單位有關勞動檢查之資料，必要時得請求有關機關或團體提供，有關機關或團體不得拒絕違反者，處新臺幣 3 萬元以上 6 萬元以下罰鍰。(第 7 條、第 36 條)

補充

　　勞動檢查機構依本法第 7 條規定得向有關團體請求提供之勞動檢查資料，包括事業單位、雇主之名稱（姓名）、地址、電話、勞工人數及其他相關資料。

肆、勞動檢查員

一、 勞動檢查員之任用，除適用公務人員有關法令之規定外，其遴用標準由中央主管機關定之。(第 8 條)

二、 勞動檢查員應接受專業訓練。(第 9 條)

三、 勞動檢查員之遴用及訓練，主要依據除公務法治外，尚有勞動檢查員遴用及專業訓練辦法。

補充

　　本法第 9 條所稱專業訓練，係指先進人員之職前訓練、現職人員之在職訓練及進修。

四、 勞動檢查員由勞動檢查機構依其專長及任務之特性指派，執行第 4 條所定之職務。（第 10 條）

補充

　　新進勞動檢查員未經職前訓練合格前，勞動檢查機構不得指派其單獨執行檢查職務。但特殊情況，經勞動檢查機構敘明理由陳報中央主管機關核准者，不在此限。

五、 勞動檢查員為執行檢查職務，得隨時進入事業單位，雇主、雇主代理人、勞工及其他有關人員均不得無故拒絕、規避或妨礙；事業單位或行為人違反規定者，處新臺幣 3 萬元以上 15 萬元以下罰鍰。事業單位有關人員之拒絕、規避或妨礙，非警察協助不足以排除時，勞動檢查員得要求警察人員協助。（第 14、35 條）

補充

　　事業單位依本法第 15 條第 3 項之規定向勞動檢查機構申請檢視或複製時，應於受檢之次日起三十日內以書面提出；勞動檢查機構應於接獲申請書之次日起三十日內提供。

六、實施封存時之事項

　　勞動檢查員依本法第 15 條第 1 項第 4 款規定實施封存時，以有下列情事之一者為限：

（一）有違反勞工安全衛生法令所禁止使用者。

（二）有違反勞動法令者。

（三）有職業災害原因鑑定所必須者。

（四）其他經勞動檢查機構核准者。

封存於其原因消滅或事業單位之申請，經勞動檢查機構許可者，得啟封之。

七、 勞動檢查員依本法第 15 條第 1 項所為之行為，事業單位或有關人員不得拒絕、規避或妨礙；事業單位或行為人有此情形者，處新臺幣 3 萬元以上 15 萬元以下罰鍰（第 15、35 條）。

八、 對於第 15 條第 3 項事業單位之請求，勞動檢查機構不得拒絕（第 15 條）。

九、 勞動檢查員對違反勞動法律規定之犯罪嫌疑者，必要時，得聲請檢察官簽發搜索票，就其相關物件、處所執行搜索、扣押。（第 16 條）

十、 執行搜索、扣押之法律依據

勞動檢查員依本法第 16 條之規定執行搜索、扣押，應依刑事訴訟法相關規定。

伍、代行檢查機構與代行檢查員

一、 中央主管機關對於危險性機械或設備之檢查，除由勞動檢查機構派勞動檢查員實施外，必要時亦得指定代行檢查機構派代行檢查員實施。（第 17 條）

補充

1. 本法第 17 條所定得由代行檢查機構指派代行檢查員實施之危險性機械或設備檢查，係指定期檢查及其他經中央主管機關指定公告之檢查。
2. 依本法第 17 條受指定為代行檢查機構為行政機關或公營事業機構者，其代行檢查範圍以所屬事業所有之危險性機械或設備為限。

二、 代行檢查機構之資格條件與所負責任、考評及獎勵辦法，暨代行檢查員之資格、訓練，由中央主管機關定之。（第 18 條）

三、 代行檢查業務為非營利性質，其收費標準之計算，以收支平衡為原則，由代行檢查機構就其代行檢查所需經費列計標準，報請中央主管機關核定之。（第 19 條）

四、 代行檢查機構擬變更代行檢查業務時，應檢附擬增減之機械或設備種類、檢查類別、區域等資料，向中央主管機關申請核准。（第 20 條）

 **第三節　檢查程序**

壹、出示證件查證

　　勞動檢查員進入事業單位進行檢查時，應主動出示勞動檢查證（勞動檢查證，由中央主管機關製發之），並告知雇主及工會。事業單位對未持勞動檢查證者，得拒絕檢查。勞動檢查員於實施檢查後應作成紀錄，告知事業單位違反法規事項及提供雇主、勞工遵守勞動法令之意見。（第 22 條）

補充

　　勞動檢查員依本法第 22 條進入事業單位進行檢查前，應將檢查目的告知各雇主及工會，並請其派員陪同。

貳、勞動檢查證

　　勞動檢查證每二年換發一次，勞動檢查員離職時應繳回。

參、代行檢查證

一、 代行檢查員進入事業單位實施檢查時，應主動出示代行檢查證，並告知雇主指派人員在場。

二、 代行檢查機構擬變更代行檢查業務時，應檢附擬增減之機械或設備種類、檢查類別、區域等資料，向中央主管機關申請核准。（第 20 條）

肆、檢查結果之處理

　　勞動檢查機構檢查後應行文告知事業單位應改正或限期改善之檢查結果通知書（25 條 2 項）。依據勞動檢查施行細則規定，事業單位對勞動檢查機構所發檢查結果通知有異議時，應於送達日起 10 日內提出。【職安證照考題】

伍、鑑定

　　勞動檢查員實施勞動檢查認有必要時，得報請所屬勞動檢查機構核准後，邀請相關主管機關、學術機構、相關團體或專家、醫師陪同前往鑑定，事業單位不得拒絕。（第 23 條）

陸、改善

　　勞動檢查員對於事業單位之檢查結果，應報由所屬勞動檢查機構依法處理；其有違反勞動法令規定事項者，勞動檢查機構並應於十日內以書面通知事業單位立即改正或限期改善，並副知直轄市、縣（市）主管機關督促改善。對公營事業單位檢查之結果，應另副知其目的事業主管機關督促其改善。（第 25 條第 1 項）

柒、罰鍰

　　事業單位對第 25 條第 1 項檢查結果，應於違規場所顯明易見處公告七日以上；違反者，處新臺幣 3 萬元以上 6 萬元以下罰鍰【職安證照考題】。（第 25、36 條）

 補充

　　事業單位對勞動檢查機構所發檢查結果通知書有異議時，應於通知書送達之次日起十日內，以書面敘明理由向勞動檢查機構提出。前項通知書所定改善期限在勞動檢查機構另為適當處分前，不因事業單位之異議而停止計算。

捌、公告檢查結果之方式

事業單位依本法第 25 條第 2 項之規定公告檢查結果，以下列方式之一為之：

一、 以勞動檢查機構所發檢查結果通知書之全部內容公告者，應公告於下列場所之一：

（一） 事業單位管制勞工出勤之場所。

（二） 餐廳、宿舍及各作業場所之公告場所。

（三） 與工會或勞工代表協商同意之場所。

二、 以違反規定單項內容公告者，應公告於違反規定之機具、設備或場所。

玖、 未經勞動檢查機構審查、檢查合格，不得使勞工作業之場所

下列危險性工作場所，非經勞動檢查機構審查或檢查合格，事業單位不得使勞工在該場所作業：

一、 從事石油裂解之石化工業之工作場所。

二、 農藥製造工作場所。

三、 爆竹煙火工廠及火藥類製造工作場所。

四、 設置高壓氣體類壓力容器或蒸汽鍋爐，其壓力或容量達中央主管機關規定者之工作場所。

五、 製造、處置、使用危險物、有害物之數量達中央主管機關規定數量之工作場所。

六、 中央主管機關會商目的事業主管機關指定之營造工程之工作場所。

七、 其他中央主管機關指定之工作場所。

工作場所應審查或檢查之事項，由中央主管機關定之。（第 26 條）

拾、罰金

凡使勞工在未經審查或檢查合格之工作場所作業者，處三年以下有期徒刑、拘役或科或併科新臺幣 15 萬元以下罰金。（第 34 條）

拾壹、調查

勞動檢查機構對事業單位工作場所發生重大職業災害時，應立即指派勞動檢查員前往實施檢查，調查職業災害原因及責任；其發現非立即停工不足以避免職業災害擴大者，應就發生災害場所以書面通知事業單位部分或全部停工。違反規定停工通知者，處三年以下有期徒刑、拘役或科或併科新臺幣 15 萬元以下罰金。（第 27、34 條）

勞工常見 Q&A

Q： 在廠區內，勞工執行職務致同事受傷，公司主張勞工已受過訓練，也有考試證書，是否應免其責任？

A： 公司僅以受僱人表示其已經上過課，考過試為由，即未再施以教育訓練，則公司主張其選任及監督已盡注意義務，無足採信；而公司既為僱用人，於受僱人因過失造成被害人受傷，自應負連帶賠償責任。此外，全民健康保險之被保險人，非因全民健康保險法第 95 條所定事故受傷害，受領全民健康保險提供之醫療給付，其因侵權行為所生之損害賠償請求權並不因而喪失。[2]

拾貳、停工

勞動檢查機構指派勞動檢查員對各事業單位工作場所實施安全衛生檢查時，發現勞工有立即發生危險之虞，得就該場所以書面通知事業單位逕予先行停工。前項有立即發生危險之虞之情事，由中央主管機關定之。違反規定停工通知者，處三年以下有期徒刑、拘役或科或併科新臺幣 15 萬元以下罰金。（第 28、34 條）

---

[2] 105 年上易字第 443 號。

拾參、通知

勞動檢查員對事業單位未依勞動檢查機構通知限期改善事項辦理,而有發生職業災害之虞時,應陳報所屬勞動檢查機構;勞動檢查機構於認有必要時,得以書面通知事業單位部分或全部停工。違反規定停工通知者,處三年以下有期徒刑、拘役或科或併科新臺幣 15 萬元以下罰金。(第 29、34 條)

拾肆、復工

經依第 27 條至第 29 條規定通知停工之事業單位,得於停工之原因消滅後,向勞動檢查機構申請復工。(第 30 條)

拾伍、代行檢查職責

代行檢查員進入事業單位實施檢查時,應主動出示代行檢查證,並告知雇主指派人員在場。代行檢查員於實施危險性機械或設備之檢查後,合格者,應即於原合格證上簽署,註明有效期限;不合格者,應告知事業單位不合格事項,並陳報所屬代行檢查機構函請勞動檢查機構依法處理。前項不合格之危險性機械或設備,非經檢查合格,不得使用。第一項之代行檢查證,由中央主管機關製發之。(第 31 條)

拾陸、事業單位應於顯明而易見之場所公告下列事項

一、 受理勞工申訴之機構或人員。

二、 勞工得申訴之範圍。

三、 勞工申訴書格式。

四、 申訴程序。

前項公告書,由中央主管機關定之。(第 32 條)違反上開規定者,處新臺幣 3 萬元以上 6 萬元以下罰鍰。(第 36 條)

拾柒、申訴

　　勞動檢查機構於受理勞工申訴後，應盡速就其申訴內容派勞動檢查員實施檢查，並應於十四日內將檢查結果通知申訴人【109 年初等考試】。

　　勞工向工會申訴之案件，由工會依申訴內容查證後，提出書面改善建議送事業單位，並副知申訴人及勞動檢查機構。事業單位拒絕前項之改善建議時，工會得向勞動檢查機構申請實施檢查。事業單位不得對勞工申訴人終止勞動契約或為其他不利勞工之行為。勞動檢查機構管理勞工申訴必須保持秘密，不得洩漏勞工申訴人身分。（第 33 條）

拾捌、罰鍰

　　經通知而逾期不繳納者，移送法院強制執行。（第 37 條）

PART 04

勞工福利

CHAPTER 10

職工福利金
條例

第一節　立法現況

　　1943 年 1 月 26 日國民政府時期公布施行「職工福利金條例」。職工福利金之用途以辦理職工福利事業，改善職工之生活者為限。但企業有時會以各種方式為福利措施之同時支用職工福利金，致使立法宗旨無法落實，故輔以中央解釋令予以限制，並因應環境變遷及落實立法目的。例如：雇主年節送員工禮品，是否可從福利金勻支？官方認為贈與職工個人之年節禮品及獎品，與改善職工生活之意義有殊，不屬福利金支出之範圍。即使是運用在員工旅遊仍是爭點所在，前行政院勞工委員會 87 年 1 月 19 日臺 87 勞福 1 字第 001356 號函：「查職工福利金條例暨其施行細則之立法精神，均係以全體職工為服務之對象，員工依其得支配之假期、經濟能力等個別因素所為之個別旅遊，與職工福利委員會所辦理之活動顯有差異，應由其自行負擔所需費用，準此，職工福利委員會補助國外旅遊經費，仍以團體為準，不得個別補助。」縱然，年終辦尾牙加惠員工，前行政院勞工委員會 80 年 6 月 26 日臺 80 勞福 1 字第 15538 號函：「事業單位歲末尾牙宴請全體員工聚餐，係屬事業主慰勞員工一年來之辛勞所舉辦之活動，非一般由職工福利委員會主辦之聚餐活動，故尾牙聚餐費用自不宜動支職工福利金。」總之，職工福利金之運用受限於現行法制。

第二節　職工福利金條例內容

壹、提撥

　　凡公營、私營之工廠、礦場或其他企業組織，均應提撥職工福利金，辦理職工福利事業。前項規定所稱其他企業組織範圍，由主管官署衡酌企業之種類及規模另定之。（第 1 條）

補充

　　依據職工福利金條例第 1 條第 1 項：凡公營、私營之工廠、礦場或其他組織均應提撥職工福利金，辦理職工福利事業，其原旨意在鼓勵各事業單位成立職工福利事業、積極照顧職工福利。

貳、提撥額度

一、福利金來源

　　工廠、礦場及其他企業組織提撥職工福利金，依下列之規定：

（一）創立時就其資本總額提撥 1%~5%。

（二）每月營業收入總額內提撥 0.05%~0.15%。對於無營業收入之機關，得按其規費或其他收入，比例提撥。

（三）每月於每個職員工人薪津內各扣 0.5%（職安乙級）。

（四）下腳變價時提撥 20%~40%。（第 2 條）

補充

1. 公司裁減全數員工，僅餘董事長一人，迄今仍未申請解散或宣告破產，雖無職工福利金條例第 9-1 條第 1 項規定之適用，惟該公司如業務緊縮或歇業大量裁減員工，基於考量照顧非自願性離職職工福祉，該公司職工福利委員會可本公平、普遍原則訂定相關退（離）職慰問辦法報主管機關備查後，據以辦理。[1]
2. 甲乙兩廠之職工福利金均係由同一總機構統籌提撥分配辦理福利設施者，甲廠之下腳費福利金提成可使用於乙廠。
3. 工廠、礦場或其他企業組織變賣下腳時，應通知職工福利委員會參加【111初等】。

---

[1] 勞動部。

二、其他規定

（一）公營事業已列入預算之職工福利金，如不低於第 2 條第 2 款之規定者，得不再提撥。

（二）不為提撥或提撥不足額者，除由主管官署則令提撥外，處負責人以 1,000 元以下罰鍰。（第 11 條）

補充

1. 依據職工福利金條例第 2 條各款規定，提撥之職工福利金大部分均係事業單位所提撥，職工薪資扣繳部分僅係對職工福利權利享受應盡之義務，精神意義重於物質意義且占職工福利金之形成比例亦不高，基於勞資一體，彼此互助之理念，公平普遍運用職工福利金之立場，絕不宜有職員、工人之分，而致福利權益享受有所不同之主張。

2. 查職工福利金條例第 2 條各款規定提撥之職工福利金，係交由職工福利委員會統籌運用辦理職工之各項福利設施及措施，包括職工之退休、離職及急難慰問等，皆可由職工福利金中，以公平、合理之原則訂定辦法辦理。事業單位或職工福利委員會如另有特別需要再行辦理員工互助福利事項，應於職工福利金條例暨相關法規外，自行籌措財源並訂定辦法辦理。

3. 職工福利委員會之工會代表，其比例不得少於三分之二【111 初等】。

參、福利金輔助

無一定雇主之工人，應由所屬工會就其會費收入總額，提撥 30%為福利金，必要時得呈請主管官署酌予補助。（第 3 條）

肆、獎助金

辦理職工福利事業成績優異者，得由主管官署酌予獎助金。（第 4 條）

伍、福利金之保管動用

一、職工福利金之保管動用，應由依法組織之工會及各工廠、礦場或其他企業組織共同設置職工福利委員會負責辦理；其組織規程由社會部訂定之。

二、 職工福利委員會之工會代表，不得少於三分之二。

三、 依第 3 條規定辦理之福利事業，準用前 2 項之規定。（第 5 條）

補充

　　依職工福利金條例第 5 條，職工福利金之保管運用，應由依法組織之工會及各工廠、礦場或其他企業組織共同設置職工福利委員會負責辦理，其委員中工會代表人數不得少於三分之二。

陸、福利金收支表冊之公告

一、 工廠、礦場或其他企業組織及工會，應於每年年終分別造具職工福利金收支表冊公告之，並呈報主管官署備查，必要時主管官署得查核其帳簿。（第 6 條）

二、 違反規定，處負責人 500 元以下罰鍰。（第 12 條）

柒、禁止移作別用

一、 職工福利金不得移作別用，其動支範圍、項目及比率，由主管官署訂定並公告之。

二、 職工福利金用於全國性或全省（市）、縣（市）性工會舉辦福利事業，經主管官署備案，得提撥 10%以內之補助金。（第 7 條）

補充

　　職工福利金條例第 7、10 條規定職工福利金不得移作別用，應全部用於舉辦職工有關之食、衣、住、行、育、樂各項福利設施或活動，受損失時，保管人亦應負責賠償責任。

捌、沒收與清償

一、職工福利金不得沒收。（第 8 條）

二、職工福利金有優先受清償之權。（第 9 條）

玖、解散或受破產宣告

一、 工廠、礦場或其他企業組織因解散或受破產宣告而結束經營者，所提撥
之職工福利金，應由職工福利委員會妥議處理方式，陳報主管官署備查
後發給職工。

二、 工廠、礦場或其他企業組織變更組織而仍繼續經營，或為合併而其原有
職工留任於存續組織者，所提撥之職工福利金，應視變動後留任職工比
率，留備續辦職工福利事業之用，其餘職工福利金，應由職工福利委員
會妥議處理方式，呈報主管官署備查後發給離職職工。

三、 前 2 項規定，於職工福利委員會登記為財團法人者，適用之。（第 9-1
條）

拾、損失賠償

因保管人之過失致職工福利金受損失時，保管人應負賠償責任。（第 10
條）

拾壹、不為提撥或提撥不足額

違反第 2、3 條之規定，不為提撥或提撥不足額者，除由主管官署責令提
撥外，處負責人 1,000 元以下罰鍰。（第 11 條）

拾貳、侵占

對於職工福利金有侵占或其他舞弊情事者，依刑法各該條之規定，從重
處斷。（第 13 條）

補充

　　有關職工福利金「因保管人之過失致職工福利金受損失時，保管人應負賠償責任」及「對於職工福利金有侵占或其他舞弊情事者，依刑法各該條之規定從嚴處斷」分別為職工福利金條例第 10、13 條規定。職工福利委員會主任委員有關於事業單位所提撥福利金之籌劃、保管及動用，為其任務之一，如有該條例第 10、13 條規定之情形，自應依該規定負其責任。

 問題與討論

一、 職工福利金條例第 2 條第 1 項第 4 款規定:「下腳變賣時提撥 20%~40%」。問:何謂「下腳」?A 公司逾使用期限且無修理價值之廢油罐車 B,可否列為「下腳」處理?

CHAPTER 11

勞工保險條例

第一節　勞工保險立法現況

　　德國於西元 1883 年，創辦勞工保險，現世界各國實施社會保險（含勞工保險）者，已達 129 國。我國憲法第 155 條規定：「國家為謀社會福利，應實施社會保險制度。」我國於民國 32 年間由社會部在四川省北部十縣，試辦鹽工保險，中央政府於民國 38 年冬遷臺後，始於民國 39 年 3 月 1 日開辦臺、閩地區勞工保險，由臺灣省政府以行政命令發布臺灣省勞工保險辦法，奉行政院核准辦理。惟依憲法規定勞動法屬中央立法，因之臺灣省於試辦勞工保險著有成效後，於民國 47 年 7 月間由中央完成勞工保險條例立法程序公布施行，全文 87 條，民國 49 年 2 月 24 日行政院令臺灣省施行嗣於民國 57 年 7 月、民國 62 年 4 月及民國 68 年 2 月先後三度修正公布施行，而不斷改進及擴大勞工保險業務。以保障勞工生活，促進社會安全。

　　勞工保險性質屬強制性保險，僅在特殊情況才有任意性存在，對於依法應辦理或應加保而不辦理或不加保者，應加以處罰；又勞工保險為社會安全重要措施，不以營利為目的，故屬社會保險，而與商業保險之任意參加及以營利為目的者不同。但發生職業災害時，勞工保險或商業保險與勞動基準法之雇主職業災害責任有法定關聯性。

　　隨人口結構改變及因應老年人口增加，勞保年金制已於民國 97 年 07 月 18 日三讀通過，並於民國 98 年 01 月 01 日起開始實施，配合國民年金於 97 年 10 月 01 日起開始實施，及農保與國保脫鈎等幾項重大政策的推動，不論對於有工作者或無工作者而言均邁向勞動人權落實機制與保障。其中最大改變是勞保老年給付之請求權之修正及領取年齡也自民國 107 年開始逐年調高到 65 歲。工業革命後，職業災害為必然產物，德國俾斯麥認為無法避免，爰為最早建立工商保險制度，以分擔風險。我國職業災害所生補償給付，除勞基法外，主要為勞保。然而在職業病立法政策上採職業病種類限定政策，傷害則無限制。基此，職場上發生災害，步驟一，先判斷事故發生屬性為傷害或疾病？步驟二，是否與工作有關或屬職業病表列範圍，以釐清判斷基準。

第二節　保險之基本概念

壹、總則

一、保險之基本概念

（一）目的

　　保險目的在於，保險事故發生時，由保險人對勞工的損失負補償之責。制勞工保險之性質為何？前經大法官解釋，勞工依法參加勞工保險及因此所生之公法上權利，應受憲法保障。勞工保險屬在職保險、有無工作保險、有工作能力保險。

（二）勞工保險承保範圍

　　勞工保險承保範圍包括在職人員之強制保險與裁減資遣等人員之自願保險兩種。其中在職人員之保險指實際從事工作獲得報酬之勞工。

（三）保險事故

1. 普通事故保險：分生育、傷病、失能、老年及死亡五種給付。（第 2 條第 1 項）

2. 醫療給付：已配合全民健康保險開辦移出（職安乙級）。

3. 失能給付：因就業保險法於國 92 年 1 月 1 日施行，勞保已無失業給付，歸入就業保險給付。

4. 老年給付：一次金年給付與老年年金給付並行，並賦予勞工選擇權，讓勞工充分依事實需要而選擇。目前有老年給付、老年年金、老年一次金三種。

5. 職業災害保險：傷病、醫療、失能及死亡四種給付。（第 2 條第 2 項）

（四）勞工保險與就業保險關係

1. 勞工保險及就業保險係採團體保險方式辦理，申報參加勞工保險及就業保險，應先辦理單位開戶手續。

2. 參加勞工保險者同時取得就業保險被保險人身分。勞保退保時，也自動停止。

二、保險人

（一）意義

　　保險人仍指經營保險事業之各種組織，保險人在保險契約成立時有收取保險費之權利，於承保事故發生時，應依其承諾負責賠償義務。

（二）保險人之義務

1. 依據勞工保險條例施行細則第 4、5、6 條。

2. 每年年終編具總報告，並按月將各種相關書表報請中央主管機關備查。

3. 保險人或勞工保險監理委員會派員調查有關勞工保險事項時，應出示其身分證明文件。

4. 中央主管機關統籌全國勞工保險業務，設勞工保險局為保險人，辦理勞工保險業務。為監督勞工保險業務及審議保險爭議事項，由有關政府代表、勞工代表、資方代表及專家各占四分之一為原則，組織勞工保險監理委員會行之。（第 5 條第 1 項）

（三）主管機關

　　勞工保險之主管機關在中央為勞動部；在直轄市為直轄市政府。（第 4 條）

貳、投保單位

一、負責人

　　投保單位應有負責人，如負責人有變更者，原負責人未清繳保險費或滯納金時，新負責人應負連帶清償責任。

　　投保單位因合併而消滅者，其未清繳之保險費或滯納金，應由合併後存續或另立之投保單位承受。

二、投保單位對保險期間之計算

勞工保險條例有規定者依其規定，無規定者依民法之規定。

三、投保單位對年齡之計算

被保險人之其眷屬之年齡均依戶籍記載為準。

四、投保單位之義務

（一）投保單位接到保險人所記載有計算說明之保險繳費款單後，應於繳納期限內依保險人指定之方式向金融機構繳納，並領回收據聯作為繳納保險費之憑證。繳款單如於保險人寄發之當月底仍未收到時，應於五日內通知保險人補發或上網下載繳款單，並於寬限期間十五日內繳納。

（二）投保單位對於載有計算說明之保險費繳款單所載金額如有異議，應先照額繳納後，再向保險人提出異議理由，經保險人查明錯誤後，於計算次月份保險費時一併結算。

（三）投保單位或被保險因欠繳保險費及滯納金，經保險人依勞工保險條例第 17 條第 3 項或第 4 項規定暫行拒絕給付者，暫行拒絕給付期間內之保險費仍應照計，被保險人應領之保險給付，俟欠費繳清後再補辦請領手續。

（四）投保單位的所屬被保險人或其受益人辦理請領保險給付手續，不得收取任何費用。

參、被保險人

一、意義

（一）依據勞工保險條例第 6 條。

（二）年滿十五歲以上，六十五歲以下之勞工，應以其雇主或所屬團體或所屬機構為投保單位，全部參加勞工保險為被保險人。

（三）工讀生、部分工時、兼職、試用期間均應加保。

（四）大法官解釋，對於參加勞工保險為被保險人之員工或勞動者，並未限定於專任員工始得為之。

二、被保險人之資格

（一）一般勞工

依據勞工保險條例第 6 條（強制保險）：

1. 受僱於僱用勞工五人以上之公、民營工廠、礦場、鹽場、農場、牧場、林場、茶廠之產業勞工及交通、公用事業之員工。

2. 受僱於僱用五人以上公司、行號之員工。

3. 受僱於僱用五人以上之新聞、文化、公益及合作事業之員工。

4. 依法不得參加公務人員保險或私立學校教職員保險之政府機關及公、私立學校之員工。

5. 受僱從事漁業生產之勞動者。

6. 在政府登記有案之職業訓練機構接受訓練者。

7. 無一定雇主（例如：水管裝置業、電器裝置業之勞工得合併組織職業工會，無一定雇主之會員如從事水管或電器裝置工作所致之事故，准依職業災害給付）或自營作業而參加職業工會者，或參加漁會之甲類會員。所稱自營作業者，指獨立從事勞動或技藝工作，獲致報酬，且未僱用有酬人員幫同工作者。

8. 於經主管機關認定其工作性質及環境無礙身心健康之未滿十五歲勞工亦適用之。

9. 所稱勞工，包括在職外國籍員工。

勞工常見 Q&A

> Q： 甲女在基金會工作，擔任學術諮詢及處理兩岸交流工作，帶病加勞保可
> 嗎？有繳費之加保是絕對效力或相對效力？
>
> A： 1. 帶病投保：
>
> | 帶病投保 | 有工作能力 |
> |---|---|
> | | 無工作能力 |
>
> ※ 帶病＋無工作能力＝無資格加保
>
> 2. 有繳費之加保是相對效力，不實加保會被取消資格，保費不退還及應負
> 擔罰鍰、民事、刑事責任。

（二）無一定雇主而為數個職業工會會員之加保

依據勞工保險條例施行細則 9、11 條：

1. 無一定雇主或自營作業而參加二個以上職業工會為會員之勞工，由其選擇
主要工作之職業工會加保。

2. 無一定雇主之勞工，指經常於三個月內受僱於非屬勞工保險條例第 6 條第
1 項第 1 款至第 5 款規定之二個以上不同之雇主，其工作機會、工作時
間、工作量、工作場所、工作報酬不固定者。

（三）準用人員

依據勞工保險條例第 8 條（自願保險）：

1. 受僱於第 6 條第 1 項各款規定各業以外之員工。

2. 受僱於僱用未滿五人之第 6 條第 1 項第 1 款至第 3 款規定各業之員工。雇
主應與其受僱員工，以同一投保單位參加勞工保險。

3. 實際從事勞動之雇主。

4. 參加海員總工會或船長工會為會員之外之僱船員。在職勞工，年逾六十歲
繼續工作者得繼續參加勞保，所以參照勞保之外僱船員年逾六十五歲，如
符合船員法第 51 條但書繼續受僱，得繼續參加勞保。

5. 參加保險後，非依勞工保險條例規定，不得中途退保。

勞工常見 Q&A

Q：阿美於 106 年 5 月 1 日到 A 公司上班，實務上處理加保程序為何？

A： 1. A 公司為投保及申報單位：

　　(1) 填寫加保單

　　(2) 受理

　　(3) 繳保費

　　(4) 必要時調查

　　2. 加保要件：形式要件＋實質要件＝工作能力

三、特殊事故之續保

（一）依據勞工保險條例第 9 條（繼續加保對象），被保險人有下列情形之一者，得繼續參加勞工保險：

1. 應徵召服兵役者。

2. 派遣出國考察，年逾六十歲繼續工作者。

3. 因傷病請假致留職停薪者，普通傷病未超過一年，職業災害未超過二年者。

4. 在職勞工，年逾六十歲繼續工作者。

5. 因案停職或被羈押，未經法院判決確定者。

（二）本條之規定被保險人之加保係屬自願性，勞工有選擇權，但勞工如願意繼續加保，則投保單位必須繼續為其投保，此乃強制投保單位應行之義務，對投保單位而言，係強制其承諾，只要勞動契約存在，投保單位就有承諾義務（參照行政院勞工委員會 81.06.02 臺(81)勞保三字第116404 號函）。

四、被資遣而願意續保之條件

（一）依據勞工保險條例第 9-1 條「被裁減資遣被保險人繼續參加勞工保險及保險給付辦法」。

（二）被保險人參加保險，年資合計滿十五年，被裁資遣而自願繼續參加勞工保險者，由原投保單位為其辦理參加普通事故保險，至符合請領老年給付之日止。被保險人繼續參加勞工保險及保險給付辦法，由中央主管機關定之。

肆、投保薪資與保險費

一、投保薪資

（一）月投保薪資

　　月投保薪資，係指由投保單位按被保險人之月薪資總額，依投保薪資分等級表之規定，向保險人申報之薪資；被保險人薪資以件計算者，其月投保薪資，由投保單位比照同一工作等級勞工之月薪資總額，按分級表之規定申報者為準。

（二）薪資調整

1. 保險人之薪資，如在當年 2~7 月調整時，投保單位應於當年 8 月底前將調整後之月投保薪資通知保險人；如在當年 8 月至次年 1 月調整時，應於次年 2 月底前通知保險人。其調整均自通知之次月 1 日生效。投保薪資分級表，由中央主管機關擬定，報請行政院核定。（第 14 條）

2. 月薪資總額，以勞動基準法第 2 條第 3 款規定之工資為準；其每月收入不固定者，以最近三個月收入之平均為準；實物給予按政府公布之價格折為現金計算。

3. 投保單位申報新進員工加保，其月薪資總額尚未確定者，以該投保單位同一工作等級員工之月薪資總額，依投保薪資分級表之規定申報。

（三）投保薪資不實

　　投保單位申報被保險人投保薪資不實者，由保險人按照同一行業相當等級之投保薪資額逕行調整通知投保單位，調整後之投保薪資與實際薪資不符時，應以實際薪資為準。

依前項規定逕行調整之投保薪資，自調整之次月 1 日生效。（第 14-1 條）

二、保險費率

（一）普通事故保險費率

勞工保險之普通事故保險費率，由中央主管機關按被保險人當月之月投保金額薪 6.5%~11%擬訂（68 年 12 月起行政院核定為 7%；84 年全民健保開辦，醫療給付移出為因應老化人口而調高為 6.5%~11%；目前普通事故保險費率為 6.5%，自 92 年就業保險法施行後普通事故保險費率降低為 5.5%，另 1%的費率移至就業保險得保險費率，職業災害保險之保險費率另計），報請行政院核定之。98 年之普通事故保險費率為 5%~13%。111 年勞保費率為 11.5%，普通事故為 11.5%，就業保險為 1%。

（二）職業災害保險費率

1. 職業災害保險費率，分為行業別災害費率及上、下班災害費率二種，每三年調整一次。

2. 僱用員工達一定人數以上之投保單位，行業別災害費率按實債費率，按其前三年職災保險給付總額占應繳職災保費總額之比率，由保險人依下列情況，每年計算調整之：

   (1) 超過 80%者，每增加 10%加收其適用行業之職災保費率之 5%，並以加收至 40%為限。

   (2) 低於 70%者，每減少 10%減收其適用行業之職災保費率 5%。

3. 職業災害保險之會計，保險人應單獨辦理。（第 13 條）

三、保險費

（一）概念

保險契約是有償契約，要保人對於保險人承擔危險之承諾應負一定對價，及交付保險費。

（二）一般契約的生效日

保險費的交付決定保險契約的生效與否，而學說上有不同見解：

1. 契約中有明定保險費的約定就生效，至於要保人何時交付保險費，法令無干預必要。

2. 保險費交付前，保險契約不生效力，即「以保費交付為生效要件」。

（三）勞工保險之生效日

符合勞工保險條例第 6 條規定之勞工，各投保單位應於其所屬勞工到職、入會、到訓、離職、退會、結（退）訓之當日列表通知保險人；其保險效力之開始或停止，均自應為通知當日起算。但投保單位非於勞工到職、入會、到訓之當日列表通知保險人者，除依勞工保險條例第 72 條規定處罰四倍罰鍰外，其保險效力之開始，均自通知之翌日起算。所謂離職當日，指在職之最後一日（與勞動契約終止日相同）。

 補充

1. 行政院勞委會 77.04.14 臺(77)勞保二字第 6530 號函釋：投保單位未於勞工到職當日申報加保，至其遭遇傷害或罹患疾病不能工作後始申報加保，其後因加保生效前之傷病而致失能或死亡者，應不予核發任何保險給付。

2. 最高行政法院 93.11.26 判字第 1483 號判決：
   (1) 被保險人於加保前已罹患乳癌疾病不能工作後始申報加保，其後因加保生效前之傷病而致死亡，勞保局不予核發死亡給付，於法並無不合。
   (2) 投保單位未於被保險人到職時立即為勞工投保，致勞工受損害，該勞工僅得依勞保條例第 72 條第 1 項之規定，向投保單位請求賠償。

3. 勞工於申報離職退保當日 24 時前下班返家途中發生職業傷害者，得請領保險給付；若逾 24 時下班者，為保障被保險人給付權益，投保單位應於翌日申報退保。

（四）保險費之負擔

1. 被保險人依照「工資」金額查對「薪資分級表」後再決定月投保薪資。所謂「工資」係以勞動基準法之定義為依據，工資項目依法律規定，非必是底薪，亦非全薪。

2. 勞工保險保費之負擔，依下列規定計算之：

   (1) 勞工保險條例第 6 條第 1 項第 1 款至第 6 款及第 8 條第 1 項第 1 款至第 3 款規定之被保險人，其普通事故保險費由被保險人負擔 20%，投保單位負擔 70%，其餘 10%，由中央政府補助：職業災害保險費全部由投保單位負擔。

   (2) 第 6 條第 1 項第 7 款規定之被保險人，其普通事故保險費及職業災害保險費，由被保險人負擔 60%，其餘 40%由中央政府補助。

   (3) 第 6 條第 1 項第 8 款規定之被保險人，其普通事故保險費及職業災害保險費，由被保險人負擔 20%，其餘 80%，由中央政府補助。

   (4) 第 8 條第 1 項第 4 款規定之被保險人，其普通事故保險費及職業災害保險費，由被保險人負擔 80%，其餘 20%，由中央政府補助。

   (5) 第 9-1 條規定之被保險人，其保險費由被保險人負擔 80%，其餘 20%，由中央政府補助。（第 15 條）

（五）保險費之繳納

　　勞工保險保險費按月繳納。

　　勞工保險之保險費一經繳納，既不退還。但非歸責於投保單位或被保險人之事由所致者，不在此限。（第 16 條）

（六）逾期未繳納保險費之處理

1. 投保單位對應繳納之保險費，未依規定期限繳納者，得寬限十五日；如在寬限期間仍未向保險人繳納者，自寬限期滿之翌日起至完納前一日止，每逾一日加徵其應繳納費額 0.1%滯納金；加徵滯納金額，以至應納費額之20%為限。

2. 加徵滯納金十五日後仍未繳納者，保險人應就其應繳之保險費及滯納金，依法訴追。投保單位如無財產可供執行或其財政不足清償時，其主持人或負責人對逾期繳納有過失者，應負損害賠償責任。

3. 保險人於追訴之日起，在保險費及滯納金未繳清前，暫行拒絕給付。但被保險人應繳納部分之保險費已扣繳或繳納於投保單位者，不再此限。

4. 第 9 條之 1 規定之被保險人逾二個月未繳保險費者，以退保論。其於欠繳保險費期間發生事故所領取之保險給付，應依法追還。（第 17 條）

 第三節 **保險給付**

壹、給付通則

一、請領條件

　　被保險人或其受益者，於保險效力開始後停止前，發生保險事故者，得依本條列規定，請領保險給付。投保單位為被保險人或其受益人辦理請領保險給付手續，不得收取任何費用。

二、請領標準

（一）平均月投保薪資之計算方式

1. 年金給付及老年一次金給付：按被保險人加保期間最高六十個月之月投保薪資予以平均計算。

2. 一次請領老年給付：按其退保之當月起前三年之實際月投保薪資平均計算。

3. 其他現金給付：按被保險人發生保險事故之當月起前六個月之實際月投保薪資平均計算，以日為給付單位者，以平均月投保薪資除以三十計算。

（二）失蹤津貼

1. 被保險人如為漁業生產勞動者或航空、航海員工或坑內工，除依勞工保險條例規定請領保險給付外，於漁業、航空、航海或坑內作業中，遭遇意外事故失蹤時，自戶籍登記失蹤之日起，按其平均月投保薪資 70%，給付失蹤津貼；於每滿三個月之期末給付一次，至生還之前一日或失蹤滿一年之前一日或依法宣告死亡之前一日止。

2. 失蹤滿一年或依準宣告死亡者，得依第 64 條之規定，請領死亡給付。（第 19 條）

3. 所謂失蹤，指離去現在住居所，音訊渺茫不知生或死者。

三、保險效力停止後得主張之權利

（一）被保險人在保險有效期間發生傷病事故，於保險效力停止後一年內，得請領同一傷病及其引起之疾病之傷病給付、失能給付、死亡給付或職業災害醫療給付。

（二）被保險人在保險有效期間懷孕，且符合本條例第 31 條第 1 項第 1 款或第 2 款規定之參加保險日數，於保險效力停止後一年內，因同一懷孕事故而分娩或早產者，得請領生育給付。（第 20 條）

四、擇領事由

同一種保險給付，不得因同一事故而重複請領。（第 22 條）

五、保險人不必負責事由

（一）被保險人或其受益人或其他利害關係人，為領取保險給付，故意造成保險事故者，保險人除給予喪葬津貼外，不負發給其他保險給付之責任。（第 23 條）

（二）投保單位故意為不合規定之人員辦理參加保險手續，領取保險給付者，保險人應依法追還；並取消該被保險人之資格。（第 24 條）

（三）被保險人無正當理由，不接受保險人特約醫療院、所之檢查或補具應繳之證件，或受益人不補具應繳之證件者，保險人不負發給保險給付之責任。（第 25 條）

（四）因戰爭變亂或因被保險人或其父母、子女、配偶故意犯罪行為，以致發生保險事故者，概不給予保險給付。（第 26 條）所稱故意犯罪行為，以司法機關或軍事審判機關之確定判決為準。如被保險人因犯罪行為畏罪自殺，經檢察官為不起訴處分或諭知不受理判決，自不構成故意犯罪之行為，受益人可請領遺屬津貼及喪葬津貼（前勞委會 79.01.12 臺(79)勞保 1 字第 31025 號函）。

（五）被保險人之養子女，其收養登記在保險事故發生時未滿六個月者，不得享有領取保險給付之權利。（第 27 條）但養父母則不受戶籍登記滿六個月之限制（內政部 69.04.17 臺內社字第 54203 號函）。

六、保險給付之行使期間與匯款

（一）現金發給期限

被保險人與其受益人申請現金給付手續完備經審查應予發給者，保險人應於收到申請書之日起十日內發給之。

（二）請求權時效

領取保險給付之請求權，自得請領之日起，因五年間不行使而消滅，此乃請求權之性質，其與勞工保險條例第 72 條之規定，勞工得向投保單位要求損失賠償責任之性質不同。基此，勞工向投保單位要求損失賠償的時效不受五年期間之限制。最高法院認為應依民法第 125 條規定，為 15 年（87 台上 2540）。一般而言，我國中小企業高達九成，在加勞保方面往往忽略它是履行公法上的義務，以致勞保爭議頻傳。

（三）墊償

1. 被保險人或其受益人應領之保險給付，應被保險人或其受益人之請求，由投保單位先行墊付保險給付之一部或全部者，投保單位於墊付後，得於辦

理請領保險給付手續時，取得該被保險人或其受益人之證明，請求保險人將其墊付金額逕寄該投保單位歸墊，保險人並應於給付通知表內註明之。

2. 投保單位之墊付應交由被保險人或其受益人本人受領。

貳、生育給付

一、請領條件

（一）資格

被保險人合於下列情形之一者，得請領生育給付：

1. 參加保險滿二百八十日後分娩者。

2. 參加保險滿一百八十一日後早產者。

3. 參加保險滿八十四日後流產者。（第 31 條）

（二）所謂早產係指妊娠大於二十週（一百四十日），小於三十七週（二百五十九日）生產者；或胎兒出生時體重大於 500 公克，小於 2,500 公克者（註：依照中華民國婦產科醫學會 79 年 12 月 20 日第 079 號函釋規定）。

（三）全民健康保險實施後，男性被保險人之配偶分娩、早產均不得請領生育給付，僅女性被保險人可以請領生育給付。

二、給付標準

生育給付標準，依下列各款辦理：

（一）按被保險人分娩或早產當月（退保後生產者為退保當月）起，前 6 個月之平均月投保薪資一次給予生育給付 60 日。

（二）雙生以上者，按比例增給。

三、請求權時效

領取生育給付之請求權，自得請領之日起，因五年間不行使而消滅。被保險人於加保生效期間分娩或早產者，使得依規定請領生育給付。

參、傷病給付

一、普通傷病

（一）被保險人遭遇普通傷害或普通疾病住院診療，不能工作，以致未能取得原有薪資，正在治療中者，自不能工作之第四日起，發給普通傷害補助費或普通疾病補助費。（第 33 條）

（二）所謂「不能工作」係指勞工於傷病醫療期間不能從事工作，經醫師診斷審定者。

（三）勞工罹患傷病正在治療中，而有工作事實者，無論時間長短，均不得請領傷病給付。

（四）勞工保險失能給付標準附表，明訂各種給付等級。

勞工常見 Q&A

Q：阿美因言語損傷所致之表達性失語症，如何認定其失能等級？如因「左側腦出血」致言語狀態等機能失能之等級如何判斷？

A：勞工保險失能給付標準附表，其立法之結構原係以「身體失能之狀態」即所遺失能之程度為評價，且為失能等級區分之基準。但身體機能遺存 2 種（含 2 種）以上失能種類時，應綜合其全部症狀，對於永久喪失勞動能力與影響日常生活或社會生活活動狀態及需他人扶助之情況定其等級。例如標準附表失能種類 2.「神經」失能審核基準規定，中樞神經系統病變產生的症狀，若僅存在於單一失能種類，則按其影響部位所定等級定之。本件阿美因言語損傷所致之表達性失語症，準用言語機能失能審定之。但因「左側腦出血」致神經失能而遺存意識狀態、右側上、下肢、言語狀態等機能失能，依規定，審查時應綜合其全部症狀，定其失能等級。（參見勞保失能標準）

二、職業傷病

（一）被保險人因執行職務而致傷害或職業病不能工作，以致未能取得原有薪資，正在治療中者，自不能工作之第四日起，發給職業傷害補償費或職業病補償費。（第 34 條）

（二）行政院勞工委員會 94.04.22 勞保 2 字第 0940019883 號令亦以符合第 34 條，但於死亡後始由受益人申請傷病給付或申請後才死亡得由第 65 條之當序受益人承領，其受益人如屬於孫子女或兄弟姊妹者，不受專受其扶養之責任限制。

補充

　　勞工保險條例第 34 條規定，被保險人因執行職務而致傷害或職業病不能工作，以致未能取得原有薪資，正在治療中者，自不能工作之第 4 日起，發給職業傷害補償費或職業病補償費。所稱不能工作，係指勞工於傷病醫療期間不能從事工作，經醫師診斷審查定者，是以勞工罹患傷病正在治療中。

　　凡有工作之事實者，無論工作時間長短，自不得請領是項給付。據此，從事 2 份以上工作之勞工，於職災醫療期間有工作事實者，不得請領職業災害傷病給付。

　　因傷病正在治療中＋有工作事實＝不能領傷病給付

　　治療中止＋領終身不能工作之失能給付＝不能領傷病給付

案例：

　　阿美加保期間，日投保薪資 800 元，因病住院 6/12 至 6/17 共 6 天；6/25 至 8/27 共 64 天。

　　可申請之日數：64+6-3=67 天

　　金額：800×67×50÷100=26,800 元

三、普通傷病補助費

（一）普通傷害補助費及普通疾病補助費，均按被保險人平均月投保薪資半數發給，每半個月給付一次，以六個月為限。但傷病事故前參加保險之年資合計已滿一年者，增加給付六個月。（第 35 條）

（二）被保險人請領傷病給付，以每滿十五日為一期，於期末請領。

（三）普通傷病補助費之受益人，勞工保險條例無限制之規定，如未指定應為被保險人本人。

 補充

　　行政法院之見解：普通傷病補助費之受益人，勞工保險條例無限制之規定，如未指定應為被保險人本人，且普通傷病補助費係薪資損失之填補，性質上為財產上權利，得為繼承標的，勞保局應給付。

四、職業傷病補償費

（一）職業傷害補償費及職業病補償費，均按被保險人平均月投保薪資 70% 發給，每半個月給付一次；如經過一年尚未痊癒者，其職業傷害或職業病補償費減為平均月投保薪資之半數，但以一年為限。（第 36 條）

（二）依據勞工保險被保險人因執行職務而致傷病審查準則（現改為勞工職業災害保險職業傷病審查準則，自民 111 年 5 月 1 施行）第 3 條規定，所謂職業傷害，指被保險人因執行職務而致傷害。所謂職業病，指被保險人於勞工保險職業病種類表現規定適用執業範圍從事工作，而罹患表列疾病者。

（三）依據勞工保險被保險人因執行職務而致傷病審查準則（現改為勞工職業災害保險職業傷病審查準則，自民 111 年 5 月 1 施行）第 4 條規定，被保險人上、下班發生交通事故是否為職業傷害之認定標準如下：

　　1. 於適當時間。

　　2. 從日常居、住處所往返就業場所。

　　3. 或因從事兩份以上工作而往返於就業場所間之應經途中。

　　4. 發生事故傷害。

　　5. 沒有違反交通規則。

（四）因執行職務而致傷病，則不論有無違反交通規則。

五、傷病痊癒後再傷病之給付

被保險人在傷病期間，已領足傷病之保險給付者，於痊癒後繼續參加保險時，仍得依規定請領傷病給付。（第 37 條）

肆、職業災害之醫療給付

一、委託中央健康保險局

（一）保險人辦理職業災害保險醫療給付，得逕中央主管機關核准，委託中央健康保險局辦理。其委託契約書由保險人會同中央健康保險局擬定，報請中央主管機關會同中央衛生主管機關核定。

（二）保險人委託中央健康保險局辦理職業災害保險醫療給付時，被保險人遭遇職業傷害或罹患職業病應向全民健康保險特約醫院或診所申請診療。

（三）保險人支付之醫療費用，準用全民健康保險有關規定辦理。

（四）被保險人申請職業傷病門診診療或住院診療時，應繳交投保單位出具之職業傷病門診就診單或住院申請書，並繳驗全民健康保險卡及國民身分證或其他足資證明身分之證件。如未提具或不符者，全民健康保險特約醫院或診所應拒絕其以被保險人身分掛號診療。

二、緊急就醫核退醫療費用

（一）被保險人因尚未領得職業傷病門診就診單或住院申請書或全民健康保險卡或因緊急傷病就醫，致未能繳交或繳驗該等證件時，應檢具身分證明文件，聲明具有勞保身分，辦理掛號就診，全民健康保險特約醫院或診所應先行提供醫療服務，收取保險醫療費用並製給單據，被保險人於就醫之日起七日內（不含例假日）補送證件者，全民健康保險特約醫院或診所應退還所收取之保險醫療費用。

（二）因不可歸責於被保險人之事由，未能於就醫之日起七日內補送證件者，被保險人得於門診治療當日或出院之日起六個月內，檢附職業傷病門診就診單或住院申請書及全民健康保險特約醫院或診所開具之醫療費用單據，向中央健康保險局轄區分局申請核退醫療費用。

伍、失能給付

一、請領資格

（一）遭遇普通傷害或罹患普通疾病。

（二）治療後，症狀固定，再行治療仍不能期待其治療效果。

（三）依全民健保特約醫院診斷為永久失能，並符合失能給付標準規定者。（第 53 條）

（四）失能給付之請求權：以全民健康保險特約醫院或診所診斷為實際永久失能之日起為請領失能給付日。

二、失能給付標準

（一）普通傷害致失能

1. 公式一：失能年金＋加發眷屬補助（一人加發 25%，最高 50%）
   失能年金＝平均月投保薪資（平均日投保薪資最高 60 個月的平均）×保險年金×1.55%≧4,000（元）（第 53~第 54-2 條）

2. 公式二：失能一次金（30~1200 日）

（二）職災傷害致失能

1. 公式一：失能年金＋眷屬加發＋加給 20 個月失能補償一次金
   失能年金＝平均月投保薪資×保險年資×1.55%≧4,000 元（第 54 條）
   眷屬加發＝失能年金×（1＋25%或 50%）

2. 公式二：失能一次金（45~1800 日）

3. 新制職災失能給付於 2022 年 5 月 1 日起，改依據勞工職業災害保險及保護法之規定發給。

（三）勞動力減損

　　勞工因失能致勞動力減損，可請求損害賠償，其目的係補償收入損失。因此，賠償金額係以受侵害前的身體健康狀態、教育程度、專門技能、社會經驗等酌定。（高等法院 100 上字第 346 號）

補充

　　對於失能等級事項的爭議，但函文性質若屬觀念通知，例如單純事實敘述，非行政處分，不能提出審議（勞動部，勞動法訴字第 1110001933 號）。

三、眷屬補助條件

（一）配偶

1. 年滿五十五歲，且婚姻關係存續一年以上者。
2. 未滿五十五歲，無謀生能力者。
3. 未滿五十五歲，扶養子女者（有條件限制）。
4. 年滿四十五歲且婚姻關係存續一年以上，且每月工作收入未超過投保薪資分級表第一級者。

（二）子女

1. 未滿二十歲者。
2. 年滿二十歲而無謀生能力者。
3. 二十五歲以下在學，且每月工作收入未超過投保薪資分級表第一級。（第 54-2 條）

四、保險效力

（一）失能程度屬終身無工作能力，如同時具備請領失能給付及老年給付之條件，得擇一請領。

（二）被保險人經評估為終身無工作能力，領取失能給付者，應由保險人逕予退保。（第 57 條）

（三）請領失能給付者須於醫院診斷為永久失能或永不能復原之日起五年內
　　　提出申請。如治療中，症狀未固定，不得請領。[1]

（四）同時受僱於二個以上投保單位者，其普通事故保險給付之月投保薪資
　　　得合併計算，不得超過勞工保險投保薪資分級表最高一級。但連續加
　　　保未滿三十日者，不予合併計算。（第 19 條）

（五）年金施行前有保險年資者，得選擇一次請領失能給付，但經保險人核
　　　付後，不得變更。（第 53 條）

勞工常見 Q&A

Q：阿強因病致尿毒，必須洗腎，其失能給付請求權是幾年？

A：勞工保險條例第 30 條保險給付的請求權時效由二年修正為五年，是自
　　101 年 12 月 21 日起生效施行。又被保險人罹患尿毒症，經專科醫師診斷
　　確定須長期接受透析治療（洗腎）時，可以申請勞保失能給付，請求權時
　　效是從初次洗腎當天起算。阿強雖然是在 100 年 1 月開始洗腎，但是距
　　101 年 12 月 21 日（修法施行日）尚未超過二年，所以得適用修正後的規
　　定，他可以在初次洗腎之日起五年內向勞保局申請失能給付。[2]但假設阿
　　強在 98 年 10 月 5 日就已開始洗腎尚未提出申請，距 101 年 12 月 21 日
　　（修法施行日）已超過二年，其請求權時效因二年間不行使已消滅，不能
　　再以修正後的規定申請給付。

五、保險效力之終止

　　被保險人領取失能給付，不能繼續從事工作者，其保險效力即行終止。
（第 57 條）「不能繼續從事工作」應以失能給付標準規定之項目及行政院勞
工委員會增列勞工保險失能給付項目中列有「終身不能從事工作者」之項目
為準，據以認定其是否喪失工作能力。為免被保險人巧取保險給付，勞保局

---

[1] 101 年 12 月 21 日條文修正生效時，保險給付請求權時效尚未逾 2 年者，為保障請領人請領保險給付之權益，
　　依修正後之規定，其請求權時效自得請領之日起因 5 年間不行使而消滅。

[2] 資料來源：勞工保險局。

應確實查證是否有從事工作之事實（參照行政院勞工委員會 92.01.16 勞保二字第 0920002932 號函）。

　　被保險人於退保後一年內診斷，非永久無工作能力並領失能給付者，其後領取老年給付時，仍應准給付，不可收回。但領老年給付後始請領失能給付者，不能發給失能給付。

六、退保後發生職業災害

　　被保險人離職退保後，經診斷確定於保險有效期間罹患職業病者，得請領職業災害保險失能給付。（第 20-1 條）

勞工常見 Q&A

Q：阿美已領失能保險給付 30 萬元，之後發現是職災，是否能變更請求？因當事人誤以為是普通事故之傷病保險事故，而請求並經給付普通傷病給付，其職業傷病給付請求權會不會消滅？

A：本案請求權不受影響，如經鑑定為職業災害自可請求補差額。

陸、老年給付

一、請領資格（舊制）

　　被保險人合於下列規定之一者，得請領老年給付：

（一）參加保險之年資合計滿一年，年滿六十歲或女性被保險人年滿五十五歲退職者。

（二）參加保險之年資合計滿十五年，年滿五十五歲退職者。

（三）參加保險之年資合計滿二十五年，年滿五十歲退職者。

（四）在同一投保單位參加保險之年資合計滿二十五年退職者。

（五）擔任經中央主管機關核定具有危險、堅強體力等特殊性質之工作合計滿五年，年滿五十五歲退職者。（第 58 條）

依勞工安全衛生法第 9 條（現修正為第 11 條）訂定之「重體力勞動作業勞工保護措施標準」第 2 條規定，所列重體力勞動作業暨金屬礦業與煤礦業之坑內工作，可認定為具有危險、堅強體力等特殊性質工作。至其他危害勞工身心健康性質之工作是否屬危險性工作，宜就個案事實認定之（行政院勞委會 77.09.29 臺(77)勞保二字第 19061 號函）。

（六）被保險人退保後再參加勞保者，不論年資中斷多久，均能合併採計保險年資。（第 12 條）

二、給付標準

（一）有舊制年資請領老年給付者，其保險年資合計每滿一年，按其平均月投保薪資，發給一個月老年給付；其保險年資合計超過十五年者，其超過部分，每滿一年發給二個月老年給付。但最高以四十五個月為限。（第 59 條）其中平均月投保薪資之基數，係指被保險人退休之當月前三年之平均月投保薪資計算。亦即，按退休前最近三年之月投保薪資合計除以三十六計算之。參加保險未滿三年者，按其實際投保年資之平均月投保薪資計算之。

（二）被保險人年逾六十歲繼續工作者，其逾六十歲以後之保險年資最多以五年計（指計算老年給付之年資，內政部 55.02.22 臺內字第 194237 號函），於退職時依第 59 條規定核給老年給付。但合併六十歲以前之老年給付，最高以五十個月為限。（第 19 條、第 59 條）

　　勞保給付屬免稅所得係以「勞保年資」及「平均月投保薪資」計算而得。被保險人依勞工保險條例第 12 條退保後再參加保險時，原有保險年資應予併計。

三、限制與時效

（一）被保險人已領取老年給付者，不得再行參加勞工保險。應由其所屬投保單位同時辦理退保手續。但已領老年給付後再受僱於一定雇主者，得辦理參加職業災害保險。（第 58 條）換言之，不能再行參加普通事故之勞工保險及就業保險【110 高考】。

（二）被保險人在民營企業間調動，於加保年資滿二十五年退職時，若最後服務單位一次發給其滿二十五年之退休金或資遣費者，得視為在同一投保單位加保請領老年給付。

（三）目前老年給付已無請求權時效的限制，只要達到法定請領年齡就可申請。

四、實施老年年金之適用對象（新制）

年金實施後初次加保之被保險人，為強制適用年金適用對象。

（一）老年年金

1. 請領資格：

年滿六十歲，保險年資合計滿十五年者。

2. 給付方式：

老年年金給付，依下列方式擇優發給：

(1) 保險年資合計滿一年，按其平均月投保薪資之百分之零點七七五計算，並加計新臺幣 3,000 元。

(2) 保險年資合計每滿一年，按其平均月投保薪資之百分之一點五五計算。（第 58-1 條）

3. 延後及提前請領：

(1) 延展年金（延後請領五年期間）每延後一年增加百分之四，最高增給百分之二十。

(2) 減額年金（提前請領五年期間）每提前一年減給百分之四，最多減給百分之二十。（第 58 條之 2）

勞工常見 Q&A

Q1： 阿美加入餐飲職業工會，民國 40 年出生，60 歲退休時，保險年資 35 年又 5 個多月，平均月投保薪資 32,000 元，她每月可領多少老年年金？

A1： 每月年金金額：32,000×(35+6÷12)×1.55％＝17,608 元。

Q2： 阿英 60 歲雖可請領老年年金，但因有遞延年金之誘因，經考量健康情況後，繼續工作，延後 2 年又 10 個月退休，保險年資共 38 年又 3 個多月，平均月投保薪資 32,000 元。她每月可領多少老年年金？

A2： 每月年金金額：
32,000×(38+4÷12)×1.55%=19,012 元；19,012×[1 + 4%×(2+10÷12)]=21,164 元。

（二）老年一次金

1. 請領資格：年滿六十歲，保險年資合計未滿十五年者。

2. 給付標準：保險年資合計每滿一年，按其平均月投保薪資發給一個月。（第 58、59 條）

五、逐步調高請領年齡

老年給付之請領年齡，於勞工保險條例 97 年 7 月 17 日修正之條文施行之日起（98 年 1 月 1 日），第十年提高一歲，其後每兩年提高一歲，以提高至六十五歲為限。

六、不得參加保險之情況

被保險人已領取老年給付者，不得再行參加勞工保險。（第 58 條）

 補充

甲某於 110 年 3 月 23 日申請老年年金給付，但是之前甲某於○○職業工會加保期間，積欠保險費及滯納金未繳，勞保局核定所請暫行拒絕給付；另甲某因案自 97 年 6 月 16 日起入監服刑，已無實際從事工作，勞保局函以，自 97 年 6 月 16 日起至 97 年 9 月 30 日止取消其投保資格在案。

之後，甲某繳清欠費，並在提出申請，案經勞保局審查並核定，擇優採訴願人之勞保保險年資 23 年又 7 個月，乘以加保期間最高 60 個月之平均月投保薪資新臺幣 2 萬 1,945 元，乘以 1.55%計算，每月老年年金給付金額為 8,021 元，並增給展延期間 5 年計 20%之展延老年年金給付，每月核給老年年金給付計 9,625 元，惟甲某之前申辦勞工紓困貸款，欠本金 10 萬元及利息 6

萬 5,046 元，依「勞工保險未繳還之保險給付及貸款本息扣減辦法」（以下稱貸款本息扣減辦法）規定，於甲某每月得領取老年年金給付 9,625 元逐予扣減三分之一（即 3,208 元）至紓困貸款本息全數清償為止，每月實發 6,417 元，並自 110 年 3 月起按月於次月底發給。甲某不服，申請審議，並復提起訴願，因為張某表示對於勞保局核定之老年年金，應扣減紓困貸款本息部分並無異議，僅主張勞保局應補發給 109 年 10 月至 110 年 2 月期間之年金，對否？

解析

結論： 老年年金的請領時機由勞工決定。勞保局自提出申請日期計算展延年金，換言之，係以申請人提出之時點計算。本件張某的主張不合法。

柒、死亡給付

一、遺屬年金

（一）請領條件與給付標準

1. 被保險人在加保期間死亡：
   (1) 平均月投保薪資×保險年資×1.55%≧3,000（元）。
   (2) 同一順序遺屬，每多一人加發 25%，最高加發 50%。

2. 領取失能年金或老年年金給付期間死亡：按原領年金金額×50%≧3,000（元）。

3. 年滿十五年，符合一次請領老年給付條件，在未領取老年給付前死亡。按老年年金給付標準×50%≧3,000 元。

（二）遺屬條件

1. 配偶：
   (1) 年滿五十五歲，且婚姻關係存續一年以上。
   (2) 未滿五十五歲，無謀生能力。
   (3) 未滿五十五歲，扶養子女（有限制）。
   (4) 年滿四十五歲且婚姻關係存續一年以上，且每月工作收入未超過投保薪資分級表第一級。

2. 子女：

(1) 未滿二十歲。

(2) 年滿二十歲而無謀生能力。

(3) 二十五歲以下在學，且每月工作收入未超過投保薪資分級表第一級。

勞工常見 Q&A

Q： 阿強在保險公司擔任法務工作，在保險有效期間死亡，保險年資 25 年又 3 個多月，平均月投保薪資 32,000 元，遺有配偶及 2 名子女。假設其遺屬符合請領資格，其遺屬年金可得多少？

A： 每月年金金額：

32,000×(25+4÷12)×1.55%×(1＋25%×2)＝18,846 元

二、喪葬津貼

按被保險人平均月投保薪資一次發給五個月。但其遺屬不符合請領遺屬年金或遺屬津貼條件，或無遺屬者，按其平均月投保薪資一次發給十個月。（第 63-1 條、第 63-2 條）

三、遺屬津貼

勞保年資	額度
未滿一年	十個月
未滿二年	二十個月
滿二年	三十個月

四、請領期限

領取家屬死亡給付之請求權，自得請領之日起，因 5 年間不行使而消滅。

勞工常見 Q&A

Q1：阿強在 A 公司上班，有 20 年勞保年資，沒結婚、沒父母、沒子女，因癌症纏身，窮困潦倒，連勞保自付額都繳不起，多年來由妹妹阿美代繳並照顧，經過 6 年阿強往生，阿美可領多少遺屬死亡給付？

A1：因阿美不受阿強扶養，故無請領資格。本書認為，現今少子或不婚者多，宜鼓勵兄友弟恭，因此，可參考刪除「受扶養」的限制。

Q2：阿榮無子女，在工廠擔任操作員，因有癌症致加保期間死亡，保險年資 25 年又 3 個多月，平均月投保薪資 32,000 元。阿榮配偶（60 歲）之遺屬年金可領多少？如果是職業災害死亡，遺屬可加領多少元？

A2：1. 每月年金金額：32,000×(25+4÷12)×1.55%＝12,564 元

　　2. 如其為職災事故，再加發：32,000×10 個月＝32 萬元。

　　3. 喪葬津貼 5 個月。

補充

勞保給付年金化，雇主責任沉重

　　我國勞基法第 59 條規定雇主補償責任及與勞保給付抵充關係。然 98 年勞保給付年金化，如何抵充？依據勞基法施行細則第 34-1 條規定，係以勞基之平均工資扣減勞保之平均投保薪資所得差額，由雇主補足方式解決。

　　惟勞保給付年金化後，受災勞工可領的年金高於一次金，雇主卻沒減輕責任，仍有探討空間，蓋鄰近國家日本，只要依保險法給付，雇主免責。

第四節　勞工保險基金與罰則

罰　則

一、詐領保險給付

　　以詐欺或其他不正當行為領取保險給付或為虛偽之證明、報告、陳述及申報診療費用者，除按其領取之保險給付或診療費用處以二倍罰鍰外，並應

依民法請求損害賠償；其涉及刑責者，移送司法機關辦理。特約醫療院、所因此領取之診療費用，得在其已報應領費用內扣除。（第 70 條）

二、勞工之責任

勞工違背本條例規定，不參加勞工保險及辦理勞工保險手續者，處 100 元以上、500 元以下罰鍰。（第 71 條）

三、投保單位之責任

（一）投保單位不依本條例之規定辦理投保手續者，按自僱用之日起，至參加保險之日前一日或勞工離職止應負擔之保險費金額，處以四倍罰鍰。勞工因此所受之損失，並應由投保單位依本條例規定給付標準賠償之。但司法院 74.10.14 第七期司法業務研究會認為，如牧場沒有營業登記，致無法幫員工加保，則無損賠責任。

（二）投保單位未依本條例之規定負擔被保險人之保險費，而由被保險人負擔者，按應負擔之保險費金額，處二倍罰鍰。投保單位並應退還該保險費與被保險人。

（三）投保單位將投保薪資金額以多報少或以少報多者，自事實發生之日起，按其短報或多報之保險費金額，處以四倍罰鍰，並追繳其溢領給付金額。勞工因此所受損失，應由投保單位賠償之。

（四）投保單位於保險人依勞保條例第 10 條第 3 項規定為查對時，拒不出示，或違反同條第 4 項規定者，處以 6,000 元以上 18,000 元以下罰鍰。（第 72 條）

四、強制執行

本條例所規定之罰鍰，經催告送達後，無故逾三十日，仍不繳納者，移送法院強制執行。（第 73 條）

勞工常見 Q&A

Q：阿美於民國 94 年 7 月 1 日開始在 A 公司上班（員工 6 人），於民國 106 年癌末，申請住院傷病給付，豈料 A 公司沒加勞保，阿美很痛苦，一直嘆息「屋漏偏逢連夜雨」，阿美該如何救濟？

A：1. 勞保現況缺失：

我國勞工保險之加保是採申報主義（申報作業→填加保單→受理→繳保費→等保險事故發生→請領相關給付），如勞雇雙方約定並經勞工同意：「真僱用無勞保」，當保險事故發生時，才爭執加保事宜，對勞工而言，保障不足。現行法又規定，勞工因此所受損失，應由投保單位賠償之。基此，勞工只能透過冗長之民事訴訟方能解決其社會保險權益。故，阿美必須拖病纏訟，雇主責任轉嫁阿美，何其不幸？人生悲劇。

2. 積極修法：

本書認為申報主義恐讓雇主有不加保之屏障，縱有罰責，但企業僥倖心態或政府不告不理原則，無濟於事。基於社會保險分擔風險精神，勞保應改為自動加保機制[3]，並與國稅局之所得資料勾稽。2022 年 5 月 1 日實行《勞工職業災害保險與保護法》改採到職日生效。

第五節 勞工職業災害保險及保護法重點

　　《勞工職業災害保險及保護法》係單獨立法，整合勞工保險條例的職業災害保險，及職業災害勞工保護法的規定，除擴大納保，包括僱用 4 人以下的勞工均須納保，受僱勞工到職即有保障，避免企業無加保及高薪低報風險，勞工一旦發生職災，政府有給付保證；提升各項給付，其中失能年金及遺屬年金均不以年資設限，勞工災後生活有保護；雇主也藉由少許保費，讓勞工獲得大保障，雇主更有效分攤補償責任；並整合職災預防與重建業務，建構三位一體的完善職災保障制度。該法於 2021 年 4 月 30 日制定公布，實施日期為 2022 年 5 月 1 日起生效。[4]

---

[3] 國保已採自動加保機制。

[4] 參見勞動部網站。

　　再者，該法強化職業傷病通報與鑑定機制，由認可之醫療機構辦理職業病通報，以提升職業病發現率；並調整職業病鑑定為中央單軌一級制。該法投保薪資上限從現行 4 萬 5,800 元提高到 7 萬 2,800 元，並取消部分工時的投保薪資級距，保費由雇主全額負擔，其調高職災保險投保薪資上限目的在於職災保險給付可以完全抵充雇主在《勞動基準法》上的職災補償責任，不僅對勞工有利，對於雇主也有利。新法施行後傷病給付，調整為前 2 個月 100% 給付，第 3 個月皆發給投保薪資 70%，以 2 年為限。失能年金依程度按投保薪資 70-50-20% 發給。有關該法與勞動基準法抵充關係如下表：

勞基／勞保	醫療補償	工資補償／傷病給付		終結工資補償	殘廢／失能	死亡	抵充／結合
勞基（第59條）請求權2年	醫藥費用（覈實）	第一年100%（抵70%）	第二年100%（抵70%）	40個月2年未能痊癒並達到理賠要件	1.5~60個月	45個月	（勞基金額）減（勞保給付）＝雇主補償餘額
勞保請求權5年	勞保健保門診住院	第一年前兩個月100%，第三個月起70%	第二年70%		1.5~60個月 A.完全失能年金70% B.嚴重失能年金50% C.部分失能年金20% D.失能一次金	45個月喪葬津貼5個月，遺屬津貼或遺屬一次金40個月，遺屬年金50%	
職災保險自員工報到日起生效							

問題與討論

一、 勞工保險強制加保對象包括哪些人？

二、 甲勞工為生活奔波，加上金融風暴，薪資不多，只好找兩個事業單位工作，分別為 A、B 兩公司，A 公司為白天班，B 公司為晚班，為節省花費，只在 A 公司投勞保，某日甲在 B 公司上班發生職業災害受重傷，B 公司是否應負責職業災害補償責任，民國 98 年 5 月以後有何不同之規範與做法？

三、 我國勞工保險職業災害保險採「實績費率」，何謂「實績費率」？勞工保險條例對職業災害保險費率之規定為何？99 年 1 月 1 日以後有何新規定？

四、 何謂自營作業者？自營作業者加勞工保險之現況為何？

五、 職場對產婦之歧視與尊重為何？並討論生育給付之新增規定。

六、 勞動部及勞保局在失能認定中所扮演的角色為何？

七、 老年給付請領資格與給付內涵為何？

CHAPTER 12

勞工退休金條例

第一節　勞工退休金立法現況

　　退休金係勞工老年經濟生活保障重要之一環，所以勞工工作至老年，其退休金應該能領得到，以符「老有所終、壯有所用」目標。我國勞動法令有關勞工退休事宜，先於「臺灣省工廠工人退休規則」規範，自勞動基準法實施後，於第 6 章明定勞工退休具體事項。但該法自民國 73 年施行迄至民國 94 年，已屆滿 20 年，因勞工退休準備金提撥率執行成效不彰，中小企業平均經營年限多數不足 13 年，領不到退休金者多。為貫徹「保障勞工權益、加強勞雇關係」之基本精神，勞工退休制度必須再改革。因此以民國 90 年 8 月舉行之經濟發展諮詢委員會議決議，規劃以可攜式退休金制度為主之新勞退制度，重新建構勞工老年退休制度。[1]於民國 94 年 7 月 1 日起勞退新制實施後，轉換工作或是剛進入職場的勞工，一律適用勞退新制，不得選擇適用舊制退休。

　　現行勞工退休金有兩大體制，一為適用勞動基準法（以下稱勞基法）之勞工退休時，雇主應給予之退休金，依勞基法規定辦理者為舊制，另一為民國 94 年 7 月 1 日施行的「勞工退休金條例」辦理者為新制。新制中設置專戶，雇主應對適用勞基法之本國籍勞工，按月提繳不低於其每月工資 6%退休金，儲存於勞保局設立之勞工退休金個人專戶，屬儲蓄性的退休制度。另外，雇主亦得為不適用勞基法之本國籍工作者或委任經理人提繳退休金，惟提繳率限定為 6%。新制最大特色是退休金及工作年資累積帶著走，不因勞工轉換工作或事業單位關廠、歇業而受影響，且專戶所有權屬於勞工。此新規範與舊制不同，保證勞工於退休時能領到退休金。另一特色是個人自願提繳部分，如勞工於退休時想多領退休金，可選擇自提，但最高為 6%，個人自願提繳享有稅賦優惠（選擇舊制之勞工，不能節稅）。又事業單位將雇主應支付之 6%退休金由原議定工資內扣除屬違法行為。另考量退休金保證用於老年生活，故請領年齡以 60 歲為必要條件。如未滿 60 歲前遭雇主資遣，其資遣費

---

[1]　我國為增進勞工退休生活保障，加強勞雇關係，促進社會及經濟發展草擬勞工退休金條例，於民國 93 年 6 月 30 日制定公布全文 58 條並自公布後一年施行，民國 96 年 7 月 4 日總統華總一義字第 09600083771 號令修正公布第 53 條條文；修正之第 1 項及第 2 項規定，溯自 94 年 7 月 1 日生效。

計算為每滿 1 年發給 0.5 個月之平均工資，未滿 1 年者以比例計給，最高以發給 6 個月平均工資為限。萬一在職死亡，遺屬或指定請領人可請領死亡勞工之退休金。勞退新制確實貫徹勞工老年生活之經濟安定及照顧。

第二節　勞工退休金條例內容

壹、通則

一、依據勞工退休金條例、勞工退休金施行細則。

二、立法目的與適用順序

為增進勞工退休生活保障，加強勞雇關係，促進社會及經濟發展。勞工退休金事項，優先適用勞工退休金。該條例未規定者，適用其他法律之規定。（第 1 條）

三、主要內容

（一）主管機關

在中央為勞動部；在直轄市為直轄市政府；在縣（市）為縣（市）政府。（第 2 條）勞工退休金之收支、保管、滯納金之加徵及罰鍰處分等業務，由中央主管機關委任勞動部勞工保險局（以下簡稱勞保局）辦理之（第 5 條）。

（二）法定名詞

所稱勞工、雇主、事業單位、勞動契約、工資及平均工資之定義，依勞動基準法第 2 條規定。（第 3 條）

（三）提繳專戶

雇主應為適用本條例之勞工，按月提繳退休金，儲存於勞保局設立之勞工退休金個人專戶。（第 6 條）雇主不得以其他自訂之勞工退休金辦法，取代勞工退休金制度。

貳、制度之適用與銜接

一、適用對象（第 7 條）

適用勞動基準法之下列人員，但依私立學校法之規定提撥退休準備金者，不適用之：

（一）本國籍勞工。

（二）與在中華民國境內設有戶籍之國民結婚，且獲准居留而在臺灣地區工作之外國人、大陸地區人民、香港或澳門居民。

（三）前款之外國人、大陸地區人民、香港或澳門居民，與其配偶離婚或其配偶死亡，而依法規規定得在臺灣地區繼續居留工作者。

（四）前二款以外的外國人，經依入出國及移民法相關規定許可永久居留，且在臺灣地區工作者。

（五）本國籍人員、前項第 2 款至第 4 款人員有下列身分之一者，得自願提繳及請領退休金：

1. 實際從事勞動之雇主。
2. 自營作業者。
3. 受委任工作者。
4. 不適用勞動基準法之勞工。

（六）年滿 65 歲退休已領取老年給付，如再從事工作，雇主仍應提繳勞工退休金【110 高考】。

勞工常見 Q&A

Q： 依據勞工退休金條例第 7 條規定，哪一種人員不是該條例之適用對象？
（110 就服乙級）

A： 依私立學校法之規定提撥退休準備金者。

二、選擇適用（第 8 條）

　　本條例施行前已適用勞動基準法之勞工，於本條例施行後仍服務於同一事業單位者，得選擇繼續適用勞動基準法之退休金規定。但於離職後再受僱時，應適用本條例之退休金制度。公營事業於本條例施行後移轉民營，公務員兼具勞工身分者繼續留用，得選擇適用勞動基準法之退休金規定或本條例之退休金制度。

三、徵詢意願（第 9 條）

　　雇主應自本條例公布後至施行前一日之期間內，就本條例之勞工退休金制度及勞動基準法之退休金規定，以書面徵詢勞工之選擇；勞工屆期未選擇者，自本條例施行之日起繼續適用勞動基準法之退休金規定。

　　勞工選擇繼續自本條例施行之日起適用勞動基準法之退休金規定者，於五年內仍得選擇適用本條例之退休金制度。

四、禁止變更原則

　　勞工適用本條例之退休金制度後，不得再變更選擇適用勞動基準法之退休金規定。（第 10 條）

五、年資保留（第 11 條）

（一）本條例施行前已適用勞動基準法之勞工，於本條例施行後，仍服務於同一事業單位而選擇適用本條例之退休金制度者，其適用本條例前之工作年資，應予保留。但保留之工作年資，於勞動契約依勞動基準法第 11 條、第 13 條但書、第 14 條、第 20 條、第 53 條、第 54 條或職業災害勞工保護法第 23 條、第 24 條規定終止時，雇主應依各法規定，以契約終止時之平均工資，計給該保留年資之資遣費或退休金，並於終止勞動契約後三十日內發給。

（二）保留之工作年資，於勞動契約存續期間，勞雇雙方約定以不低於勞動基準法給予標準結清者，從其約定。

（三）公營事業之公務員兼具勞工身分者，於民營化之日，其移轉民營前年資，依民營化前原適用之退休相關法令領取退休金。但留用人員應停止其領受月退休金及相關權利，至離職時恢復。

參、資遣費（第 12 條）

一、　勞工適用本條例之退休金制度者，適用本條例後之工作年資，於勞動契約依勞動基準法第 11 條、第 13 條但書、第 14 條及第 20 條或職業災害勞工保護法第 23 條、第 24 條規定終止時，其資遣費由雇主按其工作年資，每滿一年發給二分之一個月之平均工資，未滿一年者，以比例計給；最高以發給六個月平均工資為限，不適用勞動基準法第 17 條之規定。

二、　資遣費應於終止勞動契約後三十日內發給。

三、　選擇繼續適用勞動基準法退休金規定之勞工，其資遣費與退休金依同法第 17 條、第 55 條及第 84-2 條規定發給。

肆、退休準備金之因應（第 13 條）

一、　為保障勞工之退休金，雇主應依選擇適用勞動基準法退休制度與保留適用本條例前工作年資之勞工人數、工資、工作年資、流動率等因素精算其勞工退休準備金之提撥率，繼續依勞動基準法第 56 條第 1 項規定，按月於五年內足額提撥勞工退休準備金，以作為支付退休金之用。

二、　勞雇雙方依第 11 條第 3 項規定，約定結清之退休金，得自勞動基準法第 56 條第 1 項規定之勞工退休準備金專戶支應。

伍、退休金專戶之提繳與請領（第 14 條）

一、月提繳率

　　雇主應為勞工負擔提繳之退休金，不得低於勞工每月工資百分之六。勞工得在其每月工資百分之六範圍內，自願提繳退休金，其自願提繳部分，得自當年度個人綜合所得總額中全數扣除。

二、調整提繳率

於同一雇主或自願提繳者,一年內調整勞工退休金之提繳率,以二次為限。調整時,雇主應於調整當月底前,填具提繳率調整表通知勞保局,並自通知之次月一日起生效。

三、調整時間

勞工之工資如在當年二月至七月調整時,其雇主應於當年八月底前,將調整後之月提繳工資通知勞保局;如在當年八月至次年一月調整時,應於次年二月底前通知勞保局,其調整均自通知之次月一日起生效。

四、逕行調整

雇主為勞工申報月提繳工資不實或未依前項規定調整月提繳工資者,勞保局查證後得逕行更正或調整之,並通知雇主,且溯自提繳日或應調整之次月一日起生效。

陸、提繳起訖時間

一、 勞工退休金自勞工到職之日起提繳至離職當日止。但選擇自本條例施行之日起適用本條例之退休金制度者,其提繳自選擇適用本條例之退休金制度之日起至離職當日止。(第 16 條)

二、 自願提繳退休金者,由雇主或自營作業者向勞保局辦理開始或停止提繳手續,並按月扣、收繳提繳數額。(第 17 條)

三、 自願提繳退休金者,自申報自願提繳之日起至申報停止提繳之當日止提繳退休金。

四、 雇主應為勞工提繳之金額,不得因勞工離職,扣留勞工工資作為賠償或要求勞工繳回。約定離職時應賠償或繳回者,其約定無效。(第 30 條)

柒、通知義務

雇主應於勞工到職、離職、復職或死亡之日起七日內,列表通知勞保局,辦理開始或停止提繳手續。(第 18 條)

捌、勞保局與雇主作業期限

雇主應提繳及收取之退休金數額，由勞保局繕具繳款單於次月二十五日前寄送事業單位，雇主應於再次月底前繳納。勞工自願提繳退休金者，由雇主向其收取後，連同雇主負擔部分，向勞保局繳納。其退休金之提繳，自申報自願提繳之日起至離職或申報停繳之日止。雇主未依限存入或存入金額不足時，勞保局應限期通知其繳納。自營作業者之退休金提繳，應以勞保局指定金融機構辦理自動轉帳方式繳納之，勞保局不另寄發繳款單。（第 19 條）

玖、特殊情事

勞工留職停薪、入伍服役、因案停職或被羈押未經法院判決確定前，雇主應於發生事由之日起七日內以書面向勞保局申報停止提繳其退休金。勞工復職時，雇主應以書面向勞保局申報開始提繳退休金。因案停職或被羈押勞工復職後，應由雇主補發停職期間之工資者，雇主應於復職當月之再次月底前補提繳退休金。（第 20 條）

拾、雇主通知義務

一、 雇主提繳之金額，應每月以書面通知勞工。

二、 雇主應置備僱用勞工名冊，其內容包括勞工到職、離職、出勤工作紀錄、工資、每月提繳紀錄及相關資料，並保存至勞工離職之日起五年止。

三、 勞工依本條例規定選擇適用退休金制度相關文件之保存期限，依前項規定辦理。（第 21 條）

拾壹、退休金計算方式

退休金之領取及計算方式如下：（第 23 條）

一、 月退休金：勞工個人之退休金專戶本金及累積收益，依據年金生命表，以平均餘命及利率等基礎計算所得之金額，作為定期發給之退休金。年

金生命表、平均餘命、利率及金額之計算，由勞保局擬訂，報請中央主管機關核定。

二、 一次退休金：一次領取勞工個人退休金專戶之本金及累積收益。

拾貳、退休金運用收益

依本條例提繳之勞工退休金運用收益，不得低於當地銀行二年定期存款利率；如有不足由國庫補足之。

拾參、請領退休金資格

勞工年滿六十歲，得依下列規定之方式請領退休金：

一、 工作年資滿十五年以上者，選擇請領月退休金或一次退休金。

二、 工作年資未滿十五年者，請領一次退休金。（第 24 條）

拾肆、核定效力

選擇請領退休金方式，經勞保局核付後，不得變更。工作年資採計，以實際提繳退休金之年資為準。年資中斷者，其前後提繳年資合併計算。

拾伍、年資重計

勞工領取退休金後繼續工作者，其提繳年資重新計算，雇主仍應依本條例規定提繳勞工退休金；勞工領取年資重新計算之退休金及其收益次數，一年以一次為限。（第 24-1 條）

拾陸、請領一次金資格

一、 勞工未滿六十歲，有下列情形之一，其工作年資滿十五年以上者，得請領月退休金或一次退休金。但工作年資未滿十五年者，應請領一次退休金：

（一）領取勞工保險條例所定之失能年金給付或失能等級三等以上之一次失能給付。

（二） 領取國民年金法所定之身心障礙年金給付或身心障礙基本保證年金給
付。

（三） 符合得請領失能年金給付或一次失能給付之失能種類、狀態及等級，
或前款身心障礙年金給付或身心障礙基本保證年金給付之障礙種類、
項目及狀態。

二、 由勞工決定請領之年限。（第 24-2 條）

拾柒、平均餘命後的年金

勞工開始請領月退休金時，應一次提繳一定金額，投保年金保險，作為
超過平均餘命後之年金給付之用。（第 25 條）

拾捌、遺屬領回

一、 勞工於請領退休金前死亡者，應由其遺屬或指定請領人請領一次退休
金。已領取月退休金勞工於未屆平均餘命前死亡者，停止給付月退休
金。其個人退休金專戶結算剩餘金額，由其遺屬或指定請領人領回。
（第 26 條）

二、 請領退休金遺屬之順位如下：

（一）配偶及子女。

（二）父母。

（三）祖父母。

（四）孫子女。

（五）兄弟、姊妹。（第 27 條）

三、 遺屬同一順位有數人時，應共同具領，如有未具名之遺屬者，由具領之
遺屬負責分配之；如有死亡或拋棄或因法定事由喪失繼承權時，由其餘
遺屬請領之。但生前預立遺囑指定請領人者，從其遺囑。

四、 勞工死亡後無遺屬或指定請領人者，其退休金專戶之本金及累積收益，
　　 應歸入勞工退休基金。[2]

五、 按季發給退休金

　　 應予發給之月退休金，自收到申請書次月起按季發給；其為請領一次退
休金者，應自收到申請書之日起三十日內發給。退休金請求權，自得請領之
日起，因五年間不行使而消滅。（第 28 條）

六、退休金權禁止扣押

　　 勞工之退休金及請領勞工退休金之權利，不得讓與、扣押、抵銷或供擔
保。勞工依本條例規定請領月退休金者，得檢具勞保局出具之證明文件，於
金融機構開立專戶，專供存入月退休金之用。專戶內之存款，不得作為抵
銷、扣押、供擔保或強制執行之標的。（第 29 條）

拾玖、損害賠償與請求時效

　　 雇主未依本條例之規定按月提繳或足額提繳勞工退休金，致勞工受有損
害者，勞工得向雇主請求損害賠償。前項請求權，自勞工離職時起，因五年
間不行使而消滅。（第 31 條）

貳拾、勞工退休基金

一、來源

（一）勞工個人專戶之退休金。

（二）基金運用之收益。

（三）收繳之滯納金。

（四）其他收入。（第 32 條）

---

[2] 功德條款。

二、禁止挪用（第 33 條）。

三、財務收支分戶立帳（第 34 條）。

貳拾壹、年金保險

一、 事業單位僱用勞工人數二百人以上，經工會同意，或無工會者，經勞資會議同意後，得為以書面選擇投保年金保險之勞工，投保符合保險法規定之年金保險。（第 35 條）

二、 選擇投保年金保險之勞工，雇主得不為其提繳勞工退休金。

三、 實施年金保險之事業單位內適用本條例之勞工，得以一年一次為限，變更原適用之退休金制度，改為參加個人退休金專戶或年金保險，原已提存之退休金或年金保險費，繼續留存。（第 35-2 條）

四、 雇主每月負擔之年金保險費，不得低於勞工每月工資百分之六。（第 36 條）

六、 勞工離職後再就業，所屬年金保險契約應由新雇主擔任要保人，繼續提繳保險費。新舊雇主開辦或參加之年金保險提繳率不同時，其差額由勞工自行負擔。但新雇主自願負擔者，不在此限。（第 38 條）勞工離職再就業時，得選擇由雇主依規定提繳退休金。

七、 勞工之新雇主未辦理年金保險者，應依法提繳退休金。除勞雇雙方另有約定外，所屬年金保險契約之保險費由勞工全額自行負擔；勞工無法提繳時，年金保險契約之存續，依保險法及各該保險契約辦理。

八、 勞工離職再就業，前後適用不同退休金制度時，選擇移轉年金保險之保單價值準備金至個人退休金專戶，或個人退休金專戶之本金及收益至年金保險者，應全額移轉，且其已提繳退休金之存儲期間，不得低於四年。

貳拾貳、監督及經費

為確保勞工權益，主管機關、勞動檢查機構或勞保局必要時得查對事業單位勞工名冊及相關資料。勞工發現雇主違反本條例規定時，得向雇主、勞保局、勞動檢查機構或主管機關提出申訴，雇主不得因勞工提出申訴，對其做出任何不利之處分。（第 40 條）

貳拾參、罰則

一、 受委託運用勞工退休基金之機構違反規定，將勞工退休基金用於非指定之投資運用項目者，處新臺幣 200 萬元以上 1,000 萬元以下罰鍰，中央主管機關並應限期令其附加利息歸還。（第 45 條）

二、 保險人違反規定，未於期限內通知勞保局者，處新臺幣 6 萬元以上 30 萬元以下罰鍰，並限期令其改善；屆期未改善者，應按次處罰。（第 46 條）

三、 事業單位拒絕提供資料或對提出申訴勞工為不利處分者，處新臺幣 3 萬元以上 30 萬元以下罰鍰。（第 48 條）

四、 雇主未辦理申報提繳、停繳手續、置備名冊或保存文件，經限期改善，屆期未改善者，處新臺幣 2 萬元以上 10 萬元以下罰鍰，並按月處罰至改正為止。（第 49 條）

五、 雇主未繼續按月提撥勞工退休準備金者，處新臺幣 2 萬元以上 30 萬元以下罰鍰，並應按月處罰。（第 50 條）

六、 主管機關對於應執行而未執行時，應以公務員考績法令相關處罰規定辦理。

七、 雇主扣留勞工工資者，處新臺幣 1 萬元以上 5 萬元以下罰鍰。（第 51 條）

八、 雇主違反第 14 條第 1 項、第 19 條第 1 項或第 20 條第 2 項規定，未按時提繳或繳足退休金者，自期限屆滿之次日起至完繳前一日止，每逾一日加徵其應提繳金額百分之三之滯納金至應提繳金額之一倍為止。雇主

欠繳之退休金，經限期命令其繳納，逾期不繳納者依法移送強制執行。雇主如有不服，得依法提起行政救濟。（第 53 條）

貳拾肆、其他事項

一、 雇主未繳退休金或滯納金，且無財產可供執行或財產不足清償者，由代表人或負責人負清償責任（第 54-1 條）。

二、 勞保局對於退休金及滯納金請求權，優先於普通債權受清償（第 56-1 條）。

三、 勞工退休金不適用於公司重整、消費者債務清理條例及破產法免責規定（第 56-2 條）。

PART 05

就業安全

CHAPTER 13

就業保險法

第一節 就業保險立法現況

　　高度工業化國家都會有失業現象發生，失業造成社會人力閒置或生產力降低，各國會尋求保險予以分散風險。我國於 1968 年將失業給付納入勞工保險條例，但因無具體措施而無施行，後因臺灣地區企業關廠、歇業、外移造成大量失業潮，政府積極於 1998 年先訂頒《勞工保險失業給付實施辦法》以資因應。惟僅屬消極的給予失業勞工之基本生活保障，並沒有包括就業服務與職業訓練之積極作為，又因失業等相關給付涉及憲法財產權保障範圍，而於 2003 年提升其法律地位，制定《就業保險法》規範相關事宜[1]，以建構完整的就業安全體系。

　　我國就業安全制度主要的法律規定：就業服務法、職業訓練法、就業保障法、大量解僱勞工保護法【110 年普考】。就業安全制度是透過就業促進措施，使求職勞工能充分就業，並使在職勞工在職場中，可充分且有效的保障勞動權益。為確保勞工失業權益，就業保險法有許多改革。自 98 年 5 月 1 日後，超過 60 歲繼續受僱工作者，雇主必須為其辦理加保手續，繼續參加就業保險；國人之外籍配偶、大陸及港澳地區配偶依法在臺工作者得參加就業保險；給付育嬰留職停薪津貼；延長中高齡及身心障礙失業者失業給付期間至 9 個月；失業勞工依扶養眷屬人數加給給付或津貼，最高可為平均月投保薪資 80%；辦理僱用安定、創業協助等促進就業措施。[2]基此，現行就業保險法非消極的發給失業給付而已，更具有促進就業及加強職業訓練之積極意義，使失業給付、就業服務、職業訓練三者為一體，構成綿密的就業安全網。[3]

　　然而，目前仍有許多闕漏必須再修法因應，例如我國失業給付都是以「平均月投保薪資之 60%」做為給付標準，使得「法定所得替代率」能夠達到 60%的水準，但是「平均月投保薪資」低於「平均月實際薪資」，致使臺灣的失業給付的給付標準偏低（李健鴻，2010），甚至尚未到達最低生活標準。再者，失業認定再認定共需要 6 次，每次皆須就業諮詢、求職證明資料審查

---

[1] 中華民國九十一年五月十五日總統(91)華總一義字第 09100095600 號令制定公布全文 44 條中華民國九十一年八月二日行政院院臺勞字第 0910037330 號令發布定自九十二年一月一日施行。

[2] 為使受僱勞工兼顧工作與家庭，性別工作平等法已規定受僱勞工享有申請育嬰留職停薪的權利。另就業保險法通過「育嬰留職停薪津貼」規定，使勞工在育嬰期間得津貼補助，兼顧育嬰照顧和經濟維持。

[3] 邱祈豪，我國就業保險法的研究～以日本勞動力供需調節體系一環之僱用保險法為中心。

與個案管理等個體化改造措施，有重複浪費資源及持續性高度監督之事實（李健鴻，2010）。另外，有些勞工為能申請失業給付，任職期間表現特差，其目的要雇主主動終止契約以達非自願離職目的。更誇張的，失業給付申請者私下商請熟識廠商重複開立求職記錄，讓求職記錄失真，顯有道德瑕疵（郭振昌，2008，P61）。再從就業保險法宗旨觀之，其主要是保障有工作能力者面對非自願失業後，能快速二度就業前之生活補助。但這幾年來國內經濟滑落，企業出走，還有人主張外勞失業應等同國民平等對待，需修法讓失業外勞領失業給付等，未來失業給付準備金，政府應先洞悉因應之道。

 第二節 就業保險法內容

壹、總則

一、 就業保險法係為提升勞工就業技能，促進就業，保障勞工職業訓練及失業一定期間之基本生活而制定（第 1 條）。

二、 就業保險法之立法意旨乃為協助失業者因非自願失業盡速返回就業市場，並保障其職業訓練與失業期間之基本生活，因此必運用各種促進就業工具仍無法再就業，始發給給付。（臺北高等行政法院 106 訴 223）

三、 以有雇主的勞工為適用對象，保費是勞工月投保薪資的 1%。

貳、業務單位

本保險業務，由勞工保險監理委員會監理。

被保險人及投保單位對保險人核定之案件發生爭議時，應先向勞工保險監理委員會申請審議；對於爭議審議結果不服時，得依法提起訴願及行政訴訟。（第 3 條）

參、保險人、投保對象及投保單位

一、保險人

中央主管機關委任勞工保險局辦理，並為保險人。（第 4 條）

二、加保資格

年滿十五歲以上，六十五歲以下之下列受僱勞工，應以其雇主或所屬機構為投保單位，參加本保險為被保險人：（第 5 條）

（一）具中華民國國籍者。

（二）與在中華民國境內設有戶籍之國民結婚，且獲准居留依法在臺灣地區工作之外國人、大陸地區人民、香港居民或澳門居民。

（三）不得參加本保險：
　　　 1. 依法應參加公教人員保險或軍人保險。
　　　 2. 已領取勞工保險老年給付或公教人員保險養老給付。
　　　 3. 受僱於依法免辦登記且無核定課稅或依法免辦登記且無統一發票購票證之雇主或機構。

（四）受僱於二個以上雇主者，得擇一參加本保險。

三、保險效力

（一）應參加本保險為被保險人之勞工，自投保單位申報參加勞工保險生效之日起，取得本保險被保險人身分；自投保單位申報勞工保險退保效力停止之日起，其保險效力即行終止。（第 6 條）

（二）本法施行前，已參加勞工保險之勞工，自本法施行之日起，取得被保險人身分；其依勞工保險條例及勞工保險失業給付實施辦法之規定，繳納失業給付保險費之有效年資，應合併計算本保險之保險年資。

（三）應參加本保險為被保險人之勞工，其雇主或所屬團體或所屬機構未為其申報參加勞工保險者，各投保單位應於勞工到職之當日，為所屬勞工申報加保；於所屬勞工離職之當日，列表通知保險人。其保險效力之開始或停止，均自應為申報或通知之當日起算。但投保單位非於勞工到職之當日為其申報加保者，除依法處罰外，其保險效力之開始，均自申報或通知之翌日起算。

肆、保險財務

一、 保險費率，由中央主管機關按被保險人當月之月投保薪資百分之一至百分之二擬訂，報請行政院核定之。（第 8 條）

二、 保險人每三年應至少精算一次保險費率。（第 9 條）

伍、保險給付

一、保險之給付種類

失業給付、提早就業獎助津貼、職業訓練生活津貼、育嬰留職停薪津貼、失業之被保險人及隨同被保險人辦理加保之眷屬全民健康保險保險費補助。（第 10 條）

二、各種保險給付之請領條件如下

（一） 失業給付：被保險人於非自願離職辦理退保當日前三年內，保險年資合計滿一年以上，具有工作能力及繼續工作意願，向公立就業服務機構辦理求職登記，自求職登記之日起十四日內仍無法推介就業或安排職業訓練。領取失業給付者，應自再就業之日起三日內，通知公立就業服務機構。（第 32 條）

（二） 提早就業獎助津貼：符合失業給付請領條件，於失業給付請領期間屆滿前受僱工作，並參加本保險三個月以上。

（三） 職業訓練生活津貼：被保險人非自願離職，向公立就業服務機構辦理求職登記，經公立就業服務機構安排參加全日制職業訓練。

（四） 育嬰留職停薪津貼：被保險人之保險年資合計滿一年以上，子女滿三歲前，依性別工作平等法之規定，辦理育嬰留職停薪。（第 11 條）

勞工常見 Q&A

Q：阿美申請育嬰留職停薪津貼 15 萬 8,040 元，但經勞保局發現育嬰留職停薪期間阿美仍於原單位工作，勞保局應如何處理？

A：阿美以 104 年 11 月 1 日至 105 年 5 月 1 日受僱於○○企業股份有限公司，以撫育子女劉○○留職停薪為由，申請育嬰留職停薪津貼，前經勞工保險局審查，已發給 104 年 11 月 1 日至 105 年 4 月 30 日止，共 6 個月育嬰留職停薪津貼計新臺幣 15 萬 8,040 元（每月 2 萬 6,340 元）在案。嗣經勞保局重新審查，以阿美於前揭育嬰留職停薪期間仍於原單位工作，核與育嬰留職停薪津貼請領規定不符，乃依行政程序法第 117 條、第 118 條及第 127 條規定重新核定，即撤銷原發給訴願人 6 個月之育嬰留職停薪津貼，溢領津貼計 15 萬 8,040 元應予退還勞保局銷帳。[4]

三、契約到期離職

被保險人因定期契約屆滿離職，逾一個月未能就業，且離職前一年內，契約期間合計滿六個月以上者，視為非自願離職，並準用前項之規定。

四、非自願離職

（一）指被保險人因投保單位關廠、遷廠、休業、解散、破產宣告離職；或因勞動基準法第 11 條、第 13 條但書、第 14 條及第 20 條規定各款情事之一離職。

（二）勞工於離職退保後二年內向公立就服機構辦理求職登記及失業認定。

（三）離職證明取得有困難，得經公立就服機構同意，以書面釋明理由代替之。

五、職業訓練

公立就業服務機構為促進失業之被保險人再就業，得提供就業諮詢、推介就業或參加。（第 12 條）並可委任或委託其他機關（構）、學校、團體或法

---

[4] 勞動法訴字第 1060001827 號。

人辦理。所稱就業諮詢，指提供選擇職業、轉業或職業訓練之資訊與服務、就業促進研習活動或協助工作適應之專業服務。

六、特殊情況之失業給付

（一）申請人對公立就業服務機構推介之工作，有下列各款情事之一而不接受者，仍得請領失業給付：

　　1. 工資低於其每月得請領之失業給付數額。

　　2. 工作地點距離申請人日常居住處所三十公里以上。（第 13 條）

（二）申請人對公立就業服務機構安排之就業諮詢或職業訓練，有下列情事之一而不接受者，仍得請領失業給付：

　　1. 因傷病診療，持有證明而無法參加者。

　　2. 為參加職業訓練，需要變更現在住所，經公立就業服務機構認定顯有困難者。

　　3. 申請人因前項各款規定情事之一，未參加公立就業服務機構安排之就業諮詢或職業訓練，公立就業服務機構在其請領失業給付期間仍得擇期安排。（第 14 條）

七、拒絕受理失業給付申請

　　被保險人有下列情形之一者，公立就業服務機構應拒絕受理失業給付之申請：

（一）無第 13 條規定情事之一：不接受公立就業服務機構推介之工作。

（二）無前條規定情事之一：不接受公立就業服務機構之安排，參加就業諮詢或職業訓練。（第 15 條）

八、失業給付標準

（一）失業給付按申請人離職辦理本保險退保之當月起前六個月平均月投保薪資百 60%按月發給，最長發給六個月。但申請人離職辦理本保險退保時已年滿四十五歲或領有社政主管機關核發之身心障礙證明者，最長發給九個月。

（二）中央主管機關於經濟不景氣致大量失業或其他緊急情事時，於審酌失業率及其他情形後，得延長前項之給付期間最長至九個月，必要時得再延長之，但最長不得超過十二個月。但延長給付期間不適用第 13 條及第 18 條之規定。

（三）受領失業給付未滿前三項給付期間再參加本保險後非自願離職者，得依規定申領失業給付。但合併原已領取之失業給付月數及依第 18 條規定領取之提早就業獎助津貼，以發給前三項所定給付期間為限。

（四）領滿給付期間者，自領滿之日起二年內再次請領失業給付，其失業給付以發給原給付期間之二分之一為限。

（五）領滿失業給付之給付期間者，本保險年資應重行起算。（第 16 條）

九、扣除部分失業給付

（一）被保險人於失業期間另有工作，其每月工作收入超過基本工資者，不得請領失業給付；其每月工作收入未超過基本工資者，其該月工作收入加上失業給付之總額，超過其平均月投保薪資百分之八十部分，應自失業給付中扣除。但總額低於基本工資者，不予扣除。

（二）領取勞工保險傷病給付、職業訓練生活津貼、臨時工作津貼、創業貸款利息補貼或其他促進就業相關津貼者，領取相關津貼期間，不得同時請領失業給付。（第 17 條）

十、提早就業獎助津貼

符合失業給付請領條件，於失業給付請領期限屆滿前受僱工作，並依規定參加本保險為被保險人滿三個月以上者，得向保險人申請，按其尚未請領之失業給付金額之 50%，一次發給提早就業獎助津貼。（第 18 條）

十一、職業訓練生活津貼

（一）被保險人非自願離職，向公立就業服務機構辦理求職登記，經公立就業服務機構安排參加全日制職業訓練，於受訓期間，每月按申請人離

職辦理本保險退保之當月起前六個月平均月投保薪資 60%發給職業訓練生活津貼，最長發給六個月。

（二）職業訓練單位應於申請人受訓之日，通知保險人發放職業訓練生活津貼。中途離訓或經訓練單位退訓者，訓練單位應即通知保險人停止發放職業訓練生活津貼。（第 19 條）

十二、眷屬加給

被保險人非自願離職退保後，於請領失業給付或職業訓練生活津貼期間，有受其扶養之眷屬者，每一人按申請人離職辦理本保險退保之當月起前六個月平均月投保薪資 10%加給給付或津貼，最多計至 20%。

所稱受扶養眷屬，指受被保險人扶養之無工作收入之配偶、未成年子女或身心障礙子女。（第 19-1 條）

補充

張先生平均月投保薪資為 3 萬元，扶養 2 名眷屬，他原請領失業給付 1 萬 8 千元（30,000×60%），現可再加給 20%，加發 6 千元（30,000×10%× 2）；所以合計失業給付及加發眷屬給付共可領取 2 萬 4 千元（也就是平均月投保薪資的 80%）。資料來源：勞工保險局

十三、育嬰留職停薪津貼

（一）育嬰留職停薪津貼，原規定以被保險人育嬰留職停薪之當月起前六個月平均月投保薪資百分之六十計算，於被保險人育嬰留職停薪期間，按月發給津貼，每一子女合計最長發給六個月。（第 19-2 條）惟自 110 年 7 月 1 日起政府加發 20%，依據《育嬰留職停薪薪資補助要點》調高二成薪，再由政府補助。例如：阿美於 110 年 6 月 15 日申請育嬰假半年，請假前 6 個月平均投保薪資為 30,000 元，第一期可領 18,000 元（30,000 ×60%=18,000，計算期間為 6/15~7/15），另可加碼二成薪（計算期間為 7/1~7/14），可請領 2,800 元(30,000×20%÷30×14 日=2,800)。

（二）依家事事件法、兒童及少年福利與權益保障法相關規定與收養兒童先行共同生活之被保險人，其共同生活期間得依第 11 條第 1 項第 4 款及前 3 項規定請領育嬰留職停薪津貼。但因可歸責於被保險人之事由，致未經法院裁定認可收養者，保險人應通知限期返還其所受領之津貼，屆期未返還者，依法移送強制執行。

十四、給付起算日

　　失業給付自向公立就業服務機構辦理求職登記之第十五日起算；職業訓練生活津貼自受訓之日起算。（第 20 條）

十五、注意事項

（一）投保單位故意為不合本法規定之人員辦理參加保險手續，領取保險給付者，保險人應通知限期返還，屆期未返還者，依法移送強制執行。（第 21 條）

（二）被保險人領取各種保險給付之權利，不得讓與、抵銷、扣押或供擔保。被保險人依本法規定請領保險給付者，得檢具保險人出具之證明文件，於金融機構開立專戶，專供存入保險給付之用。（第 22 條）專戶內之存款，不得作為抵押、扣押、供擔保或強制執行之標的。

（三）申請人與原雇主間因離職事由發生勞資爭議者，仍得請領失業給付。爭議結果，確定申請人不符失業給付請領規定時，應於確定之日起十五日內，將已領之失業給付返還。屆期未返還者，依法移送強制執行。（第 23 條）

（四）請求時效：領取保險給付之請求權，自得請領之日起，因二年間不行使而消滅。（第 24 條）

勞工常見 Q&A

Q：阿美離職並向主管機關申請失業給付，勞保局核給失業金及補助全民健康保險費 16 萬 2,534 元，嗣後勞資糾紛訟案經高等法院判決是懲罰性解僱而非資遣，阿美要返還失業金嗎？

A： 阿美於 103 年 8 月 31 日自 A 股份有限公司離職，103 年 11 月 18 日持民事
起訴狀及自行釋明原因之離職證明書，至臺北市就業服務處就業服務站辦理
求職登記及申請失業給付，前經勞工保險局依就業保險法第 23 條規定核發
6 個月失業給付，及補助全民健康保險保險費，合計新臺幣 16 萬 2,534 元
在案。嗣勞保局據臺灣高等法院民事確定判決，A 公司係依勞動基準法第 12
條第 1 項第 6 款規定終止契約，乃以阿美離職原因不符就業保險法非自願離
職之規定，以公函核定所請失業給付應不予給付，前已領取失業給付及補助
全民健康保險保險費合計 16 萬 2,534 元，應返還該局銷帳。[5]

陸、申請及審核

一、 被保險人於離職退保後二年內，應檢附離職或定期契約證明文件及國民
身分證或其他足資證明身分之證件，親自向公立就業服務機構辦理求職
登記、申請失業認定及接受就業諮詢，並填寫失業認定、失業給付申請
書及給付收據。(第 25 條)

二、 公立就業服務機構受理求職登記後，應辦理就業諮詢，並自求職登記之
日起十四日內推介就業或安排職業訓練。未能於該十四日內推介就業或
安排職業訓練時，公立就業服務機構應於翌日完成失業認定，並轉請保
險人核發失業給付。

三、 申請人應於公立就業服務機構推介就業之日起七日內，將就業與否回覆
卡檢送公立就業服務機構。申請人未依前項規定辦理者，公立就業服務
機構應停止辦理當次失業認定或再認定。已辦理認定者，應撤銷其認
定。(第 27 條)

四、 職業訓練期滿未能推介就業者，職業訓練單位應轉請公立就業服務機構
完成失業認定；其未領取或尚未領滿失業給付者，並應轉請保險人核發
失業給付，合併原已領取之失業給付，仍以第 16 條規定之給付期間為
限。(第 28 條)

五、 繼續請領失業給付者，應於前次領取失業給付期間末日之翌日起二年
內，每個月親自前往公立就業服務機構申請失業再認定。但因傷病診療

---

[5] 勞動法訴字第 1050027719 號。

期間無法親自辦理者，得提出醫療機構出具之相關證明文件，以書面陳述理由委託他人辦理之。未經公立就業服務機構為失業再認定者，應停止發給失業給付。（第 29 條）

柒、失業再認定

一、領取失業給付者，應於辦理失業再認定時，至少提供二次以上之求職紀錄，始得繼續請領。未檢附求職紀錄者，應於七日內補正；屆期未補正者，停止發給失業給付。（第 30 條）

二、失業期間或受領失業給付期間另有其他工作收入者，應於申請失業認定或辦理失業再認定時，告知公立就業服務機構。（第 31 條）

捌、罰則

一、以詐欺或其他不正當行為領取保險給付或為虛偽之證明、報告、陳述者，除按其領取之保險給付處以二倍罰鍰外，並應依民法請求損害賠償；其涉及刑責者，移送司法機關辦理。（第 36 條）

二、勞工不參加就業保險及辦理就業保險手續者，處新臺幣 1,500 元以上 7,500 元以下罰鍰。（第 37 條）

三、投保單位未為其所屬勞工辦理投保手續者，按自僱用之日起，至參加保險之前一日或勞工離職日止應負擔之保險費金額，處十倍罰鍰。勞工因此所受之損失，並應由投保單位依本法規定之給付標準賠償之。（第 38 條）

四、投保單位未依本法之規定負擔被保險人之保險費，而由被保險人負擔者，按應負擔之保險費金額，處二倍罰鍰。投保單位並應退還該保險費與被保險人。

五、投保單位將投保薪資金額以多報少或以少報多者，自事實發生之日起，按其短報或多報之保險費金額，處四倍罰鍰，其溢領之給付金額，經保險人通知限期返還，屆期未返還者，依法移送強制執行，並追繳其溢領之給付金額。勞工因此所受損失，應由投保單位賠償之。

六、投保單位違反第 7 條規定者，處新臺幣 1 萬元以上 5 萬元以下罰鍰。

CHAPTER 14

職業訓練法

第一節 立法沿革及發展

近年來，開發國的經濟成長普遍趨緩，造成大量失業，政府各項福利服務措施以多重方案（職業訓練、就業服務、就業補助等）針對失業者實施，期減緩失業。[1]換言之，自 1970 年代以來，許多 OECD 國家曾面臨持續的高失業率，造成嚴重的經濟與社會問題(Martin, 1998)，各國設法提出因應對策來解決失業問題。職業訓練因時代需求更趨重要。

美國學者錢耐瑞(Hollis Chenery)擔任世界銀行總裁時，曾發表「成長中的再分配」(Redistribution with Growth)一書；指出同時追求經濟成長和平均分配，最重要的策略，就是提供國人充分的就業機會、普及式的教育機會、適合個人適性發展的職業訓練。在職業訓練方面，政府應提供一個「終身可訓練」的環境和制度。尤其是針對中高齡人口，積極協助增加其「就業能力」(employability)，並協助轉業；減少這些就業市場上弱勢族群，經常面臨失業的衝擊。我國早期職業訓練政策，主係支援國家經濟建設計畫，政策目的為「純經濟性」之目標。民國 80 年代之後，隨著產業轉型，傳統產業外移，結構性失業問題開始顯現，為解決社會弱勢族群所受之衝擊，我國職業訓練政策加入「社會福利」任務。基此，我國要改變各種失業現象，政府可善用現行的就業安定基金，創造一個「終身訓練」的機制。[2]

為推展職業訓練，各國均採立法途徑，作為建立制度及推動辦理的基礎。我國推行職業訓練多年，但昔日的《職業訓練條例》僅實施二年，無法提供市場經濟需求。為建立職業訓練完整體制，使各類職業訓練納入輔導管理，政府繼續進行研訂職業訓練基本法規。前後歷經六年長期研商與討論，並參考其他國家做法於 1983 年 11 月完成《職業訓練法》的立法程序。

---

[1] 陳怡如，積極性勞動市場政策之檢視—以我國公共職業訓練為例，弘光人文社會學報第 5 期，頁 103。

[2] 詹火生，建構均富的社會政策，國政分析，2010 年。另近十多年來臺灣地區年平均失業率雖自 96 年 3.91%至 105 年 3.92%；惟 98 年卻攀升至 5.85%高峰。因應大量失業潮，前訂定《勞工保險失業給付實施辦法》其實施期間為 88 年 1 月 1 日起實施至 92 年 2 月 12 日廢止。給付項目，包括失業給付及職業訓練生活津貼。再促動《就業保險法》立法，其實施期間為 92 年 1 月 1 日起實施至今。給付項目，包括失業給付、提早就業獎助津貼、職業訓練生活津貼。

　　職業訓練法立法的主要目的有三項：第一、建立職業訓練制度；第二、促使企業界參與職業訓練；第三、確立職能價值觀念。從職業訓練法立法重點而言，分為幾個方向：第一、訓練途徑分為公共訓練及企業訓練；第二、職業訓練師採聘任制，人事體制法制化，以提高訓練成效；[3]第三、對殘障及低收入戶與中高齡等特定對象且願意受訓者，由政府規劃辦理訓練；第四、加強技能檢定證照制度法制化。

第二節　重要內容

壹、總則

　　知識經濟時代所需要的員工是有專業知識，有判斷能力，有綜合不同領域的知識的能力，有解決問題能力的知識工作者。我國為實施職業訓練，以培養國家建設技術人力，提高工作技能，促進國民就業，特制定職業訓練法。（第 1 條）

勞工常見 Q&A

Q： 在臺無戶籍國民是否為職業訓練法適用對象？

A： 依「職業訓練法」第 1 條所示「提高工作技能，促進國民就業」之立法宗旨，「國民」（不論是否於臺灣地區具有戶籍）本屬該法之服務對象。[4]

一、主管機關

（一） 在中央為勞動部；在直轄市為直轄市政府；在縣（市）為縣（市）政府。

---

[3] 職業訓練機構聘任職業訓練師時，應組織甄選委員會。

[4] 發能字第 1043601015 號函：「戶籍法」第 57 條規定，須為「有戶籍國民」始能申領「國民身分證」至於「臺灣地區無戶籍國民」因不具申領身分證之資格，自無法提出簡章規定之「國民身分證正、反面影本」等身分證明文件。次查「入出國及移民法」第 17 條第 1 項規定，護照、臺灣地區居留證、入國許可證件，均屬「臺灣地區無戶籍國民」之有效身分證明文件。基於「平等原則」對於同屬我國國民且經內政部移民署核准入境居留之「臺灣地區無戶籍國民」，尚不宜因其未具「國民身分證」（屬戶政管理手段），即駁回其報檢資格。

（二）整體而言，勞動力發展署負責統籌政策規劃並執行職業訓練、技能檢定、就業服務、創業協助、技能競賽與跨國勞動力聘僱許可及管理等業務，並規劃推動我國職能標準制度，及促進身心障礙者及特定對象就業等業務。[5]

二、定義與種類

（一）國際勞工局早期認為職業訓練僅指對領班及以下人員所施予訓練，並未包括佐理人員，而技術員以上人員的訓練，則有學者稱為專業發展(Professional Development)，為另一層次的訓練。我國職業訓練法所謂職業訓練是指培養及增進工作技能而依該法實施之訓練。部分學者主張，凡可增進工作知識與技術的訓練均稱為職業訓練。[6]

（二）職業訓練之實施，分為養成訓練、技術生訓練、進修訓練及轉業訓練。（第3條）

貳、職業訓練機構

職業訓練機構包括下列三類：

一、 政府機關設立者。

二、 事業機構、學校或社團法人等團體附設者。

三、 以財團法人設立者。（第5條）

勞工常見 Q&A

Q： 依職業訓練法規定，職業訓練機構之設立應經中央主管機關登記或許可，並訂有職業訓練機構設立及管理辦法，依該辦法第6條及第7條規定，分別說明採登記制、許可制之設立主體為何？（110就服乙級）

A： 登記制：政府機關所設立、公營事業機構所附設、公立學校所附設之職業練機構；許可制：財團法人所設立，民營事業機構所附設、社團法人所附設、財團法人所附設之職業訓練機構。

---

[5] 參照勞動力發展署相關資料。

[6] 黃良志，職業訓練的概念與內涵。

參、職業訓練之實施

一、養成訓練

對十五歲以上或國民中學畢業之國民，所實施有系統之職前訓練（第 7 條）。由職業訓練機構辦理（第 8 條）。

二、技術生訓練

事業機構為培養其基層技術人力，招收十五歲以上或國民中學畢業之國民，所實施之訓練（第 11 條）。事業機構辦理技術生訓練，應先擬訂訓練計畫，並依有關法令規定，與技術生簽訂書面訓練契約（第 12 條）。主管機關對事業機構辦理技術生訓練，應予輔導及提供技術協助（第 13 條）。

肆、進修訓練

一、 進修訓練，係為增進在職技術員工專業技能與知識，以提高勞動生產力所實施之訓練（第 15 條）。已領取勞工保險老年給付再從事工作或於政府登記有案之職業訓練機構接受訓練者，投保單位得為其辦理僅參加職業災害保險。[7]

二、 進修訓練，由事業機構自行辦理、委託辦理或指派其參加國內外相關之專業訓練（第 16 條）。

三、 事業機構辦理進修訓練，應於年度終了後二個月內，將辦理情形報主管機關備查（第 17 條）。

勞工常見 Q&A

Q： 甲為飛航機師，A 公司長期派甲參加在職訓練，並要求甲訂定最低服務年限三年，其合法性為何？

---

[7] 年逾六十五歲已領取公教人員保險養老給付、軍人保險退伍給付、老年農民福利津貼或國民年金保險老年年金給付者，如再從事工作或於政府登記有案之職業訓練機構接受訓練，投保單位亦得為其辦理僅參加職業災害保險，並自中華民國一百零四年一月一日生效。

A： 依勞動基準法第 15 條第 2 項規定，就不定期勞動契約，甲得準用同法第 1 項規定隨時預告 A 終止勞動契約，然此項規定非屬強制規定，當事人仍得於合理範圍內以契約限制勞工此項終止權之行使。尤以須具有特殊專業技能之職業，A 為培訓甲，往往耗費相當時日並支出相當費用，以使甲接受符合該專業需求之技能養成職業訓練，而為避免甲於取得該項專業技能後任意離職，造成 A 之重大損失，因而有要求甲承諾最低服務年限之必要。是勞資雙方就最低服務年限之約定，倘未逾合理範圍，且無違反法律強制或禁止規定，亦無違背公序良俗或顯失公平之情事，基於契約自由原則，應認該約定有效。[8]

伍、轉業訓練

轉業訓練，係為職業轉換者獲得轉業所需之工作技能與知識，所實施之訓練（第 18 條）。主管機關為因應社會經濟變遷，得辦理轉業訓練需要之調查及受理登記，配合社會福利措施，訂定訓練計畫（第 19 條）。

補充

1. 年逾 65 歲且尚未領取勞工保險老年給付者，在參加職訓局委託或補助辦理之失業者職業訓練，得繼續參加勞工保險，以保障其職業訓練期間之生活安全。[9]

2. 非自願離職之被保險人，於農、漁會辦理參加農保或勞保，即非失業勞工身分，不得請領職業訓練生活津貼。[10]

3. 職業訓練生活津貼補助對象：[11]

   (1) 就業保險被保險人非自願離職者。向公立就業服務機構辦理求職登記，經公立就業服務機構安排參加全日制職業訓練，其職業訓練生活津貼由勞保局發放。於受訓期間，每月按申請人離職退保之當月起前六個月平

---

[8] 97 年度勞上易字第 107 號。

[9] 勞保 2 字第 1020074353 號函。

[10] 勞保 1 字第 1010140118 號函。

[11] 參考勞動部相關資料。領取就業保險法之失業給付或職業訓練生活津貼期間，不得同時請領就業促進津貼實施辦法之職業訓練生活津貼。

均月投保薪資 60%發給，最長補助六個月，如中途離訓或退訓者，訓練單位即通知勞工保險局停止發放。

(2) 特定對象身分失業者：a.獨力負擔家計者。b.中高齡者：指年滿四十五歲至六十五歲之間者（以開訓日為計算標準）。c.身心障礙者：指領有身心障礙手冊者。d.原住民。e.低收入戶或中低收入戶中有工作能力者。f.長期失業者：指連續失業期間達一年以上，且辦理勞工保險退保當日前三年內保險年資合計滿六個月以上，並於最近一個月內有向公立就業服務機構辦理求職登記者。g.二度就業婦女：因家庭因素離開職場兩年以上的婦女。h.家庭暴力被害人。i.更生受保護人。j.外籍與大陸地區配偶：指與中華民國境內設有戶籍之國民結婚，且獲有效期間居留證明文件者。

(3) 特定對象身分之補助，每月按基本工資之 60%發給，二年內最長補助六個月；但申請人為身心障礙者，二年內最長發給十二個月。

陸、職業訓練師

一、 定義：職業訓練師，係指直接擔任職業技能與相關知識教學之人員（第24 條）。

二、 職業訓練師經甄審合格者，其在職業訓練機構之教學年資，得與同等學校教師年資相互採計。其待遇並得比照同等學校教師（第 25 條）。

三、 中央主管機關，得指定職業訓練機構，辦理職業訓練師之養成訓練、補充訓練及進修訓練（第 26 條）。

四、 職訓機構師資應依據《職業訓練師甄審遴聘辦法》規定甄選，每 15 位學員配置 1 位訓練師，未滿 15 人者，以 15 人計算。

柒、技能檢定、發證及認證

　　為提高技能水準，建立證照制度，應由中央主管機關辦理技能檢定（第31 條）。中央目的事業主管機關或依法設立非以營利為目的之全國性專業團體，得向中央主管機關申請技能職類測驗能力之認證。認證業務，中央主管機關得委託非以營利為目的之專業認證機構辦理（第 31-1 條）。

捌、職能基準

　　目前勞動力發展署內部職能標準及技能檢定組負責建立職能基準，為從業人員所需的職能組合。各職能進行分級之主要目的，在於透過級別標示，區分能力層次以做為培訓規劃的參考。職能基準表之職能級別共分為 6 級，主要係參考新加坡、香港、澳洲、歐盟，以及學理上較成熟之美國教育心理學家布魯姆(Benjamin Samuel Bloom)教育目標理論等，經加以研析萃取後，研訂符合我國國情之職能級別。例如第一級乃能夠在可預計及有規律的情況中，在密切監督及清楚指示下，執行常規性及重複性的工作。且通常不需要特殊訓練、教育及專業知識與技術；第六級能夠在高度複雜變動的情況中，應用整合的專業知識與技術，獨立完成專業與創新的工作。需要具備策略思考、決策及原創能力。[12]

---

[12] 參考勞動力發展署相關資料。

問題與討論

一、 自民國 100 年起，勞動部勞動力發展署開始仿效日本中法，引進所謂
　　「特例子公司」制度，並明定於身心障礙者權益保障法第 38-1 條，成
　　立關係企業，使該關係企業成為進用身心障礙者之「特例子公司」，在
　　法制上及企業管理上有何優點？[13]

二、 依據行政院主計總處與相關統計資料觀察，我國青少年（15~24 歲）勞
　　參率，在各年齡組別中呈現較低之一，而其失業率卻居首。因此如何
　　提升青少年人口的勞參率，是我國勞動力發展的重要課題之一。究竟
　　勞參率較低與失業的原因為何？促進其就業應有的相關政策方案內容
　　為何？[14]

三、 依據職業訓練法第 4-1 條的規定，中央主管機關應協調、整合各中央目
　　的事業主管機關所定之職能基準。請依照中央主管機關－勞動部勞動力
　　發展署所公布的論述，說明「職能基準」的內涵？目前勞動力發展署將
　　「職能基準」區分為 6 種級別，請問區分職能級別的目的為何？[15]

---

[13] 105 年特種考試地方政府公務人員考試試題。

[14] 106 年公務人員特種考試身心障礙人員考試試題。

[15] 105 年特種考試地方政府公務人員考試試題。

MEMO

CHAPTER 15

就業服務法

第一節　就業服務立法

壹、背景

　　1948 年於聯合國大會通過的「世界人權宣言」。該宣言第 23 條有關勞動權的保障上，指出任何人在職場中應擁有對等的尊嚴勞動權益，以及符合人性尊嚴的生活條件與社會保障。[1]我國長久以來以經濟發展為優先考量，即以人力資源為主要政策目標，期重視度高於維護勞工權益之政策。為了落實人力資源之勞工政策，我國遂有一連串法規的公布。先是職業訓練法，早於民國 72 年即已公布施行。就業服務法是於 81 年公布施行，而位階僅為行政命令之勞工保險失業給付實施辦法則遲至 87 年底始公布施行。[2]其中就業服務法隨全球化趨勢，立法在於保護本國人及外國勞工工作權之保障。

貳、立法方向

一、　實務上雇主招募或僱用員工除有扣留求職人或員工財物之不法情事發生外，尚有侵占求職人或員工財物之情形，因此，禁止雇主留置求職人或員工之身分證明文件、工作憑證或其他證明文件，或要求提供非屬就業所需之隱私資料。但有正當事由暫予留置者，不在此限。

二、　禁止雇主辦理招募或僱用外國人所提供之應備文件，有經偽變造者或失效情形。

三、　提升婦女勞動參與率為當前促進國家經濟發展之重要政策，有關協助二度就業婦女重返職場，勞動部業已推動「就業融合計畫」，以協助因家庭因素退出勞動市場二年以上之失業婦女重返職場。

四、　委任私立就業服務機構辦理就業服務業務者，除雇主及求職人外，尚包含從事第 46 條第 1 項規定工作之外國人，因此，辦理就業服務業務，

---

[1]　馬財專，常態？或是脫軌？在臺社福外勞的「勞動尊嚴」，http：//www.npf.org.tw。

[2]　就業服務法中華民國 81 年 5 月 8 日總統(81)華總（一）義字第 2359 號令制定公布全文 70 條後歷經 16 次修正。

必須與雇主、求職人或從事第 46 條第 1 項規定工作之外國人簽訂書面契約。

五、 禁止被仲介從事違背公共秩序或善良風俗之工作。

六、 具有神職身分之外國人受宗教團體邀請來臺從事布達教義、弘法及傳道等宗教活動，僅需經外交部核發宗教活動簽證即可來臺從事前開之活動。

七、 為達國家延攬國際學術人才之政策目的，受聘僱於公立或經立案之私立大學進行講座、學術研究經教育部認可者，無期限限制。

八、 雇主聘僱就讀於公立或已立案私立大專校院之外國留學生，從事工作，其工作時間除寒暑假外，每星期最長為二十小時。

九、 為配合我國與世界各國簽定自由貿易協定(FTA)，並基於平等互惠原則，開放外國專業自然人得來臺從事受委任或承攬之勞務工作。

參、近年外勞引進爭議

　　引進外勞的目的在於補充國內勞力不足，而非替代勞力。外勞是否延長工作期限之前，應評估外勞是否已產生替代勞力的效果？家庭看護工是否繼續引進？是否延長工作期限？也必須考量我國正在規劃的長期照護制度對照護人員的需求。[3]

肆、修正公布第 52 條條文

補充國內勞力不足之外勞在臺工作年限延長到十二年。[4]

---

[3] 陳長文律師為了其身障孩子長年依賴外傭照顧，因外傭已屆滿九年在臺工作年限，必須返國；且該外傭不能再來臺工作。爰提出將外勞或外傭在臺工作年限延長至十二年。

[4] 中華民國一百零五年十一月三日總統華總一義字第 10500136341 號令修正公布第 52 條條文。

第二節　就業服務法內容

壹、總則

一、立法目的

為促進國民就業，以增進社會及經濟發展，特制定本法；本法未規定者，適用其他法律之規定。（第 1 條）

二、定義

就業服務法之用詞定義如下：

（一）就業服務：指協助國民就業及雇主徵求員工所提供之服務。

（二）就業服務機構：指提供就業服務之機構；其由政府機關設置者，為公立就業服務機構；其由政府以外之私人或團體所設置者，為私立就業服務機構。

（三）雇主：指聘、僱用員工從事工作者。

（四）中高齡者：指年滿四十五歲至六十五歲之國民。

（五）長期失業者：指連續失業期間達一年以上，且辦理勞工保險退保當日前三年內，保險年資合計滿六個月以上，並於最近一個月內有向公立就業服務機構辦理求職登記者。（第 2 條）

勞工常見 Q&A

促進中高齡者及高齡者就業是勞動部一直以來積極推動的政策之一。甲公司透過私立就業服務機構刊登求才職缺，如經該機構之就業服務專業人員乙君推介之求職人有逾 65 歲的高齡求職人，因甲公司以 B 型血型的人比較適合這個職缺理由，經甲公司私下要求，並由乙君提供 B 型之求職人履歷給甲公司篩選後予以僱用，請依據《就業服務法》及《就業保險法》之相關規定回答以下問題：

Q1： 甲公司以血型作為選僱勞工之違法行為，應處多少新臺幣罰鍰？

A1： 處新臺幣 30 萬元以上 150 萬元以下罰鍰。

Q2： 乙君未善盡受任事項，致甲公司違法，私立就業服務機構應處多少新臺幣罰鍰？

A2： 處新臺幣 6 萬元以上 30 萬元以下罰鍰。

Q3： 甲公司僱用年齡逾 65 歲之求職人，可否為該員工投保就業保險？

A3： 不可。

三、自由擇業

國民有選擇職業之自由。但為法律所禁止或限制者，不在此限。（第 3 條）。

四、平等原則

國民具有工作能力者，接受就業服務一律平等。（第 4 條）

五、禁止歧視（第 5 條）

（一） 為保障國民就業機會平等，雇主對求職人或所僱用員工，不得以種族、階級、語言、思想、宗教、黨派、籍貫、出生地、性別、性傾向、年齡、婚姻、容貌、五官、身心障礙、星座、血型或以往工會會員身分為由，予以歧視；其他法律有明文規定者，從其規定（罰 30~150 萬元，公布負責人姓名、按次處罰）。但雇主因勞工已滿 65 歲，雇主依據勞動基準法第 54 條第 1 項要求退休，係屬法律明定事項，並無違反禁止年齡歧視之規定【110 普】。另，司法院於 110 年 8 月 20 作成釋字 807 號解釋，宣告勞動基準法第 49 條第 1 項規定違憲，並自即日起生效。因此，雇主按照上開規定，要求女性勞工夜間工作，已無性別歧視之疑慮。

補充

庇護性就業之身心障礙者，得依其產能核薪。

（二）雇主招募或僱用員工，不得有下列情事：

1. 為不實之廣告或揭示（罰 30~150 萬元）。

2. 違反求職人或員工之意思，留置其國民身分證、工作憑證或其他證明文件，或要求提供非屬就業所需之隱私資料。

3. 扣留求職人或員工財物或收取保證金。

4. 指派求職人或員工從事違背公共秩序或善良風俗之工作（罰 30~150 萬元）。

5. 辦理聘僱外國人之申請許可、招募、引進或管理事項，提供不實資料或健康檢查檢體（罰 30~150 萬元）。

6. 提供職缺之經常性薪資未達新臺幣 4 萬元而未公開揭示或告知其薪資範圍（罰 6~30 萬元）。

補充

　　就業服務法第 5、67 條、就業服務法施行細則第 1-1 條規定參照，如公司「同意書」載明公司得蒐集、處理、利用及保有員工個人資料類別，應先視有無違反上述「遠反求職人或員工之意思，留置其國民身分證、工作憑證或其他證明文件，或要求提供非屬就業所需之隱私資料。」規定，尚不得僅據該書面同意書而予以免責。[5]就業服務法有關個人資料蒐集、處理或利用規定屬個人資料保護法特別法，應優先適用，故如公司「蒐集、處理及利用員工個人資料告知暨同意書」載明公司得蒐集、處理、利用及保有員工個人資料類別，應先視有無違反上述特別規定，尚不得僅據書面同意書而予以免責。[6]

六、主管機關之職掌事項

（一）中央主管機關掌理事項如下

1. 就業服務作業基準之訂定。

2. 全國就業服務業務之督導、協調及考核。

5　法律決字第 10200683900 號。

6　法律決字第 10200683890 號。

3. 雇主申請聘僱外國人之許可及管理。

4. 辦理下列仲介業務之私立就業服務機構之許可、停業及廢止許可：
   (1) 仲介外國人至中華民國境內工作。
   (2) 仲介香港或澳門居民、大陸地區人民至臺灣地區工作。
   (3) 仲介本國人至臺灣地區以外之地區工作。

（二）直轄市、縣（市）主管機關掌理事項如下

1. 就業歧視之認定。

2. 外國人在中華民國境內工作之管理及檢查。

3. 仲介本國人在國內工作之私立就業服務機構之許可、停業及廢止許可。
   （第 6 條）

七、保密義務

　　就業服務機構及其人員，對雇主與求職人之資料，除推介就業之必要外，不得對外公開。（第 9 條）

八、罷工期間之推介

　　在依法罷工期間，或因終止勞動契約涉及勞方多數人權利之勞資爭議在調解期間，就業服務機構不得推介求職人至該罷工或有勞資爭議之場所工作。（第 10 條）

貳、政府就業服務

一、服務機構

（一）主管機關得視業務需要，在各地設置公立就業服務機構。

（二）直轄市、縣（市）轄區內原住民人口達二萬人以上者，得設立因應原住民族特殊文化之原住民公立就業服務機構。前兩項公立就業服務機構設置準則，由中央主管機關定之。（第 12 條）

二、免費推介

公立就業服務機構辦理就業服務,以免費為原則。但接受雇主委託招考人才所需之費用,得向雇主收取之。(第 13 條)

三、禁止拒絕

公立就業服務機構對於求職人及雇主申請求職、求才登記,不得拒絕。但其申請有違反法令或拒絕提供為推介就業所需之資料者,不在此限。(第 14 條)

四、參加職訓

(一) 公立就業服務機構為輔導缺乏工作知能之求職人就業,得推介其參加職業訓練;對職業訓練結訓者,應協助推介其就業。(第 19 條)

(二) 公立就業服務機構對申請就業保險失業給付者,應推介其就業或參加職業訓練。(第 20 條)

參、促進就業

一、擬訂計畫

政府應依就業與失業狀況相關調查資料,策訂人力供需調節措施,促進人力資源有效運用及國民就業。(第 21 條)

二、人力供需資料

中央主管機關為促進地區間人力供需平衡並配合就業保險失業給付之實施,應建立全國性之就業資訊網。(第 22 條)

三、裁員措施

中央主管機關於經濟不景氣致大量失業時,得鼓勵雇主協商工會或勞工,循縮減工作時間、調整薪資、辦理教育訓練等方式,以避免裁減員工;並得視實際需要,加強實施職業訓練或採取創造臨時就業機會、辦理創業貸款利息補貼等輔導措施;必要時,應發給相關津貼或補助金,促進其就業。

因「嚴重特殊傳染性肺炎」疫情而工資減少勞工，中央主管機關協助措施包括：勞工紓困貸款及利息補貼；充電再出發訓練計畫；安心就業計畫；安心即時上工計畫；生活補貼等【110 高考】。

四、促進就業措施

主管機關對下列自願就業人員，應訂定計畫，致力促進其就業；必要時，得發給相關津貼或補助金（應定期檢討，落實其成效），促進就業對象如下【110 年普考】：

（一）獨力負擔家計者。

（二）中高齡者。

（三）身心障礙者。

（四）原住民。

（五）低收入戶或中低收入戶中有工作能力者。

（六）長期失業者。

（七）二度就業婦女。

（八）家庭暴力被害人。

（九）更生受保護人。

（十）其他經中央主管機關認為有必要者。（第 24 條）

依據就業保險促進就業實施辦法第 8 條規定，僱用安定計畫，涉及雇主與被保險人約定縮減工時及依其比例減少薪資者，應經勞資會議同意，且約定每月縮減之平均每週正常工時及月投保薪資，不得低於約定前三個月之平均每週正常工時及月投保薪資之 20%，且未逾其 80%；約定後月投保薪資不得低於每月基本工資【110 高考】。

五、婦女保障

主管機關為輔導獨力負擔家計者就業，或因妊娠、分娩或育兒而離職之婦女再就業，應視實際需要，辦理職業訓練。（第 26 條）

假如雇主在徵人廣告中表示「歡迎二度就業婦女應徵」，因非只有二度就業婦女才能應徵，故無涉及歧視其他族群【110 普考】。

六、弱勢勞工之協助

（一）主管機關為協助身心障礙者及原住民適應工作環境，應視實際需要，實施適應訓練。（第 27 條）

（二）公立就業服務機構推介身心障礙者及原住民就業後，應辦理追蹤訪問，協助其工作適應。（第 28 條）

七、退伍者就業

公立就業服務機構應與當地役政機關密切聯繫，協助推介退伍者就業或參加職業訓練。（第 30 條）

八、被資遣員工列冊通報

（一）雇主資遣員工時，應於員工離職之十日前，將被資遣員工之姓名、性別、年齡、住址、電話、擔任工作、資遣事由及需否就業輔導等事項，列冊通報當地主管機關及公立就業服務機構。但其資遣係因天災、事變或其他不可抗力之情事所致者，應自被資遣員工離職之日起三日內為之。

（二）公立就業服務機構接獲前項通報資料後，應依被資遣人員之志願、工作能力，協助其再就業。（第 33 條）

肆、民間就業服務

一、私立機構

（一）私立就業服務機構及其分支機構，應向主管機關申請設立許可，經發給許可證後，始得從事就業服務業務；其許可證並應定期更新之。

（二）未經許可，不得從事就業服務業務。但依法設立之學校、職業訓練機構或接受政府機關委託辦理訓練、就業服務之機關（構），為其畢業生、結訓學員或求職人免費辦理就業服務者，不在此限。

（三）私立就業服務機構及其分支機構之設立許可條件、期間、廢止許可、許可證更新及其他管理事項之辦法，由中央主管機關定之。（第 34 條）

二、職掌

私立就業服務機構得經營下列就業服務業務：

（一）職業介紹或人力仲介業務。

（二）接受委任招募員工。

（三）協助國民釐定生涯發展計畫之就業諮詢或職業心理測驗。

（四）其他經中央主管機關指定之就業服務事項。

勞工常見 Q&A

Q： 私立就業服務機構免費為丙君介紹工作，但未依規定與丙君簽訂書面契約，應處多少新臺幣罰鍰？（110 就服乙級）

A： 處新臺幣 6 萬元以上 30 萬元以下罰鍰。

三、置事業人員

私立就業服務機構應置符合規定資格及數額之就業服務專業人員。

四、專業人員之義務

就業服務專業人員不得有下列情事：

（一）允許他人假藉本人名義從事就業服務業務。

（二）違反法令執行業務。（第 37 條）

五、組織型態

目前我國就業服務相關法規不容許由外國的派遣機構，將外籍勞工派遣至設於我國境內的要判機構工作【110 普考】。

　　辦理下列仲介業務之私立就業服務機構，應以公司型態組織之。但由中央主管機關設立，或經中央主管機關許可設立、指定或委任之非營利性機構或團體，不在此限：

（一）仲介外國人至中華民國境內工作。

（二）仲介香港或澳門居民、大陸地區人民至臺灣地區工作。

（三）仲介本國人至臺灣地區以外之地區工作。（第 38 條）

六、義務

　　私立就業服務機構應依規定備置及保存各項文件資料，於主管機關檢查時，不得規避、妨礙或拒絕。（第 39 條）

七、禁止行為

　　私立就業服務機構及其從業人員從事就業服務業務，不得有下列情事：

（一）辦理仲介業務，未依規定與雇主或求職人簽訂書面契約。

（二）為不實或違反第 5 條第 1 項規定之廣告或揭示。

（三）違反求職人意思，留置其國民身分證、工作憑證或其他證明文件。

（四）扣留求職人財物或收取推介就業保證金。

（五）要求、期約或收受規定標準以外之費用，或其他不正利益。

（六）行求、期約或交付不正利益。

（七）仲介求職人從事違背公共秩序或善良風俗之工作。

（八）接受委任辦理聘僱外國人之申請許可、招募、引進或管理事項，提供不實資料或健康檢查檢體。

（九）辦理就業服務業務有恐嚇、詐欺、侵占或背信情事。

（十）違反雇主之意思，留置許可文件或其他相關文件。

（十一）對主管機關規定之報表，未依規定填寫或填寫不實。

（十二）　未依規定辦理變更登記、停業申報或換發、補發證照。

（十三）　未依規定揭示私立就業服務機構許可證、收費項目及金額明細表、就業服務專業人員證書。

（十四）　經主管機關處分停止營業，其期限尚未屆滿即自行繼續營業。

（十五）　辦理就業服務業務，未善盡受任事務，致雇主違反本法或依本法所發布之命令。

（十六）　租借或轉租私立就業服務機構許可證或就業服務專業人員證書。

（十七）　接受委任引進之外國人入國三個月內發生行蹤不明之情事，並於一年內達一定之人數及比率者。（第40條）

（十八）　對求職人或受聘僱外國人有性侵害、人口販運、妨害自由、重傷害或殺人行為。

（十九）　知悉受聘僱外國人疑似遭受雇主、被看護者或其他共同生活之家屬、雇主之代表人、負責人或代表雇主處理有關勞工事務之人為性侵害、人口販運、妨害自由、重傷害或殺人行為，而未於二十四小時內向主管機關、入出國管理機關、警察機關或其他司法機關通報。

（二十）　其他違反本法或依本法所發布之命令。

伍、外國人之聘僱與管理

一、國內就業機會應予保障

（一）　為保障國民工作權，聘僱外國人工作，不得妨礙本國人之就業機會、勞動條件、國民經濟發展及社會安定。（第42條）

補充

　　就業服務法第 42 條所稱「妨礙本國人之就業機會」，係包含雇主資遣本國勞工，而繼續聘僱外國人，未徵詢被資遣本國勞工有無意願從事外國人工作，或經徵詢後拒絕僱用有意願從事外國人工作之本國勞工情形。[7]

---

[7]　105 年訴字第 1634 號。

（二）外國人未經雇主申請許可，不得在中華民國境內工作。（第 43 條）

（三）任何人不得非法容留外國人從事工作。（第 44 條）違反者罰 15~75 萬
　　　元；如 5 年內再犯，處 3 年以下有期徒刑，拘役或科或併科 120 萬元
　　　以下罰金。

（四）任何人不得媒介外國人非法為他人工作。（第 45 條）違反者罰 10~50
　　　萬元；如 5 年內再犯，處 1 年以下有期徒刑，拘役或科或併科 60 萬元
　　　以下罰金。

（五）雇主聘僱外國人，須訂立書面勞動契約，並以定期契約為限；其未定
　　　期限者，以聘僱許可之期限為勞動契約之期限。續約時，亦同。

二、外籍勞工之工作範圍（第 46 條）

　　雇主聘僱外國人在中華民國境內從事之工作，除本法另有規定外，以下
列各款為限：

（一）專門性或技術性之工作。

（二）華僑或外國人經政府核准投資或設立事業之主管。

（三）下列學校教師：
　　　1. 公立或經立案之私立大專以上校院或外國僑民學校之教師。
　　　2. 公立或已立案之私立高級中等以下學校之合格外國語文課程教師。
　　　3. 公立或已立案私立實驗高級中等學校雙語部或雙語學校之學科教師。

（四）補習及進修教育法立案之短期補習班之專任外國語文教師。

（五）運動教練及運動員。

（六）宗教、藝術及演藝工作。

（七）商船、工作船及其他經交通部特許船舶之船員。

（八）海洋漁撈工作。

（九）家庭幫傭及看護工作。本國雇主於第一次聘僱外國人從事家庭看護工
　　　作或家庭幫傭前，應參加主管機關或其委託非營利組織辦理之聘前講
　　　習，並於申請許可時檢附已參加講習之證明文件。

（十）　為因應國家重要建設工程或經濟社會發展需要，經中央主管機關指定之工作。

（十一）　其他因工作性質特殊，國內缺乏該項人才，在業務上確有聘僱外國人從事工作之必要，經中央主管機關專案核定者。

　　承上，第 8-11 款，工作之轉換雇主或工作程序準則第 13 條 1 項規定，接續聘僱之雇主，應於取得接續聘僱證明書之翌日起 15 日內，申請核發聘僱許可或展延聘僱許可【就服乙級證照考題】。

勞工常見 Q&A

　　外國人甲君受雇主乙公司聘僱從事製造之體力工作，雇主乙公司於外國人甲君入國日當天安排住宿地點在丙地址。請回答下列問題：（110 就服乙級）

Q1：依雇主聘僱外國人許可及管理辦法第 27 之 1 條第 1 項規定，雇主乙公司應自外國人甲君入國後幾日內，通知住宿地點丙地址的勞工主管機關實施檢查？

A1：三日內。

Q2：若住宿地點丙地址經當地勞工主管機關實地檢發現，因入住的外國人數增加，導致外國人每人居住面積小於 3.6 平方公尺而違反規定標準，並認定情節輕微，依 110 年 1 月 6 日修正發布雇主聘僱外國人許可及管理辦法第 19 條第 3 項規定當地勞工主管機關得通知雇主乙公司做何處置？

A2：限期改善。

Q3：承上，當地勞工主管機關以何種法定方式通知？

A3：書面。

Q4：若雇主乙公司決定將外國人甲君的住宿地點丙地址，搬遷至新的住宿地點丁地址，則依雇主聘僱外國人許可及管理辦法第 19 條第 4 項規定，雇主乙公司應在變更外國人甲君住宿地點後幾日內，通知外國人甲君工作所在地及住宿地點的當地勞工主管機關？

A4：七日內。

三、外國學生之工作

雇主聘僱下列學生從事工作，得不受第 46 條第 1 項規定之限制；其工作時間除寒暑假外，每星期最長為二十小時：

（一）就讀於公立或已立案私立大專校院之外國留學生。

（二）就讀於公立或已立案私立高級中等以上學校之僑生及其他華裔學生。
（第 50 條）

有關外籍留學生向勞動部申請工作許可，該工作許可有效期間最長為 6 個月【就服乙級證照考題】。

勞工常見 Q&A

Q： 人事僱傭契約等關係蒐集、處理，是否須再得當事人書面同意？

A： 個人資料保護法第 7、19、20 條規定參照，該法並非硬性規定一律皆須簽署同意書，若屬人事僱傭契約等關係蒐集、處理，則無須再得當事人書面同意，即得為之，如無涉契約關係之其他個人及家庭資料蒐集、處理，如無其他款項法律要件適用，則有可能須得當事人書面同意。[8]

四、免繳納就業安定費（第 51 條）

雇主聘僱移工應繳納就業安定費，作為加強辦理促進國民就業之用，但雇主聘僱下列外國人從事工作，得免繳納就業安定費：

（一）獲准居留之難民。

（二）獲准在中華民國境內連續受聘僱從事工作，連續居留滿五年，品行端正，且有住所者。

（三）經獲准與其在中華民國境內設有戶籍之直系血親共同生活者（指經入出國主管機關以依親為由核發居留證者）。

（四）經取得永久居留者。

8　法律決字第 10200655250 號。

　　承上，依據就服法第 55 條 5 項規定，未繳就業安定費者，得寬限 30 日，仍未繳者，自寬限期滿之翌日起至完納前 1 日止，每逾一日加徵期未繳費用 0.3%滯納金，但以 30%為限【就服乙級證照考題】。

五、聘僱外國人期限（第 52 條）

（一）聘僱外國人從事第 46 條第 1 項第 1 款至第 7 款及第 11 款規定之工作，許可期間最長為三年，期滿有繼續聘僱之需要者，雇主得申請展延。

（二）聘僱外國人從事第 46 條第 1 項第 8 款至第 10 款規定之工作，許可期間最長為三年。

（三）有重大特殊情形者，雇主得申請展延，其情形及期間由行政院以命令定之。但屬重大工程者，其展延期間，最長以六個月為限。每年得引進總人數，依外籍勞工聘僱警戒指標，由中央主管機關邀集相關機關、勞工、雇主、學者代表協商之。

（四）受聘僱之外國人於聘僱許可期間無違反法令規定情事而因聘僱關係終止、聘僱許可期間屆滿出國或因健康檢查不合格經返國治療再檢查合格者，得再入國工作。但從事第 46 條第 1 項第 8 款至 10 款規定工作之外國人，其在中華民國境內工作期間，累計不得逾十二年。

六、更換雇主（第 59 條）

（一）雇主聘僱之外國人於聘僱許可有效期間內，如需轉換雇主或受聘僱於二以上之雇主者，應由新雇主申請許可。申請轉換雇主時，新雇主應檢附受聘僱外國人之離職證明文件。（第 53 條）因此，移工無法自由轉換雇主。

（二）外國人受聘僱從事第 46 條第 1 項第 8 款至第 11 款規定之工作，有下列情事之一者，經中央主管機關核准，得轉換雇主或工作：

　　1. 雇主或被看護者死亡或移民者。

　　2. 船舶被扣押、沉沒或修繕而無法繼續作業者。

　　3. 雇主關廠、歇業或不依勞動契約給付工作報酬經終止勞動契約者。

　　4. 其他不可歸責於受聘僱外國人之事由者。

七、終止引進外勞（第 54 條）

　　雇主聘僱外國人從事第 46 條第 1 項第 8 款至第 11 款規定之工作，有下列情事之一者，中央主管機關應不予核發招募許可、聘僱許可或展延聘僱許可之一部或全部；其已核發招募許可者，得中止引進：

（一）於外國人預定工作之場所有第十條規定之罷工或勞資爭議情事。

（二）於國內招募時，無正當理由拒絕聘僱公立就業服務機構所推介之人員或自行前往求職者。（衡情已破壞外勞許可引進補充性的基本原則，並嚴重妨害本國勞工的就業機會，臺北高等行政法院判決 99 年度訴字第 962 號）。

（三）聘僱之外國人行蹤不明或藏匿外國人達一定人數或比率。

（四）曾非法僱用外國人工作。

（五）曾非法解僱本國勞工。

（六）因聘僱外國人而降低本國勞工勞動條件，經當地主管機關查證屬實。

（七）聘僱之外國人妨害社區安寧秩序，經依社會秩序維護法裁處。

（八）曾非法扣留或侵占所聘僱外國人之護照、居留證件或財物。

（九）所聘僱外國人遣送出國所需旅費及收容期間之必要費用，經限期繳納屆期不繳納。

（十）於委任招募外國人時，向私立就業服務機構要求、期約或收受不正利益。

（十一）於辦理聘僱外國人之申請許可、招募、引進或管理事項，提供不實或失效資料。

（十二）刊登不實之求才廣告。

（十三）不符申請規定經限期補正，屆期未補正。

（十四）違反本法或依第 48 條第 2 項、第 3 項、第 49 條所發布之命令。

（十五）　違反職業安全衛生法規定，致所聘僱外國人發生死亡、喪失部分或全部工作能力，且未依法補償或賠償。

（十六）　其他違反保護勞工之法令情節重大者。

前項第 3 款至第 16 款規定情事，以申請之日前二年內發生者為限。

八、繳納就業安定費

雇主聘僱外國人從事第 46 條第 1 項第 8 款至第 10 款規定之工作，應向中央主管機關設置之就業安定基金專戶繳納就業安定費，作為加強辦理有關促進國民就業、提升勞工福祉及處理有關外國人聘僱管理事務之用。受聘僱之外國人有連續曠職三日失去聯繫或聘僱關係終止之情事。經雇主依規定通知而廢止聘僱許可者，雇主無須再繳納就業安定費。

補充
按提起訴願，以行政處分存在為前提要件：所謂行政處分，係指行政主體，基於職權，就具體事件，所謂發生公法上法律效果之單方行政行為而言，至行政機關所為單純事實之敘述（或事實通知）或理由之說明，既不因該項敘述或說明而生何法律上之效果，自非行政處分，人民即不得對之提起訴願及行政訴訟。

九、通報

受聘僱之外國人有連續曠職三日失去聯繫或聘僱關係終止之情事，雇主應於三日內以書面載明相關事項通知當地主管機關、入出國管理機關及警察機關。但受聘僱之外國人有曠職失去聯繫之情事，雇主得以書面通知入出國管理機關及警察機關執行查察。

受聘僱外國人有遭受雇主不實之連續曠職三日失去聯繫通知情事者，得向當地主管機關申訴。經查證確有不實者，中央主管機關應撤銷原廢止聘僱許可及限令出國之行政處分。

（一）一般性違規

1. 違反第 5 條第 1 項、第 2 項第 1 款、第 4 款、第 5 款、第 34 條第 2 項、第 40 條第 1 項第 2 款、第 7 款至第 9 款、第 18 款規定者，處新臺幣 30 萬元以上 150 萬元以下罰鍰。未經許可從事就業服務業務違反第 40 條第 1 項第 2 款、第 7 款至第 9 款、第 18 款規定者，依前項規定處罰之。違反第 5 條第 1 項規定經處以罰鍰者，主管機關應公布其姓名或名稱、負責人姓名，並限期令其改善；屆期未改善者，應按次處罰。（第 65 條）

2. 違反第 40 條第 1 項第 5 款規定者，按其要求、期約或收受超過規定標準之費用或其他不正利益相當之金額，處十倍至二十倍罰鍰。未經許可從事就業服務業務違反第 40 條第 1 項第 5 款規定者，依前項規定處罰之。（第 66 條）

（二）刑事責任

就業服務法第 64 條第 2 項所稱之「媒介」，係指行為人居中媒合、介紹外國人非法在臺工作，其重點在於行為人具有媒介之行為，且因「媒介」行為並不問已否獲利為必要，是行為人媒介外國人非法為他人工作後，依媒介時之約定，其後按月向雇主收取報酬，即難認屬「媒介」之行為階段，倘他人於行為人媒介行為成立後，有代行為人收取報酬之行為，因行為人之媒介行為業已完成，自難認定為共犯。（臺灣臺中地方法院刑事判決 101 年度侵訴字第 150 號；最高法院 101 年度台上字第 885 號刑事判決）

十、雇主義務（第 57 條）

雇主聘僱外國人不得有下列情事：

（一）聘僱未經許可、許可失效或他人所申請聘僱之外國人。違反者罰 15~75 萬元；廢止招募及聘僱許可。

（二）以本人名義聘僱外國人為他人工作。違反者罰 15~75 萬元；廢止招募及聘僱許可。

（三）指派所聘僱之外國人從事許可以外之工作。

（四）未經許可，指派所聘僱從事第 46 條第 1 項第 8 款至第 10 款規定工作之外國人變更工作場所。

（五）未依規定安排所聘僱之外國人接受健康檢查或未依規定將健康檢查結果函報衛生主管機關。

（六）因聘僱外國人致生解僱或資遣本國勞工之結果。

（七）對所聘僱之外國人以強暴脅迫或其他非法之方法，強制其從事勞動。

（八）非法扣留或侵占所聘僱外國人之護照、居留證件或財物。

（九）其他違反本法或依本法所發布之命令。

 補充

《就業服務法》第 63 條

　　違反第 44 條或第 57 條第 1 款、第 2 款規定者，處新臺幣 15 萬元以上 75 萬元以下罰鍰。五年內再違反者，處三年以下有期徒刑、拘役或科或併科新臺幣 120 萬元以下罰金。

法院

　　公訴意旨認就業服務法第 63 條第 1 項後段之「五年」係自行為人初次違法行為之查獲時點起算云云，固非無據，惟該條項後段規定之「五年內再違反」應係指違反就業服務法第 57 條第 1 款規定，經罰鍰處分合法送達後，於該罰鍰處分事後未被撤銷之前提下，始足當之，是本件被告係於 101 年 10 月 31 日之行政處分送達前即遭查獲本案犯罪事實，尚難論以就業服務法第 63 條第 1 項後段之罪，公訴意旨前揭所認，尚有未洽。（臺灣新竹地方法院刑事判決 102 年度審易字第 343 號）

十一、遞補事項（第 58 條）

（一）外國人於聘僱許可有效期間內，因不可歸責於雇主之原因出國、死亡或發生行蹤不明之情事經依規定通知入出國管理機關及警察機關滿六個月仍未查獲者，雇主得向中央主管機關申請遞補。雇主聘僱外國人

從事第 46 條第 1 項第 9 款規定之家庭看護工作，因不可歸責之原因，並有下列情事之一者，亦得向中央主管機關申請遞補：

1. 外國人於入出國機場或收容單位發生行蹤不明之情事，依規定通知入出國管理機關及警察機關。

2. 外國人於雇主處所發生行蹤不明之情事，依規定通知入出國管理機關及警察機關滿三個月仍未查獲。

3. 外國人於聘僱許可有效期間內經雇主同意轉換雇主或工作，並由新雇主接續聘僱或出國者。

（二）遞補之聘僱許可期間，以補足原聘僱許可期間為限；原聘僱許可所餘期間不足六個月者，不予遞補。

十二、遣送

（一）雇主所聘僱之外國人，經入出國管理機關依規定遣送出國者，其遣送所需之旅費及收容期間之必要費用，應由下列順序之人負擔：

1. 非法容留、聘僱或媒介外國人從事工作者。

2. 遣送事由可歸責之雇主。

3. 被遣送之外國人。

（二）雇主所繳納之保證金，得檢具繳納保證金款項等相關證明文件，向中央主管機關申請返還。（第 60 條）

十三、死亡（第 61 條）

外國人在受聘僱期間死亡，應由雇主代為處理其有關喪葬事務。

十四、檢查（第 62 條）

主管機關、入出國管理機關、警察機關、海岸巡防機關或其他司法警察機關得指派人員攜帶證明文件，至外國人工作之場所或可疑有外國人違法工作之場所，實施檢查。對前項之檢查，雇主、雇主代理人、外國人及其他有關人員不得規避、妨礙或拒絕。

陸、罰則

一、處罰私立就業服務機構（第 69 條）

　　私立就業服務機構有下列情事之一者，由主管機關處一年以下停業處分：

（一）違反第 40 條第 1 項第 4 款至第 6 款、第 8 款或第 45 條規定。

（二）同一事由，受罰鍰處分三次，仍未改善。

（三）一年內受罰鍰處分四次以上。

二、廢止設立許可（第 70 條）

（一）私立就業服務機構有下列情事之一者，主管機關得廢止其設立許可：
　　　1. 違反第 38 條、第 40 條第 2 款、第 7 款、第 9 款或第 14 款規定。
　　　2. 一年內受停業處分二次以上。

（二）私立就業服務機構經廢止設立許可者，其負責人或代表人於五年內再
　　　行申請設立私立就業服務機構，主管機關應不予受理。

三、就業服務專業人員（第 71 條）

　　就業服務專業人員違反第 37 條規定者，中央主管機關得廢止其就業服務
專業人員證書。

四、廢止招募許可（第 72 條）

　　應廢止其招募許可及聘僱許可之一部或全部：

（一）有第 54 條第 1 項各款所定情事之一。

（二）有第 57 條第 1 款、第 2 款、第 6 款至第 9 款規定情事之一。

（三）有第 57 條第 3 款、第 4 款規定情事之一，經限期改善，屆期未改善。

（四）有第 57 條第 5 款規定情事，經衛生主管機關通知辦理仍未辦理。

（五）違反第 60 條規定。

五、廢止聘僱許可（第 73 條）

（一）為申請許可以外之雇主工作。

（二）非依雇主指派即自行從事許可以外之工作。

（三）連續曠職三日失去聯繫或聘僱關係終止。

（四）拒絕接受健康檢查、提供不實檢體、檢查不合格、身心狀況無法勝任所指派之工作或罹患經中央衛生主管機關指定之傳染病。

（五）違反依第 48 條第 2 項、第 3 項、第 49 條所發布之命令，情節重大。

（六）違反其他中華民國法令，情節重大。

（七）依規定應提供資料，拒絕提供或提供不實。

六、命令離境（第 74 條）

　　聘僱許可期間屆滿或經就業服務法第 73 條規定廢止聘僱許可之外國人，除本法另有規定者外，應即令其出國，不得再於中華民國境內工作。受聘僱之外國人有連續曠職三日失去聯繫情事者，於廢止聘僱許可前，入出國業務之主管機關得即令其出國。

　　有下列情事之一者，不適用第 1 項關於即令出國之規定：

（一）依本法規定受聘僱從事工作之外國留學生、僑生或華裔學生，聘僱許可期間屆滿或有就業服務法第 73 條第 1 款至第 5 款規定情事之一。

（二）受聘僱之外國人於受聘僱期間，未依規定接受定期健康檢查或健康檢查不合格，經衛生主管機關同意其再檢查，而再檢查合格。

七、罰鍰與強制執行（第 76 條）

　　依本法所處之罰鍰，經限期繳納，屆期未繳納者，移送強制執行。

 **問題與討論**

一、 依越南政府之規定，外勞有給付服務規費（即越南國稅）之義務，該外
　　 勞授權雇主代扣之約定是否有效？

MEMO

PART 06

勞資關係

CHAPTER 16

工會法

第一節　工會法立法與現況

　　憲法第 14 條規定「人民有集會及結社之自由」。民國 18 年 10 月 21 日國民政府制定公布全文 53 條；並自 18 年 11 月 1 日起施行，歷經 12 次修正，新《工會法》於民國 100 年 5 月 1 日正式施行。最近一次為民國 105 年 11 月 16 日。

　　過去臺灣的工會分為基層工會與工會聯合組織兩大類。基層工會又分為產業工會與職業工會兩大類，產業工會是由同一廠場或同一事業內從事不同工作的勞工所組成，職業工會則由同一區域內同一職業、技術的勞工組織而成。工會的聯合組織也分為兩種，第一種是指工會聯合會的橫向聯合組織，另一種則是稱為總工會的縱向聯合組織。[1]

　　最近修正《工會法》重點包括將工會組織之類型改為「企業工會」、「產業工會」和「職業工會」三種；企業工會採軟性強制入會原則[2]；工會會費增訂下限之規定；不當勞動行為的禁止及處罰條款；教師可以組織產業工會及職業工會[3]；各級政府機關及公立學校非以人事費進用之臨時人員，如非屬公務人員協會法第 2 條及第 51 條規定之人員，自得依工會法組織及加入工會[4]；工會會務自主化；工會運作民主化；外勞可以參選工會理監事；代扣會費、設置理事長及會務假。《工會法》主要是與《團體協約法》及《勞資爭議處理法》整體搭配立法，對於勞動三法運作呈現新面貌，促進勞資和諧。

　　我國工會的發展，歷經鎮壓、容忍、承認、整合等四階段（謝國雄，1997：296~297），採取「籠絡以便排斥」(include in order to exclude)（徐正光，1987），特別是排除自主性工會的成立。隨環境變遷及勞工意識覺醒，工會組織增多，尤其以職業工會為主體，但職業工會被評價為勞保工會。[5]蓋工

---

[1] 新「工會法」重要修法內容與對勞資關係衝擊之研究－國家政策研究基金會。

[2] 「工會」是什麼？（5 分）請問 2010 年 6 月 23 日修正公布的新「工會法」將工會組織分成哪幾種類型？（10 分）工會入會原則有「自由入會」和「強制入會」兩種，請說明兩者的差別為何？（10 分）──100 年公務人員特種考試身心障礙人員考試試題──勞資關係。

[3] 教師工會將會成為臺灣勞工運動的生力軍，目前公務員無法組織工會。

[4] 行政院勞工委員會 101 年 5 月 7 日勞資 1 字第 1010125791 號函。

[5] 76 年政府宣布解除戒嚴後，勞工素質的大幅提高與勞工意識抬頭，尤其工會權利意識增長，更促成自主工會運

會功能應展現在個別勞工力量凝結成有力組織，使之與資方具有對等協商地位，以保障勞動條件，而非著重於加勞健保事務。

西方國家工會運作過程中最常見的保障條款，計有封閉工廠(closed shop)、工會工廠(union shop)和代理工廠(agency shop)（衛民、許繼峰，2009：160~161）。所謂封閉工廠是指雇主只能僱用工會會員，受僱前要加入工會。所謂工會工廠指雇主可以僱用任何人，但新進的員工必須在受僱一定期間內（通常為 30 天）加入工會，離職前均持續有工會會員資格。所謂代理工廠指受僱者不必是工會會員，但必須付給工會代理費(agency fee)，相當於工會會費。其中代理工廠，已在勞資間建立共識，有些工會已訂在團體協約中落實。非工會會員若要同享協商成果，自應付費，禁止「搭便車者」(free riders)。

未來臺灣工會功能仍有很大空間可再檢討，例如工會自主性和勞資自治原則的確立，生存權和人格權保障的調和，另外在環境中經濟起飛又能保障勞工就業發展，區域經濟整合、競爭力，吸引外資等問題，均需工會在勞資系統中擔任重要溝通或協調角色。

 第二節 工會法內容

壹、總則

一、立法目的

為促進勞工團結，提升勞工地位及改善勞工生活（第 1 條）。

二、工會性質與主管機關

工會為法人（第 2 條）。所稱主管機關：在中央為勞動部；在地方為勞工局（處）（第 3 條）。

動的興起。參見王厚誠，建構工會新發展－工會法修正重點。

三、加入工會

　　勞工均有組織及加入工會之權利。但現役軍人與國防部所屬及依法監督之軍火工業員工，不得組織工會；軍火工業之範圍，由中央主管機關會同國防部定之。教師得依本法組織及加入工會。各級政府機關及公立學校公務人員之結社組織，依其他法律之規定。（第 4 條）

四、工會職掌

　　工會之任務如下：團體協約之締結、修改或廢止；勞資爭議之處理；勞動條件、勞工安全衛生及會員福利事項之促進；勞工教育之舉辦；會員就業之協助；工會或會員糾紛事件之調處。（第 5 條）

貳、工會組織

一、工會類型

　　工會組織類型如下，但教師僅得組織及加入職業或產業工會（第 6 條）。

（一）企業工會：結合同一廠場、同一事業單位、依公司法所定具有控制與從屬關係之企業，或依金融控股公司法所定金融控股公司與子公司內之勞工，所組織之工會【111 年初等】。勞工應加入企業工會（第 7 條）。各企業工會，以組織一個為限（第 9 條）。

（二）產業工會：結合相關產業內之勞工，所組織之工會。

（三）職業工會：結合相關職業技能之勞工，所組織之工會。但應以同一直轄市或縣（市）為組織區域。同種類職業工會，以組織一個為限（第 9 條）。

補充

1. 近年來我國受德國影響很大，國營事業管理法第 35 條規定，使勞工董事在雇主團體中占有一席之地，勞工可透過工會，開啟非財產式的集體參與，共同決定，工會非消極抵抗功能，因工會可進入董事會參與決策，使資方的資訊更透明，用勞資合作方式促進勞資和諧。

2. 依現行工會法之規定，若美食外送員欲籌組職業工會，須遵守下列事項：(1)結合相關職業技能之勞工組織工會、(2)由勞工 30 人以上連署發起、(3)應以同一直轄市或縣（市）為組織區域。

參、工會章程

工會章程應載明會員入會、出會、停權及除名（第 12 條）。

 補充

工會得於工會章程中明定，工會會員因故遭雇主終止勞動契約，該勞工依勞資爭議處理法規定向主管機關申請調解、仲裁、裁決，或向法院提起確認僱傭關係存在之訴訟，於調解、仲裁、裁決期間，或訴訟判決確定前，保留該勞工工會會員資格；如未於工會章程中明定，工會得依工會法第 26 條第 1 項第 11 款規定，經會員大會或會員代表大會之議決，保留該勞工工會會員資格，並自即日生效。[6]

肆、會員

一、 代表雇主行使管理權之主管人員，不得加入該企業之工會。但工會章程另有規定者，不在此限。（第 14 條）

二、 工會會員人數在一百人以上者，得依章程選出會員代表。工會會員代表之任期，每一任不得超過四年，自當選後召開第一次會員代表大會之日起算。（第 15 條）

三、 工會會員大會為工會之最高權力機關。但工會設有會員代表大會者，由會員代表大會行使會員大會之職權。（第 16 條）

四、 入會費每人不得低於其入會時之一日工資所得。經常會費不得低於該會員當月工資之百分之零點五。企業工會經會員同意，雇主應自該勞工加

---

[6] 勞資 1 字第 1020126343 號令。

入工會為會員之日起，自其工資中代扣工會會費，轉交該工會（第 28 條）。工會得於章程中自行訂定入會費或經常會費收費分級表（細則第 26 條）。

補充

1. 委託會員出席：

A 工會召開會員代表大會，會員代表人數 100 人，親自出席之會員代表 60 人，委託會員代表 30 人。

(1) 委託人數不得超過親自出席人數之 1/3。

(2) 只能計算前 20 位簽到者。

(3) 委託出席者應按簽到先後次序編號。

2. 企業工會經會員同意，包括會員個別對工會表示同意、會員大會或會員代表大會之議決、工會章程之規定、團體協約之約定或中華民國 100 年 5 月 1 日工會法修正施行前工會與雇主間已存在代扣會費之約定或慣例。企業工會經會員同意，即構成雇主為企業工會代扣工會會費之法定義務。除會員個別對工會表示同意之情形外，如以會員大會或會員代表大會議決、工會章程規定、團體協約約定或 100 年 5 月 1 日前工會與雇主間已存在代扣會費之約定或慣例等所形成之（集體）會員同意，縱個別會員另行出具書面予雇主而欲改為自行繳納會費，雇主應不受該個別會員停止代扣會費意思表示或聲明之拘束。[7]

伍、理事及監事

一、 工會應置理事及監事（第 17 條）。

二、 會員大會或會員代表大會休會期間，由理事會處理工會一切事務（第 18 條）。

三、 工會會員年滿二十歲者，得被選舉為工會之理事、監事（第 19 條）。

---

[7] 勞資 1 字第 1020125372 號令。

四、 工會理事、監事、常務理事、常務監事、副理事長、理事長及監事會召集人之任期,每一任不得超過四年(第 20 條)。

五、 理事長連選得連任一次。

六、 工會理事、監事、常務理事、常務監事、副理事長、理事長、監事會召集人及其代理人,因執行職務所致他人之損害,工會應負連帶責任(第 21 條)。

補充

工會理事、常務理事為督導及執行工會會務之職務,為避免渠等擔任會務人員恐造成工會運作之利害衝突或衍生弊端,理事及常務理事不得同時擔任工會負責財務(會計)、出納或採購相關事務工作之會務人員,至於可否擔任工會業務及組織發展推動之會務人員,得由工會於章程中自行訂定。

陸、會議

一、 工會理事會分為定期會議及臨時會議二種,由理事長召集之。定期會議,每三個月至少開會一次,至遲應於會議召開當日之七日前,將會議通知送達理事。臨時會議,經理事三分之一以上之請求,由理事長召集之,至遲應於會議召開當日之一日前,將會議通知送達理事。理事長認有必要時,亦得召集之(第 24 條)。

二、 理事應親自出席會議。

三、 工會會員大會或會員代表大會,應有會員或會員代表過半數出席,始得開會;非有出席會員或會員代表過半數同意,不得議決(第 27 條)。

四、 下列事項應經會員大會或會員代表大會之議決(詳見第 26 條):

(一) 工會章程之修改。

(二) 會員之停權及除名之規定。

(三) 集體勞動條件之維持或變更。

補充

　　工會申請一方交付仲裁，如其仲裁標的為集體勞動條件之維持或變更，依工會法第 26 條規定應經會員大會或會員代表大會之議決。復依勞資爭議處理法第 37 條規定，仲裁委員會就調整事項之勞資爭議所作成之仲裁判斷，視為爭議當事人間之團體協約，工會之會員為該團體協約之關係人，當應遵守該團體協約所約定之勞動條件。易言之，仲裁判斷將直接拘束全體會員，攸關勞工權益甚鉅。爰為保障工會及其所屬會員之權益，工會於申請一方交付仲裁時，應檢附系爭調整事項勞資爭議於會員大會或會員代表大會之議決紀錄。[8]

柒、監督

一、 工會會員大會或會員代表大會之召集程序或決議方法，違反法令或章程時，會員或會員代表得於決議後 30 日內，訴請法院撤銷其決議。但出席會議之會員或會員代表未當場表示異議者，不得為之（第 33 條）。

二、 工會會員大會或會員代表大會之決議內容違反法令或章程者，無效。（第 34 條）參見圖 16-1：[9]

捌、保護

一、雇主行使管理權之人，不得有下列行為：

（一） 對於勞工組織工會、加入工會、參加工會活動或擔任工會職務，而拒絕僱用、解僱、降調、減薪或為其他不利之待遇。

（二） 對於勞工或求職者以不加入工會或擔任工會職務為僱用條件。

（三） 對於勞工提出團體協商之要求或參與團體協商相關事務，而拒絕僱用、解僱、降調、減薪或為其他不利之待遇。

---

[8]　勞資 3 字第 1020125015 號函。

[9]　臺中市政府勞工局。

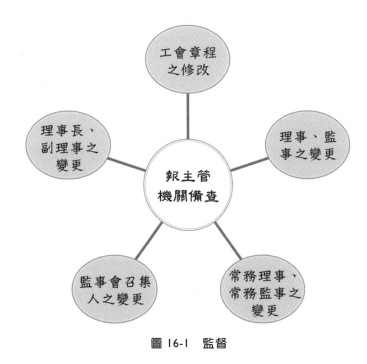

圖 16-1　監督

（四）對於勞工參與或支持爭議行為，而解僱、降調、減薪或為其他不利之待遇。

（五）不當影響、妨礙或限制工會之成立、組織或活動。

二、雇主或代表雇主行使管理權之人，因上述行為對勞工之解僱、降調或減薪者，無效。（第 35 條）

三、工會之理事、監事於工作時間內有辦理會務之必要者，工會得與雇主約定，由雇主給予一定時數之公假。企業工會與雇主間無前項之約定者，其理事長得以半日或全日，其他理事或監事得於每月五十小時之範圍內，請公假辦理會務。企業工會理事、監事擔任全國性工會聯合組織理事長，其與雇主無第一項之約定者，得以半日或全日請公假辦理會務。（第 36 條）【111 年初等】

玖、罰則

一、工會有違反法令或章程者，主管機關得予以警告或令其限期改善。必要時，並得於限期改善前，令其停止業務之一部或全部。工會違反法令或

章程情節重大，或經限期改善屆期仍未改善者，得撤免其理事、監事、理事長或監事會召集人（第 43 條）。

補充

　　第 43 條所定違反章程，應僅限於違反章程規定之內容。至於由章程授權所訂定位階較低之規範（如辦法或注意事項等），自不屬本條所定「章程」範圍。

二、　主管機關派員查核或限期檢送資料時，工會無正當理由規避、妨礙、拒絕或未於限期內檢送資料者，處行為人新臺幣 3 萬元以上 15 萬元以下罰鍰。（第 44 條）

三、　雇主或代表雇主行使管理權之人違反第 35 條第 1 項規定，經依勞資爭議處理法裁決決定者，由中央主管機關處雇主新臺幣 3 萬元以上 15 萬元以下罰鍰。（第 45 條）

四、　雇主或代表雇主行使管理權之人違反第 35 條第 1 項第 1 款、第 3 款或第 4 款規定，未依前項裁決決定書所定期限為一定之行為或不行為者，由中央主管機關處雇主新臺幣 6 萬元以上 30 萬元以下罰鍰。

五、　雇主或代表雇主行使管理權之人違反第 35 條第 1 項第 2 款或第 5 款規定，未依裁決決定書所定期限為一定之行為或不行為者，由中央主管機關處雇主新臺幣 6 萬元以上 30 萬元以下罰鍰，並得令其限期改正；屆期未改正者，得按次連續處罰。

六、　雇主未依第 36 條第 2 項規定給予公假者，處新臺幣 2 萬元以上 10 萬元以下罰鍰。（第 46 條）

CHAPTER 17

團體協約法

第一節 團體協商之現況

　　勞動者權利之保障，除生存權及工作權外，尚有勞動者之「有尊嚴的生存」及「人性化的工作條件」。為貫徹勞工基本人權之保障，勞動三權應一體運作。我國工會法、團體協約法及勞資爭議處理法等勞動三法，係於民國17、18、19 年國民政府時代公布施行，在早期已是周延法制。但隨勞工意識抬頭與大環境改變必須大修。我國的勞動三法在民國 100 年月 1 日正式施行。其中「團體協商」，係指工會和雇主，針對勞動條件透過談判達成協議的歷程。國際勞工組織(International Labor Organzation, ILO)團體協約定義為：「係指個別或多數之雇主或雇主團體與代表工人之團體或由工人依照國家法令選舉並授權之代表所締結關於規定工作條件及僱用條件之書面契約。」英國韋伯夫婦(B. S. Webbs)在 1891 年所提出，認為「團體協商」(Collective Bargaining)是「藉由工會主義以作為控制勞工進入工會的交換條件」應設定為一個經濟議題。團體協商之基本理念在於契約自由，但訂約雙方必以團體法人之工會及雇主或雇主團體為主。

　　團體協約訂定後如有事後因素存在雙方得終止，其原因計有「協約所訂期限屆滿或解除條件成立；團體協約當事人之合意；當事人單方之終止意思表示；團體協約之餘後效力」。其中「團體協約之餘後效力」指原團體協約屆滿期限，為免中斷效力致勞資無所適從，爰使其延續至新團體協約訂立或當事人以勞動契約另行約定為止。但餘後效力之範圍僅限於有關勞動條件部分。

壹、實施條件

　　團體協商的實施條件，Farnham, D. and J. Pimlott(1995)認為須具有「代表的自然性」、「權利的平衡性」、「特殊環境的適用性」。

一、代表的自然性

　　一個工會或組織須有完善的組織結構，也就是說這組織必須是自由的團體，並且將受僱勞工結合而成一個完全獨立的社團，經由這個社團與雇主進

行團體協商以建立工作條件。亦即受僱勞工能有充分的自由去組織工會團體，否則，若受雇主的控制，則工會不能處理勞工所需要的工作條件。

二、權利的平衡性

雇主承認工會的組織目的為團體協商，當雇主承認工會並願意平行與工會對談時，團體協商才有可能進行；當雇主反對工會，並不認為它是代表勞工爭取權益的組織時，政府的努力促成也是沒有用的。

三、特殊環境的適用性

透過完善的工會組織及雇主的承認，想要達成一個成功的團體協商，協商雙方必須具有「誠信協商」，並接受經過協商後的共同結果。但在協商的過程中，任何一方可經由多數的贊同程序，決定或修改已存在的條件，以達到更完善的團體協商結果。

貳、臺灣團體協商的問題

依照上述主張，臺灣團體協商的條件尚未成熟，勞資雙方締結團體協商的代表能力、權利平衡及環境的適應，均付之闕如，團體協商的模式根本無法適用於臺灣：

一、沒有協商卻有爭議，勞資問題愈演愈烈

臺灣勞資爭議發生之頻率，近年來有逐漸升高的趨勢：從 1987 年的 1,609 件、參加爭議人數 15,654 人，一路提升至 1996 年的 2,659 件，參加爭議人數 21,654 人；至 2002 年增至 14,017 件，參加爭議人數 105,714 人為歷年最高；2005 年則為 14,256 件，參加爭議人數 85,544 人，仍居高不下，勞資爭議確已達警戒的界線，非有適當的措施，恐難以改變。

二、工會未爭取改善勞動條件

根據行政院勞委會調查(2006)：在回答的 655 家產業工會中，對於爭取改善勞動條件情形，有 36.64%未爭取、有 63.36%認為已爭取，但有具體成效者僅有 48.70%顯示工會的功能極為有限。另外，工會除較大型工會外，幾

乎均在鬧窮。這些工會僅能應付日常費用，無法照顧到會員的需求，因此，政府和雇主的補助成為重要的財源，結果工會變成政府和雇主的御用工具。而財力足夠的職業工會及大型產業工會，則大部分淪為幹部們角力的場所，你爭我奪的結果，早已折損其力量了，絕大部分的工會根本無法與雇主相抗衡。

三、簽訂團體協約締結率偏低

根據行政院勞委會調查(2006)：2004 年底產、職業工會與事業單位締結團體協約者 260 家。根據行政院勞委會統計(2006)：從 1986 年團體協約計285 個，至 2004 年減至 260 個，這期間雖曾經有過增減，然大約維持在2,300 個之間，以 2004 年為例：在 260 個團體協約中，公營企業占 98 個、民營企業占 162 個；產業工會 241 個、職業工會占 19 個。以臺灣企業總數來比較，顯示簽訂團體協約仍為少數，且民營企業的締結率更是少之又少，而產業工會與職業工會的締結率均同樣面臨困難，與先進國家不可同日而語。

四、勞資雙方團體協商之意願與作用低落

根據行政院勞委會調查(2006)：在回答的 655 家產業工會中，有 45.19%有協商過、54.81%無協商過。另在回答的 120 家產業工會中，有 94.17%協約有效、5.83%協約失效，其中因定期契約屆滿 0.83%、不定期契約經單方預告終止 0.83%、其他 4.17%。顯示臺灣工會對於協商之意願有限，實際發揮作用者亦恐寥寥無幾。

參、解決之道

一、 據陳昇旭(1992)之研究，在團體協約締約內容方面，大多重覆著與勞動基準法規定相同之工資、工時、加班費及休假等勞動條件之規定，對於工會與雇主間之團體勞資關係運作，勞資參與、勞資爭議處理等制度，則較少觸及。團體協約之締約主體方面：大多為企業別之團體協約，而企業別工會最易受到雇主的控制及壓迫，故所協商之內容大都為雇主所左右。

　　由於工會內部的問題及團體協商的基本條件缺乏，臺灣企業與工會進行團體協商所占比率偏少，目前臺灣絕大部分無工會、無團體協商者，應屬於「非團體協商型的勞資關係」，加上有工會、無團體協商者，亦屬於「非團體協商型的勞資關係」合計占 91.1%；只有非常少數為有工會、有團體協商者，應屬於「團體協商型的勞資關係」占 8.9%。

二、立法院 96 年 12 月三讀通過團體協約法修正草案，增訂誠信協商規範與配套，未來勞資之一方要求進行團體協約之協商，他方無正當理由不得拒絕，否則經勞資爭議處理法裁決機制認定為不公平勞動行為者，行政機關可採取連續罰方式，促使勞資雙方進入實質協商程序。團體協約法是保障勞動者協商權之重要法律。惟該法自民國 21 年施行以來未曾修正，歷經數十年社會經濟之變遷，其部分規定與現行其他勞工法規有所出入，且缺乏對團體協商過程之相關規範，勞資中有一方無協商意願，即難以進入實質協商程序，更遑論團體協約之簽訂。團體協約法此次修法，乃配合工會法、勞資爭議處理法之修正，廣徵各界意見，並參酌外國立法例，增訂「團體協約之協商及簽訂」章，並配合未來工會組織多元化之發展，增訂適合工會之規範。

肆、團體協約立法後在臺實踐情形

　　現行法明確協約之勞方當事人為工會；明定誠信協商原則；增訂協商代表產生及團體協約簽訂之程序；改採備查制；公開揭示團體協約之義務；增訂團體協約得約定之事項；確保工會協商成果；當事人之一方得向他方請求協商變更團體協約內容或終止團體協約。

 **第二節 團體協約法之內容**

壹、立法目的

　　團體協約是一個保護勞工之制度：團體協商之起源可溯及自中古時代之「城市特許令」及「基爾特特許令」。團體協約法之立法目的，為規範團體協

約之協商程序及其效力，穩定勞動關係，促進勞資和諧，保障勞資權益。（第1條）

貳、書面契約

學理上，團體協商(Collective Bargaining)，是指一個或多數雇主或雇主團體與一個或多數個工人團體間的，為達成有關工作條件或僱傭條件協議的一種協商。團體協約法所稱團體協約，指雇主或有法人資格之雇主團體，與依工會法成立之工會，以約定勞動關係及相關事項為目的所簽訂之書面契約（第2條）。但團體協約內不得限制雇主採用新式機器。

> 補充
>
> 　　團體協約係為契約行為之一種，雙方當事人須具有權利能力及行為能力。基此，團體協約締約當事人，雇方可為個別具有權利能力及行為能力之雇主（例如獨資資本主、公司等），亦可為有權利能力及行為能力之法人資格雇主團體（例如各業同業工會或其聯合會）。

參、效力

一、 團體協約違反法律強制或禁止之規定者，無效。但其規定並不以之為無效者，不在此限。（第3條）

二、 有二個以上之團體協約可適用時，除效力發生在前之團體協約有特別約定者外，優先適用職業範圍較為狹小或職務種類較為特殊之團體協約；團體協約非以職業或職務為規範者，優先適用地域或人數適用範圍較大之團體協約（第4條）。

> 補充
>
> 　　團體協約條經由團體協商後簽訂之書面契約，參考民法第71條規定，明訂團體協約違反法律強制或禁止之規定者，無效。但法律規定並不以之為無效者，不在此限，以保障勞資雙方之權益。

肆、主管機關

主管機關在中央為勞動部；在直轄市為直轄市政府；在縣（市）為縣（市）政府（第 5 條）。

伍、團體協約之協商及簽訂

一、協商原則

（一）欲作成有效率的團體協商，須勞資雙方均一本誠信原則展開協商，始克達成。我國團體協約法第 6 條第 1 項規定：「勞資雙方應本誠實信用原則，進行團體協約之協商；對於他方所提團體協約之協商，無正當理由者，不得拒絕。」勞資之一方如有違反，經依勞資爭議處理法之裁決認定者，處新臺幣 10 萬元以上 50 萬元以下罰鍰。勞資之一方，未依裁決決定書所定期限為一定行為或不行為者，再處新臺幣 10 萬元以上 50 萬元以下罰鍰，並得令其限期改正；屆期仍未改正者，得按次連續處罰。基此，有一定嚇阻效用。再者，有誠信協商入法，工會推展會務，爭取與雇主之談判空間，較能落實。又勞資爭議處理法第 51 條就違反誠信之爭議事項可以申請裁決，更會促使協商機制廣為運用。

（二）勞資之一方於有協商資格之他方提出協商時，有下列情形之一，為無正當理由（不誠信協商的態樣）：

1. 對於他方提出合理適當之協商內容、時間、地點及進行方式，拒絕進行協商。

2. 未於六十日內針對協商書面通知提出對應方案，並進行協商。

3. 拒絕提供進行協商所必要之資料。

（三）已有協商資格之勞方，指下列工會：

1. 企業工會。

2. 會員受僱於協商他方之人數，逾其所僱用勞工人數二分之一之產業工會。

3. 會員受僱於協商他方之人數，逾其所僱用具同類職業技能勞工人數二分之一之職業工會或綜合性工會。

4. 不符合數工會，所屬會員受僱於協商他方之人數合計逾其所僱用勞工人數二分之一。

5. 經依勞資爭議處理法規定裁決認定之工會。

（四）勞方有二個以上之工會，或資方有二個以上之雇主或雇主團體提出團體協約之協商時，他方得要求推選協商代表，無法產生協商代表時，依會員人數比例分配產生（第 6、32 條）。

（五）勞資雙方進行團體協約之協商期間逾六個月，並經勞資爭議處理法之裁決認定無正當理由拒絕協商者，直轄市或縣（市）主管機關於考量勞資雙方當事人利益及簽訂團體協約之可能性後，得依職權交付仲裁。但勞資雙方另有約定者，不在此限。

補充

　　參酌美國法制為解決有關團體交涉代表之勞資糾紛與工會相互間糾紛，避免發生雇主以任意選擇協商當事工會方式來控制或主宰工會，並顧及工會如代表共同利益一致性越多（工作性質、勞動條件或福利待遇）之受僱者進行團體協商，使受僱者之協商利益得以極大化，協商之集體性利益凌駕於個別性利益之上，工會應先獲取多數受僱者支持，於強化工會做為協約當事人之正當性後，雇主方有絕對之協商義務，故有「適當協商單位」及「專屬協商代表權」等排他性的協商主體制度之設計。

二、保密與費用

　　因進行團體協約之協商而提供資料之勞資一方，得要求他方保守秘密，並給付必要費用。（第 7 條）

三、協商代表

　　工會或雇主團體以其團體名義進行團體協約之協商時，其協商代表應依下列方式之一產生，協商代表之人數，以該團體協約之協商所必要者為限：

（一）依其團體章程之規定。

（二）依其會員大會或會員代表大會之決議。

（三）經通知其全體會員，並由過半數會員以書面委任。

（四）協商代表，以工會或雇主團體之會員為限。但經他方書面同意者，不
　　　在此限。（第8條）

補充

　　團體協約法第8條，有關協商代表之規定，僅就團體協約之勞方或雇方為
團體時，需有特別內部授權程序之規範，惟進行團體協商當事人之一方如非為
雇主團體而係同法第2條所稱之雇主時，因團體協約法未有對雇主之協商代表
之資格或產生之方式有明文規範，爰此，雇主協商代表之產生應回歸民法之代
表、代理或公司法之代表等相關規定辦理。

四、出席人數

（一）工會或雇主團體以其團體名義簽訂團體協約，除依其團體章程之規定
　　　為之者外，應先經其會員大會或會員代表大會之會員或會員代表過半
　　　數出席，出席會員或會員代表三分之二以上之決議，或通知其全體會
　　　員，經四分之三以上會員以書面同意。

（二）未依規定所簽訂之團體協約，於補行程序追認前，不生效力（第9
　　　條）。

五、團體協約之備查與核可

（一）團體協約簽訂後，勞方當事人應將團體協約送其主管機關備查；其變
　　　更或終止時，亦同。基此，此備查機制，乃適用於一般私部門的團體
　　　協約，亦即僅依程序逐送勞工行政主管機關備查，不必經其認可。

（二）公部門的團體協約簽訂前，須先取得「核可」，下列團體協約，應於簽
　　　訂前取得核可，未經核可者，無效：

　　1. 一方當事人為公營事業機構者，應經其主管機關核可。

　　2. 一方當事人為國防部所屬機關（構）、學校者，應經國防部核可。

　　3. 一方當事人為前二款以外之政府機關（構）、公立學校而有上級主管機關者，應經其上級主管機關核可。但關係人為工友（含技工、駕駛）者，應經行政院人事行政局核可。（第 10 條）

（三）公部門的核可機制，依衛民(2008)的研究，會增加勞資爭議，尤其勞方會指控上級機關干預勞資事務。基此，假如某縣市教師職業工會已達到團體協約簽訂人數，並與某校達成共識，簽訂團體協約前未經教育局核可，其協商行為所為之團體協議書屬無效行為，則工會自主性及勞資協商自治性恐嚴重受挑戰。

補充

　　團體協約法第 10 條、勞資爭議處理法第 9 條及地方制度法第 5、14 條，勞方當事人如非工會，而係勞工個人或多數人時，因機關無組織隸屬之上級機關，且該爭議如經調解成立，無團體協約之效力。

六、公開揭示

　　團體協約雙方當事人應將團體協約公開揭示之，並備置一份供團體協約關係人隨時查閱（第 11 條）。

陸、團體協約之內容及限制

一、約定事項

（一）團體協約得約定下列事項

　　1. 工資、工時、津貼、獎金、調動、資遣、退休、職業災害補償、撫卹等勞動條件。

　　2. 企業內勞動組織之設立與利用、就業服務機構之利用、勞資爭議調解、仲裁機構之設立及利用。

3. 團體協約之協商程序、協商資料之提供、團體協約之適用範圍、有效期間及和諧履行協約義務。

4. 工會之組織、運作、活動及企業設施之利用。

5. 參與企業經營與勞資合作組織之設置及利用。

6. 申訴制度、促進勞資合作、升遷、獎懲、教育訓練、安全衛生、企業福利及其他關於勞資共同遵守之事項。

7. 其他當事人間合意之事項。

（二）學徒關係與技術生、養成工、見習生、建教合作班之學生及其他與技術生性質相類之人，其前項各款事項，亦得於團體協約中約定（第 12 條）。

二、禁止調整事項

團體協約得約定，受該團體協約拘束之雇主，非有正當理由，不得對所屬非該團體協約關係人之勞工，就該團體協約所約定之勞動條件，進行調整。但團體協約另有約定，非該團體協約關係人之勞工，支付一定之費用予工會者，不在此限。（第 13 條）基此，受僱員工不強迫加入工會，但須支付工會代理費，此為「代理工廠」的工會保障條款。

補充

團體協約固以約定勞動關係之相關事項為主，惟基於契約當事人自治原則，團體協約亦可就非勞動關係事項為約定，又本法第 1 條所稱勞動關係，雖以個別勞動關係為主體，然並不排除雙方另就集體勞動關係及管理權之範圍作約定。有鑑於團體協約在我國實務運作之經驗不豐，為收教育之效，並供勞資雙方進行團體協約協商之參考，明定團體協約得約定之事項。

三、僱用工會會員

團體協約得約定雇主僱用勞工，以一定工會之會員為限。但有下列情形之一者，不在此限：

（一）該工會解散。

（二）該工會無雇主所需之專門技術勞工。

（三）該工會之會員不願受僱，或其人數不足供給雇主所需僱用量。

（四）雇主招收學徒或技術生、養成工、見習生、建教合作班之學生及其他與技術生性質相類之人。

（五）雇主僱用為其管理財務、印信或機要事務之人。

（六）雇主僱用工會會員以外之勞工，扣除前二款人數，尚未超過其僱用勞工人數十分之二。（第 14 條）

補充

　　雇主經營管理權固應予以充分尊重，惟基於勞資一體、共存共榮，亦應給予勞工一定參與之空間，本條規定將雇主經營管理（人事事項）列為團體協商內容，但能予以必要程度之限制。

四、不得限制事項

　　團體協約不得有限制雇主採用新式機器、改良生產、買入製成品或加工品之約定。（第 15 條）【111 年初等】

五、禁止毀約

　　團體協約當事人之一方或雙方為多數時，當事人不得再各自為異於團體協約之約定。但團體協約另有約定者，從其約定（第 16 條）。

柒、團體協約之效力

一、遵守事項

　　團體協約除另有約定者外，下列各款之雇主及勞工均為團體協約關係人，應遵守團體協約所約定之勞動條件：

（一）為團體協約當事人之雇主。

（二）屬於團體協約當事團體之雇主及勞工。

（三）團體協約簽訂後，加入團體協約當事團體之雇主及勞工。

（四）團體協約關係人，其關於勞動條件之規定，除該團體協約另有約定外，自取得團體協約關係人資格之日起適用之。（第 17 條）

補充

團體協約係以約定勞動關係為其目的，因此團體協約應以其有本法第 2 條所稱勞動關係之人為其規範對象，始其意義。個別雇主係實際僱用勞工之人，而勞工係實際提供勞務之人，為使團體協約對勞動契約產生約束力，團體協約不論由個別雇主與工會簽訂或由雇主團體與工會簽訂，團體協約之效力必須落實到實際僱用勞工之雇主及提供勞務之勞工（工會會員），故就簽訂團體協約之雇主而言，不但具有團體協約當事人之身分，同時應賦予其具有團體協約關係人之身分，課以遵守團體協約所訂勞動條件事項之義務，於第 1 款將為團體協約當事人之雇主，明定其為團體協約關係人。

二、權利與義務

（一）第 17 條第 1 項所列團體協約關係人因團體協約所生之權利義務關係，除第 21 條規定者外，於該團體協約終止時消滅。

（二）團體協約簽訂後，自團體協約當事團體退出之雇主或勞工，於該團體協約有效期間內，仍應繼續享有及履行其因團體協約所生之權利義務關係。（第 18 條）

三、契約之內容

團體協約所約定勞動條件，當然為該團體協約所屬雇主及勞工間勞動契約之內容。勞動契約異於該團體協約所約定之勞動條件者，其相異部分無效；無效之部分以團體協約之約定代之。但異於團體協約之約定，為該團體

協約所容許或為勞工之利益變更勞動條件，而該團體協約並未禁止者，仍為有效。（第 19 條）

> **補充**
>
> 　　工作規則所規定之勞動條件低於原團體協約之規定，應屬無效；勞資雙方如協商降低原團體協約所定之勞動條件，應修改團體協約內容，不能僅修改工作規則為已足。又，工作規則所定勞動條件如高於團體協約所約定的內容，而不為團體協約所禁止或為其所容許者，依團體協約法第 16 條之精神，應為有效。

四、不生效力之情況

（一）團體協約有約定第 12 條第 1 項第 1 款及第 2 款以外之事項者，對於其事項不生團體協約法第 17 至 19 條之效力。

（二）團體協約關係人違反團體協約中不屬於第 12 條第 1 項第 1 款之約定時，除團體協約另有約定者外，適用民法之規定（第 20 條）。

五、團體協約期間屆滿

　　團體協約期間屆滿，新團體協約尚未簽訂時，於勞動契約另為約定前，原團體協約關於勞動條件之約定，仍繼續為該團體協約關係人間勞動契約之內容（第 21 條）。

六、拋棄權利

（一）團體協約關係人，如於其勞動契約存續期間拋棄其由團體協約所得勞動契約上之權利，其拋棄無效。但於勞動契約終止後三個月內仍不行使其權利者，不得再行使。

（二）受團體協約拘束之雇主，因勞工主張其於團體協約所享有之權利或勞動契約中基於團體協約所生之權利，而終止勞動契約者，其終止為無效（第 22 條）。

七、爭議行為

（一）團體協約當事人及其權利繼受人，不得以妨害團體協約之存在或其各個約定之存在為目的，而為爭議行為。此為團體協約當事人的和平義務規範。

（二）團體協約當事團體，對於所屬會員，有使其不為前項爭議行為及不違反團體協約約定之義務。此為團體協約當事人之敦促義務。

（三）團體協約得約定當事人之一方不履行團體協約所約定義務或違反前二項規定時，對於他方應給付違約金。

（四）關於團體協約之履行，除本法另有規定外，適用民法之規定（第 23 條）。

八、損害賠償

　　團體協約當事團體，對於違反團體協約之約定者，無論其為團體或個人為本團體之會員或他方團體之會員，均得以團體名義，請求損害賠償。（第 24 條）

九、訴訟名義

（一）團體協約當事團體，得以團體名義，為其會員提出有關協約之一切訴訟。但應先通知會員，並不得違反其明示之意思。

（二）關於團體協約之訴訟，團體協約當事團體於其會員為被告時，得為參加（第 25 條）。

捌、團體協約之存續期間

一、簽約

　　團體協約得以定期、不定期或完成一定工作為期限，簽訂之（第 26 條）。

二、終止團體協約

（一）團體協約為不定期者，當事人之一方於團體協約簽訂一年後，得隨時終止團體協約。但應於三個月前，以書面通知他方當事人。

（二）團體協約約定之通知期間較前項但書規定之期間為長者，從其約定（第 27 條）。

三、期限

（一）團體協約為定期者，其期限不得超過三年；超過三年者，縮短為三年（第 28 條）。

（二）團體協約以完成一定工作為期限者，其工作於三年內尚未完成時，視為以三年為期限簽訂之團體協約（第 29 條）。

四、權利義務之移轉

（一）團體協約當事人及當事團體之權利義務，除團體協約另有約定外，因團體之合併或分立，移轉於因合併或分立而成立之團體。

（二）團體協約當事團體解散時，其團體所屬會員之權利義務，不因其團體之解散而變更。但不定期之團體協約於該團體解散後，除團體協約另有約定外，經過三個月消滅（第 30 條）。

五、變更團體協約

團體協約簽訂後經濟情形有重大變化，如維持該團體協約有與雇主事業之進行或勞工生活水準之維持不相容，或因團體協約當事人之行為，致有無法達到協約目的之虞時，當事人之一方得向他方請求協商變更團體協約內容或終止團體協約（第 31 條）。例如 2008 年金融海嘯之重大財經變化，部分團協約無法執行，新修正之規定已突破困境，如有類此事故，一方得向他方請求重新協商團體協約內容，或終止團體協約，或雇主關廠、遷廠時，也可請求。

補充

　　本法條規範勞資雙方協商權行使，基於尊重勞資自治自律精神，並鑑於過去我國團體協商制度推動成效不佳，雇主團體不願與工會進行協商為主要因素，復以考量我國工會實力現況尚無法僅仰賴其實力以確保協商權行使之事實，故仍須政府一定程度之介入，透過一定金額之處罰，較能真正落實誠信協商之保障，故明定勞資之一方無正當理由拒絕協商者（包括拒絕與專屬協商代表工會進行協商、未依期限提出對應方案、拒絕提供合理協商必要資料等），他方得依勞資爭議處理法就協商內容事項進行調解或仲裁，同時並得對於拒絕協商之行為，另循勞資爭議處理法有關裁決之規定，經裁決認定後，課以新臺幣 5 萬元以上，15 萬元以下之罰鍰，同時令其限期改善，屆期不為改善者，按日連續處罰。

六、罰則

（一）勞資之一方，違反第 6 條第 1 項規定，經依勞資爭議處理法之裁決認定者，處新臺幣 10 萬元以上 50 萬元以下罰緩。

（二）勞資之一方，未依裁決決定書所定期限為一定行為或不行為者，再處新臺幣 10 萬元以上 50 萬元以下罰緩，並得令其限期改正；屆期仍未改正者，得按次連續處罰（第 32 條）。

 **問題與討論**

一、 試說明「產業民主」的意涵？發展背景為何？請依據「產業民主」的意涵，舉例說明「產業民主」在我國具體的實踐為何？

CHAPTER 18

勞資爭議處理法

第一節　勞資爭議處理立法現況

壹、雙面孔理論

　　勞工立法上所稱之勞資爭議通常均指狹義之勞資爭議，故勞資爭議處理制度上勞資爭議之處理對象以狹義之勞資爭議為限[1]。勞資爭議主體分為兩種，一為雇主與勞工之爭議，屬個別爭議(Individual dispute)，另一為雇主團體與工會幹部之爭議，屬集體爭議(Collective dispute)。工會在勞資爭議中扮演重要角色；其中工會幹部與雇主團體之勞資糾紛，以現行勞資爭議法之規範，得尋「裁決」處理。到底工會特質為何？美國經濟學家傅利門(Richard Freeman)和麥道夫(James Medoff)在 1984 年著《What Do Unions Do?》一書，其中指出工會具有「雙面孔」(two faces)的特質：「勞動壟斷、制度發聲」。所謂「勞動壟斷」，例如工會減少勞動流動率、減少雇主之僱用及訓練成本。所謂「制度發聲」為政治性，屬比較積極的因應方式，例如罷工中壟斷正常營運，致有害總生產量的提高。現在已是 21 世紀的第二個十年，勞資關係系統的主要結構已有重大的變化，工會的雙孔理論宜補充與修正[2]，例如避免過度壟斷勞動供給、勿阻礙雇主引進新設備[3]及勿過度干涉雇主管理權限等。

貳、立法與勞資爭議現況

　　民國 17 年 6 月 9 日國民政府制定公布施行歷經 9 次修正，最後一次於民國 106 年 1 月 18 日修正公布第 6、43 條條文；施行日期，自 106 年 5 月 1 日施行。勞資爭議途徑及解決爭議方法趨向多元化。過去雇主因惡意關廠歇業等經濟上的事由終止勞動契約時，而被資遣的勞工往往在工資、資遣費和退休金都可能會遭受到莫大的損失，致勞資爭議與員工抗爭事件層出不窮。但最近幾年這類爭議事件似乎稍微緩和一些，乃因我國的勞資關係系統中有一個機制，即在民國 104 年分別增訂勞動基準法第 28 條「積欠工資代償基金代

---

[1]　孫友聯，從勞資爭議看臺灣勞工法院設置之必要性，財團法人民間司法改革基金會。

[2]　105 年公務人員普通考試試題－勞工行政。

[3]　工會怕會員失業。

償積欠之工資、退休金、資遣費」；同法 56 條「補提勞工退休準備金與提補之作為」；勞工退休金條例第 19 條「勞工退休金開立專戶保障」，使企業關廠歇業時暫時降低勞工在工資、資遣費和退休金部分損失，以資因應。[4]

近年來，勞資爭議事項多以工時及工資為多。民國 105 年 12 月 21 日我國修正勞動基準法有關工作時間及休假相關規範，亦即一般所謂「一例一休」之的修法。為配合「一例一休」之勞動基準法修法的工時調整，企業在法令容許的範圍內，可以靈活創新方式實施工時彈性化措施，以為因應。例如勞資協商勞工每天減少工作時間一小時；調整工作起迄時間；休息日與例假日；調降法定工時，國定假日調移，均涉及權利事項，為勞動條件與勞資爭議之核心。雖然「一例一休」立法有其良益，卻爭議不斷，變形工時是否可以套用於各行各業？[5]事實層面是值得再檢討的。致工資爭議部分，為解決低薪爭議，我國基本工資歷年來逐次調高[6]，自民國 111 年 1 月 1 日起，每月基本工資調整為 25,250 元，每小時基本工資調整為 168 元，但部分企業薪資結構不符規定之爭議仍存在，民國 105 年修正勞動基準法同時提高罰鍰，期加強保障勞工之勞動條件，以減紛爭。

綜上，勞資爭議影響最大是勞工生活。現行勞資爭議處理所建立之調解、仲裁及評斷程序多數屬權利事項，而最後須轉到司法機關處理者特多，因行政機關權能受限，訴訟費用雖有《勞資爭議法律及生活費用扶助辦法》給予扶助，然「訴訟冗長、補助有限」，根本方法是在制度面上再次檢討快速處理機制，以免勞工訟累。

---

[4] 同上註。

[5] 理論是可以套用，然而，政府並無深入各廠區了解實務運作，以致勞資政運作脫節，毫無交集，政府依然不能回應社會期待。

[6] 民國 19 年我國政府批准國際勞工組織「設釐定最低工資機構公約」。

第二節 勞資爭議處理法內容

壹、總則

一、立法理由

為處理勞資爭議，保障勞工權益，穩定勞動關係（第1條）。

二、解決爭議原則

（一）勞資雙方當事人應本誠實信用及自治原則，解決勞資爭議（第2條）。

（二）勞資爭議增加的原因：1.政府有申訴管道。2.勞動檢查功能增加。3.媒體很能爆料。4.民意代表關心。5.勞工團體團結。6.勞工意識增加。

三、適用對象

雇主或有法人資格之雇主團體與勞工或工會發生勞資爭議時，適用之。但教師之勞資爭議屬依法提起行政救濟之事項者，不適用之（第3條）。

四、定義

定義如下：（第5條）

（一）勞資爭議：指權利事項及調整事項之勞資爭議。

（二）權利事項之勞資爭議：指勞資雙方當事人基於法令、團體協約、勞動契約之規定所為權利義務之爭議。[7]

（三）調整事項之勞資爭議：指勞資雙方當事人對於勞動條件主張繼續維持或變更之爭議。

---

[7] 97年度臺上字第1542號：勞動契約與委任契約固均約定以勞動力之提供作為契約當事人給付之標的。惟勞動契約係當事人之一方，對於他方在從屬關係下提供其職業上之勞動力，而他方給付報酬之契約，與委任契約之受任人處理委任事務時，並非基於從屬關係不同。公司經理人與公司間之關係究為勞動關係或委任關係，應視其是否基於人格上、經濟上及組織上從屬性而提供勞務等情加以判斷。

（四）爭議行為：指勞資爭議當事人為達成其主張，所為之罷工或其他阻礙事業正常運作及與之對抗之行為。

（五）罷工：指勞工所為暫時拒絕提供勞務之行為。

五、權利事項

（一）權利事項之勞資爭議，得調解、仲裁或裁決程序處理之。法院為審理權利事項之勞資爭議，必要時應設勞工法庭（第 6 條）[8]。

（二）權利事項之勞資爭議，勞方當事人有下列情形之一者，中央主管機關得給予適當扶助：

1. 提起訴訟。

2. 依仲裁法提起仲裁。

3. 因工會法第 35 條第 1 項第 1 款至第 4 款所定事由，依本法申請裁決。[9]

勞工常見 Q&A

Q1：權利事項以僱傭關係為斷，但阿美由非主管調任主管[10]，發生退休金爭議是否可以申請調解或訴訟？

A1：按勞動契約與以提供勞務為手段之委任契約之主要區別，在於提供勞務者與企業主間，其於人格上、經濟上及組織上從屬性之有無。原不具主管身分之員工晉升擔任主管職務者，與企業主間契約關係之性質，應本

---

[8] 105 年 12 月 21 日我國或布修正勞動基準法有關工作時間及休假相關規範，亦即一般所謂「一例一休」之勞動基準法的修法。為配合「一例一休」之勞動基準法修法的工時調整，企業在法令容許的範圍內，可以靈活創新方式實施工時彈性化措施，以為因應。請說明：(1)企業在法令容許的範圍內可以實施工時彈性化之措施有哪些？（10 分）(2)企業依工作性質及需求，在法令容許的範圍內可以採行之彈性工時（變形工時）模式有哪些？並請說明其法律規範。（15 分）106 年公務人員特種考試身心障礙人員考試主要考試重點－一例一休之工時工資權利事項。

[9] 工會法部分（工會法第 35、45 條）雇主不當行為（對罷工行為）：對於勞工參與或支持爭議行為，而解僱、降調、減薪或為其他不利之待遇。雇主或代表雇主行使管理權之者違反第 35 條第 1 項第 4 款規定，未依裁決決定書所定期特為一定之行為或不行為者，由中央主管機關處雇主新臺幣 6 萬元以上 30 萬元以下罰鍰。

[10] 當前產業結構變動快速，雇主為因應市場需求的改變，有時得調整企業組織或調整員工工作以為因應，有時得考量員工適才適所或員工發展的歷練，而調動勞工工作。雇主在調動勞工工作時，卻往往因勞工權益而產生調動之勞資爭議。請問為保障勞工的工作權益，雇主調動員工工作，須遵守的法律基本要求為何？（25 分）106 年公務人員特種考試身心障礙人員考試主要考試重點－調動五原則。本案乃調升主管職務產生權利事項爭議。

於雙方實質上權利義務內容之變動、從屬性之有無等為判斷。如仍具從屬性，則縱其部分職務有獨立性，仍應認定屬勞基法所規範之勞雇關係。[11]換言之，阿美雖為國內業務主管，然就其負責之業務，並非完全具有自主決定之權限，在人格、經濟及組織上，仍具從屬於公司之性質，雖就一定金額之交易，依公司授權，有獨立決定之權限，其與公司間仍為勞動關係。基此，發生退休金爭議可以進行調解或訴訟。

Q2： 阿美於 106 年 8 月 1 日向公司說了：「我要辭職」，公司人資說：「請妳提出書面辭呈」，效力如何？

A2： 1. 阿美片面終止勞動契約，不必公司同意。也不必有書面，都有效力。

2. 阿美用何種方式辭職？法無限制，可用簡訊或電話，但依據民法第 95 條規定，辭職的意思表須到達 A 公司。最好 A 公司留存證明，以免日後爭議。

3. 阿美要明確表示終止日期，如沒有，則不生終止效力。

六、調整事項爭議

調整事項之勞資爭議，依調解、仲裁程序處理之。前項勞資爭議之勞方當事人，應為工會。但有下列情形者，亦得為勞方當事人：（第 7 條）

（一） 未加入工會，而具有相同主張之勞工達十人以上。

（二） 受僱於僱用勞工未滿十人之事業單位，其未加入工會之勞工具有相同主張者達三分之二以上。

七、禁止爭議期間

勞資爭議在調解、仲裁或裁決期間，資方不得因該勞資爭議事件而歇業、停工、終止勞動契約或為其他不利於勞工之行為；勞方不得因該勞資爭議事件而罷工或為其他爭議行為[12]（第 8 條）。

---

[11]　104 年度臺上字第 1294 號。

[12]　第 62 條：雇主或雇主團體違反第 8 條規定者，處新臺幣 20 萬元以上 60 萬元以下罰鍰。工會違反第 8 條規定者，處新臺幣 10 萬元以上 30 萬元以下罰鍰。勞工違反第 8 條規定者，處新臺幣 1 萬元以上 3 萬元以下罰鍰。

補充

1. 第 8 條立法之目的旨在保障合法之爭議權,並使勞資爭議在此期間內得以暫為冷卻,避免爭議事件擴大,故所謂調解期間係指依勞資爭議處理法所定調解程序之期間而言,至勞資雙方依其他法令所行之調解程序,尚無上開勞資爭議處理法第 7 條、第 8 條規定之適用。又勞資爭議經調解不成立,當事人就同一爭議再度申請調解者,同法第 8 條規定無適用之餘地,否則,將使他方無從依其他方法行使其權利,以解決雙方之爭議。[13]

2. 按勞資爭議處理法規定,勞資爭議在調解或仲裁期間,資方不得因該勞資爭議事件而終止勞動契約,惟同法所稱「權利事項之勞資爭議」者,係指勞資雙方當事人基於法令、團體協約、勞動契約規定所主張之權利,究竟是否存在及一方之權利有無遭他方侵害所引起之爭議而言,諸如資方不依約發給工資、不給付資遣費、退休金或不具法定事由與法定程序任意解僱之類;所稱「調整事項之勞資爭議」者,乃指勞資雙方當事人對於勞動條件如何調整、變更或主張繼續維持所產生之爭議而言,舉凡勞方因物價上漲要求提高若干比例之工資、加發獎金、增付津貼或要求減少一定工時等均屬之。又勞基法就勞動契約之終止係採法定事由制,依該法第 11 條第 2 款規定之反面解釋,雇主有虧損情事時,得預告勞工終止勞動契約,故雇主如確有虧損之法定原因,並已依該條款規定預告勞工終止勞動契約,縱勞工對之有爭執而申請調解,因其爭議本非屬於勞資爭議處理法所定之勞資爭議事項,雇主依該法令規定之正當理由據以終止勞動契約,即不發生違反同法第 8 條規定而為無效之問題。[14]

貳、調解

一、 勞資爭議當事人一方申請調解時,應向勞方當事人勞務提供地勞工局提出調解申請書。

---

[13] 98 年度臺再字第 47 號。

[14] 97 年度臺上字第 1880 號

二、 爭議當事人一方為團體協約法之機關（構）、學校者，其出席調解時之代理人應檢附同條項所定有核可權機關之同意書。

三、 勞工局對於勞資爭議認為必要時，得依職權交付調解，並通知勞資爭議雙方當事人。

四、 調解，其勞方當事人有二人以上者，各勞方當事人勞務提供地勞工局，就該調解案件均有管轄權（第 9 條）。

五、 調解方式

　　勞工局受理調解之申請，應依申請人之請求，以下列方式之一進行調解：[15]（第 11 條）

（一）指派調解人。勞工局得委託民間團體指派調解人進行調解（第 13 條）。

（二）組成勞資爭議調解委員會。調解委員會置委員三人或五人，由下列代表組成之，並以勞工局代表一人為主席：1.勞工局指派一人或三人。2.勞資爭議雙方當事人各自選定一人。（第 14 條）

（三）指派調解人進行調解者，應於收到調解申請書三日內為之。調解人應調查事實，並於指派之日起七日內開始進行調解。勞工局於調解人調查時，得通知當事人、相關人員或事業單位，以言詞或書面提出說明；調解人為調查之必要，得經主管機關同意，進入相關事業單位訪查。受通知或受訪查人員，不得為虛偽說明、提供不實資料或無正當理由拒絕說明。調解人應於開始進行調解十日內作出調解方案（第 12 條）。[16]

---

[15] 依職權交付調解者，得依前項方式之一進行調解。

[16] 第 63 條：違反第 12 條第 4 項、第 17 條第 3 項、第 33 條第 4 項或第 44 條第 4 項規定，為虛偽之說明或提供不實資料者，處新臺幣 3 萬元以上 15 萬元以下罰鍰。

勞工常見 Q&A

Q：阿美應徵電子作業員的工作，但公司在勞動契約中載明：「本公司如一個月內無任何訂單，即資遣阿美」，阿美向當地勞工局申請調解，如你是調解員，應如何運用專業解決？

A：據實告知下列事項：

　1. 阿美與公司簽了一個附條件的終止契約，原則無效。

　2. 但有例外：勞資雙方可在契約內訂清楚，例如限阿美錄用後一星期內報到，若屆期未報到，則契約不成立。

六、調解委員會運作方式

（一）以調解委員會方式進行調解者，勞工局應於調解委員完成選定或指定之日起十四日內，組成調解委員會並召開調解會議。（第 15 條）

（二）調解委員會應指派委員調查事實，除有特殊情形外，該委員應於受指派後十日內，將調查結果及解決方案提報調解委員會。調解委員會應於收到前項調查結果及解決方案後十五日內開會。必要時或經勞資爭議雙方當事人同意者，得延長七日。（第 16 條）

（三）調解委員會開會時，調解委員應親自出席，不得委任他人代理；受指派調查時，亦同（第 17 條）[17]。

（四）勞工局於調解委員調查或調解委員會開會時，得通知當事人、相關人員或事業單位以言詞或書面提出說明；調解委員為調查之必要，得經勞工局同意，進入相關事業單位訪查。受通知或受訪查人員，不得為虛偽說明、提供不實資料或無正當理由拒絕說明。

（五）調解委員會應有調解委員過半數出席，始得開會；經出席委員過半數同意，始得決議，作成調解方案。（第 18 條）

---

[17] 第 63 條：違反第 12 條第 3 項、第 17 條第 3 項、第 33 條第 4 項或第 44 條第 4 項規定，無正當理由拒絕說明或拒絕調解人或調解委員進入事業單位者，處新臺幣 1 萬元以上 5 萬元以下罰鍰。勞資雙方當事人無正當理由未依通知出席調解會議者，處新臺幣 2,000 元以上 1 萬元以下罰鍰。

（六）作成之調解方案，經勞資爭議雙方當事人同意在調解紀錄簽名者，為調解成立。但當事人之一方為團體協約法第 10 條第 2 項規定之機關（構）、學校者，其代理人簽名前，應檢附同條項所定有核可權機關之同意書（第 19 條）。

（七）勞資爭議當事人對調解委員會之調解方案不同意者，為調解不成立（第 20 條）。另有下列情形之一者，視為調解不成立：1.經調解委員會主席召集會議，連續二次調解委員出席人數未過半數。2.未能作成調解方案。（第 21 條）

（八）勞資爭議調解成立或不成立，調解紀錄均應由調解委員會報勞工局送達勞資爭議雙方當事人。（第 22 條）

七、調解效力

　　勞資爭議經調解成立者，視為爭議雙方當事人間之契約；當事人一方為工會時，視為當事人間之團體協約。（第 23 條）

八、保密責任

　　勞資爭議調解人、調解委員、參加調解及經辦調解事務之人員，對於調解事件，除已公開之事項外，應保守秘密。（第 24 條）

　補充

　　僱傭關係存在與否，屬於勞資爭議事件，依勞資爭議處理法規定，固得依調解程序處理之，惟該法並未規定非經調解，不得起訴，且本件起訴前應經法院調解之事件，但業經第一審法院裁定不予調解；至司法院所屬各級法院設置專業法庭應行注意事項要求各級法院設置專業法院或指定專人辦理勞工事件，乃屬行政訓示事項。本件上訴人未經調解逕行起訴，法院受理予以裁判，合法。[18]

---

[18]　97 年度臺上字第 2565 號。

勞資爭議調解紀錄【教育訓練版】

勞資爭議案件申請日期：　110　年　3　月　1　日	

調解會議起迄時間：

110 年 6 月 1 日 9 時 0 分 至 110 年 6 月 0 日 11 時 分（不同會議應另行記載）

選定調解方式	□調解委員會 ｖ 調解人，由民間團體指派調解人 　　　　轉介團體之名稱： □調解人，主管機關指派調解人

一、爭議當事人主張

　　勞方主張：

　　我的配偶 A 工作 6 個月，於 110 年 1 月 1 日在家中摔跤死亡，雇主未投勞保，造成無死亡給付之受領資格。生前 A 每月給我的薪水是 40000 元，A 每個月都有加班，星期六也上班，雇主要賠 280 萬元。

　　資方主張：

　　A 只工作 6 個月，非僱傭，只是在公司回收資源，他出售的回收資源是他的報酬，當初有問他要不要加勞保，他說不用，我公司全部員工都加勞保，只有他沒加，可證明他不是我的勞工，現在疫情嚴重，我都快發不出薪資了。

二、事實調查　　調查時間：　110 年 6 月 1 日　　調查地點：

　　調查方式：

ｖ 言詞（書面紀錄）

□書面（原始文件）

□訪查，時間：　　地點：　　　　　　　　訪查紀錄（原始文件）

　　調查事實結果：

不爭執:略

爭執：

　　1. 工資約定金額是多少?

　　2. 雇主短缺之金額是多少?

三、調解方案:略

補充說明-兩方各執一詞經協助雙方溝通後同意用 A 萬元和解。

　　　　勞資雙方各無佐證資料,只有加強 ADR 的技巧。

　　　　最大的收穫是勞資雙方放下爭執。

　　　　近年來勞保爭執漸增,雇主覈實加保是必然趨勢。

四、調解結果：□不成立,原因:

V 成立　　勞方　　　　　　　（簽章）資方　　　　　　（簽章）

　　　　　　　成立內容：如調解方安案

五、調解（人）委員：　馬翠華　　　　　　（簽章）

相關條文:

勞動基準法第 62 條。

勞動基準法第 63 條。

勞動基準法第 72 條。

注意事項:

1.調解員應親自出席會議,禁止遲到早退。

2.調解中的錄音錄影未經同意應禁止。

3.調解中調解人須自律自治,避免有歧視言語。

4.調解不成立,可鼓勵勞資雙方合意仲裁。

參、仲裁

一、勞資爭議調解不成立者，雙方當事人得共同向直轄市或縣（市）主管機關申請交付仲裁。但調整事項之勞資爭議，當事人一方為機關（構）、學校時，非經同條項所定機關之核可，不得申請仲裁。（第 25 條）

二、勞資爭議當事人之一方為勞工者，其調整事項之勞資爭議，任一方得向勞工局申請交付仲裁；如必須訂定必要服務條款之項事業，有關調整事項之勞資爭議，在雙方未能約定必要服務條款者，任一方得向中央主管機關申請交付仲裁。（第 25 條）

三、勞資爭議經雙方當事人書面同意，得不經調解，逕向勞工局申請交付仲裁。

四、調整事項調解不成立者，勞工局認有影響公眾生活及利益情節重大，或應目的事業主管機關之請求，得依職權交付仲裁，並通知雙方當事人。

五、和解

　　勞資爭議當事人於仲裁程序進行中和解者，應將和解書報仲裁委員會及主管機關備查，仲裁程序即告終結；其和解與依本法成立之調解有同一效力。（第 36 條）

六、仲裁效力

　　仲裁委員會就權利事項之勞資爭議所作成之仲裁判斷，於當事人間，與法院之確定判決有同一效力。仲裁委員會就調整事項之勞資爭議所作成之仲裁判斷，視為爭議當事人間之契約；當事人一方為工會時，視為當事人間之團體協約。調整事項經作成仲裁判斷者，勞資雙方當事人就同一爭議事件不得再為爭議行為；其依前項規定向法院提起撤銷仲裁判斷之訴者，亦同。（第 37 條）

肆、裁決

一、事由

　　勞工因工會法第 35 條第 2 項規定所生爭議，得向中央主管機關申請裁決。裁決之申請，應自知悉有違反工會法第 35 條第 2 項規定之事由或事實發生之次日起九十日內為之。（第 39 條）

二、停止民事訴訟程序

　　當事人就工會法第 35 條第 2 項所生民事爭議事件申請裁決，於裁決程序終結前，法院應依職權停止民事訴訟程序。提起之訴訟，依民事訴訟法之規定視為調解之聲請者，法院仍得進行調解程序。裁決之申請，除經撤回者外，與起訴有同一效力，消滅時效因而中斷。（第 42 條）

三、裁決委員會

（一）中央主管機關為辦理裁決事件，應組成不當勞動行為裁決委員會。（第 43 條）勞動部應於收到裁決申請書之日起七日內，召開裁決委員會處理之。

（二）裁決委員會應指派委員一人至三人，依職權調查事實及必要之證據，並應於指派後二十日內作成調查報告，必要時得延長二十日。

（三）裁決當事人就同一爭議事件達成和解或經法定調解機關調解成立者，裁決委員會應作成不受理之決定。

四、裁決效力

　　裁決經法院核定後，與民事確定判決有同一效力。（第 49 條）

五、救濟

　　不服不受理決定者，得於決定書送達之次日起三十日內繕具訴願書，經由中央主管機關向行政院提起訴願。對於第 1 項及第 2 項之處分不服者，得於決定書送達之次日起二個月內提起行政訴訟。（第 51 條）【111 年初等】

伍、爭議行為[19]

一、限制

勞資爭議，非經調解不成立，不得為爭議行為；權利事項之勞資爭議，不得罷工。（第 53 條）

二、事由

雇主、雇主團體經中央主管機關裁決認定違反工會法第 35 條、團體協約法第 6 條第 1 項規定者，工會得依本法為爭議行為。

三、罷工程序

工會非經會員以直接、無記名投票且經全體過半數同意，不得宣告罷工及設置糾察線【111 年初等】。但下列勞工，不得罷工：

（一）教師。

（二）國防部及其所屬機關（構）、學校之勞工。（第 54 條）

四、必要服務條款備查【111 年初等】

下列影響大眾生命安全、國家安全或重大公共利益之事業，勞資雙方應約定必要服務條款，工會始得宣告罷工，約定後，即送目的事業主管機關備查：

（一）自來水事業。

（二）電力及燃氣供應業。

（三）醫院。

（四）經營銀行間資金移轉帳務清算之金融資訊服務業與證券期貨交易、結算、保管事業及其他辦理支付系統業務事業。

---

[19] 某市空服員職業工會的空中服務員，於 105 年 6 月 24 日起發起罷工行動，不再提供勞務，此次罷工持續了 3 天，27 日因勞資雙方達成共識，便結束罷工而開始復工，就某市空服員職業工會而言，是一合法且成功的罷工案件。請說明我國合法罷工的相關法律規範？106 年公務人員特種考試身心障礙人員考試。

五、通信業特別約束

提供固定通信業務或行動通信業務之第一類電信事業，於能維持基本語音通信服務不中斷之情形下，工會得宣告罷工。

六、勞資義務【111 年初等】

（一）權利不得濫用與賠償

爭議行為應依誠實信用及權利不得濫用原則為之。雇主不得以工會及其會員依本法所為之爭議行為所生損害為由，向其請求賠償。工會及其會員所為之爭議行為，該當刑法及其他特別刑法之構成要件，而具有正當性者，不罰。但以強暴脅迫致他人生命、身體受侵害或有受侵害之虞時，不適用之。（第 55 條）

（二）工廠正常運轉

爭議行為期間，爭議當事人雙方應維持工作場所安全及衛生設備之正常運轉。（第 56 條）

陸、訴訟費用之暫減及強制執行之裁定

一、免徵裁判費比率

勞工或工會提起確認僱傭關係或給付工資之訴，暫免徵收依民事訴訟法所定裁判費之二分之一。（第 57 條）

二、擔保之金額

除第 50 條第 2 項所規定之情形外，勞工就工資、職業災害補償或賠償、退休金或資遣費等給付，為保全強制執行而對雇主或雇主團體聲請假扣押或假處分者，法院依民事訴訟法所命供擔保之金額，不得高於請求標的金額或價額之十分之一。（第 58 條）

三、免繳執行費

勞資爭議經調解成立或仲裁者，依其內容當事人一方負私法上給付之義務，而不履行其義務時，他方當事人得向該管法院聲請裁定強制執行並暫免繳裁判費；於聲請強制執行時，並暫免繳執行費。聲請事件，法院應於七日內裁定之。（第 59 條）

四、駁回事由

有下列各款情形之一者，法院應駁回其強制執行裁定之聲請：

（一）調解內容或仲裁判斷，係使勞資爭議當事人為法律上所禁止之行為。

（二）調解內容或仲裁判斷，與爭議標的顯屬無關或性質不適於強制執行。

（三）依其他法律不得為強制執行。（第 60 條）

五、視為不成立事由

調解，經法院裁定駁回強制執行聲請者，視為調解不成立。但駁回，或除去經駁回強制執行之部分亦得成立者，不適用之。（第 61 條）

柒、鄉鎮調解或仲裁

權利事項之勞資爭議，經依鄉鎮市調解條例調解成立者，其效力依該條例之規定。但經當事人雙方合意，依仲裁法所為之仲裁，其效力依該法之規定（第 64 條）。

捌、勞動事件法立法重點分析

勞動事件法主要規範雇主與勞工間爭議之處理程序，係為貫徹我國憲法保障國民基本人權、維護人格尊嚴及保障勞資雙方地位實質平等而制定。司法院於 107 年 7 月 16 日與行政院會銜函請立法院審議，於 107 年 11 月 9 日三讀通過，總統公布，合計 53 條條文，共有五章，其中第二章為勞動調解程序，第三章為訴訟程序，第四章為保全程序，建構新法整體核心，將於 2020 年 1 月 1 日起施行，其主要特色在於三大需求：第一，勞工有從屬性，亟需

司法職權介入勞資糾紛，以求平等。第二，勞資若纏訟多年，致勞工生活深陷困頓，必要且迫切迅速處理。第三，促進雙方合意處理與提升勞動專業化，以解決紛爭。新法五大目的在於妥適、專業、迅速、有效及平等處理勞動事件。

所謂勞動事件係指基於勞工法令、團體協約、工作規則、勞資會議決議、勞動契約、勞動習慣及其他勞動關係所生民事上權利義務之爭議（第 2 條 2 項）。換言之，雖以權利事項為主要範圍，但縱非勞動事件，而其訴訟標的與勞動事件訴訟標的或攻擊、防禦方法相牽連，而事實證據資料得互為利用者，得合併起訴，或於勞動事件訴訟繫屬中，為追加或提起反訴（第 2 條 1 項 1 款）。基此，勞動事件專業法庭審理之對象或牽涉之事項相當廣，例如損害發生與勞動事件有密切相關亦納入規範，新法保障之細膩與縝密，頗有一次紛爭一次解決之破竹氣勢。

環觀新法之主軸，在於「調解前置原則」之落實，扣除特例外，調解列為強制先行程序，禁止當事人任意放棄。新法置勞動調解委員，由司法院統籌建議名單轉由各縣市法院遴聘。[20]自此，勞動事件調解種類區分為行政型調解與司法型調解，而司法型調解係由法官一人及勞動調解委員兩人組成（現行制度僅有一人調解）。除法官外，一人為企業委員，另一為勞工委員，負責訴訟程序之進行或程序事項及事實認定。既是調解前置，自然由勞資雙方合意自治解決紛爭為主，如兩造合意，委員可以酌定調解條款；如兩造不能合意，委員得提出適當方案。當事人可以評估是否接受調解方案，一旦進入訴訟，由前階段同一事件之調解法官擔任續行訴訟程序之審判者，因案件已掌握相當事證，既經濟又省時，可解決訴訟程序冗長之苦。但前階段調解中不利於己之陳述或讓步，法官不得為裁判之基礎，然可審酌調解委員調查之事實及證據資料。換言之，勞動調解程序主要包括組織調解委員會及在程序上建立銜接或轉接之處理機制。

從制度面而言，法院採專業審理，設專業法庭及置專業法官進行勞動訴訟之程序，其中專業法官係優先遴選具有勞動法相關學識經驗者擔任。當案件進入一審法院，先由勞動法官審查，如合法則組織調解委員會進行調解，

---

[20] 馬翠華於 2020 年 1 月 1 日起獲聘為南部地區勞動調解委員，有一年一聘或三年一聘。

自聲請日起 30 天內指定第一次調解期日，三個月內以三次期日終結（333制），程序不公開，由法官指揮調解程序。勞動訴訟則以一次辯論終結為原則，法院依職權調查必要證據及闡明，第一審必須在六個月內終結。由於調解及訴訟期間短暫且程序快速，全程僅九個月，企業或雇主應將制度及資料建立完整，例如：工作規則、勞動契約、薪資發放明細表、工時紀錄等，當資方無法提供或延誤無法補正時，會受不利判決。蓋新法在舉證責任之調整有特別突出之點，例如：工資爭議案件，只要勞工證明是基於勞動關係，出自於雇主而受領，即可推定為工資。另工時爭議案件，只要出勤紀錄有記載出勤時間，可推定為工時。在民事訴訟之管轄方面，立法例皆採「以原就被」原則，新法為減少勞工的訴訟障礙，可在勞務提供地法院起訴。基此，勞工不必疲於奔命而放棄訴訟救濟機會。至於工會與其會員間或工會會員間所生民事爭議，亦可依新法所定特別程序處理，同時開放工會及財團法人可選派擔任勞工訴訟輔佐人，促動工會功能之提升。

再者，訴訟裁判費相當優惠，例如解僱爭議案件，最多以 5 年薪資計算，且暫免徵收 2/3。另法院為減輕勞工聲請保全處分負擔，可宣告假執行，例如：小明因公司欠工資 30 萬元而提告，獲勝訴判決時，法院應宣告假執行。當小明聲請假扣押，法院得命其提供擔保金，但不得高於小明請求金額的1/10。又解僱案件可定暫時狀態，亦即起訴後法院認為勞工有勝訴可能，且續僱無重大困難，法院因勞工聲請得命雇主續僱及給付薪水，只要有提供勞務事實，雖敗訴也不必返還薪資，該訴訟期間等同未解僱，兼顧勞工生活安定性。基此，新法啟動前所未有、空前的職權介入。企業若未快速檢視內部制度性缺口及補正，面對強大公權力之介入時，恐會留下不可抹去之陰影。

綜上，勞動事件法突破過去傳統之訴訟機制，偏向有利於勞工之調解或訴訟程序，企業或雇主若無及時覺醒世代勞動訴訟程序之劇變，繼續忽略健全管理及法制化之重要性，恐無法接受判決結果或所屬勞工可能群起訴訟窘狀。另一方面，透過新法提起司法救濟可以省時又省錢，勞工應有勇氣爭取自己勞動權益。總之，新法促動勞動市場使用勞動力之守法及尊重精神，落實勞動人權之保障及維持勞資雙贏與和諧關係，司法就勞動事件之處理機制將邁入新的里程。[21]

---

[21] 勞動事件法是勞資爭議案件進入司法系統後第一審的特殊程序規範。

「勞動事件法」施行後追蹤與展望─推定工資

馬翠華 2020.5.28

　　勞動事件法主要規範雇主與勞工間爭議之處理程序，為民事訴訟之特別法，係為貫徹我國憲法保障國民基本人權、維護人格尊嚴及保障勞資雙方地位實質平等而制定。新法五大目的在於妥適、專業、迅速、有效及平等處理勞動事件。

　　所謂勞動事件係指基於勞工法令、團體協約、工作規則、勞資會議決議、勞動契約、勞動習慣及其他勞動關係所生民事上權利義務之爭議（第 2 條 2 項）。換言之，以權利事項及其相牽連關係之案件為主要審理範圍，且其適用範圍擴大至求職者。

　　新法之主軸，在於「調解前置原則」之落實，當案件進入一審法院，先由勞動法官審查後自聲請日起 30 天內指定第一次調解期日，三個月內以三次期日終結（333 制），程序不公開，由法官指揮調解程序。另新法在舉證責任之調整有特別突出之點，例如：工資爭議案件，只要勞工證明是基於勞動關係，出自於雇主而受領，即可推定為工資。又工時爭議案件，只要出勤紀錄有記載出勤時間，可推定為工時。基此，新法最大特色是「雇主責任最大化」。然而勞動事件法第 38 條之推定是否有利勞資雙方權益保障，容有反思空間。

　　美國艾森豪總統說「計畫不是重點，規劃才是一切。」，企業主面對新法之施行，對於內部工作規則或勞動契約應審慎依法規劃，以免爭議，尤其工資爭議高居不下，特要注意。然而，筆者調解案件中發現中小企業未訂定工作規則或勞動契約者多，蓋勞動基準法第 70 條規定，僅要求 30 人以上才要制定並報備。因此，中小企業之薪資結構非必有合理規劃。案經訪問中華兩岸勞資法務顧問協會創會會長董峰如先生表示，工資的基數不同，企業二次的薪資費用就有大小之別，一般企業之薪資結構現況都是從人力資源管理的角度做薪酬設計，只需合乎企業的運營即可，但正確之薪資結構應從勞動法務管理的薪酬出發，否則必因錯誤設計導致大量的工資爭議，造成企業巨大

危機，例如：牽涉勞健保之追繳與處罰及損害賠償，甚至有偽造文書之罪責。若薪資設計錯誤被新法推定為工資，則人力成本會增加約 30%，以中小企業而言，確實沉重。基此見解，本文認為產業方之雇主除應保留各種資料外，必須覈實繳納社會保險，勿以多報少或以少報多或不加勞保，並謹慎小心規劃典章制度為上策。爾後企業之營運風險加大是趨勢，責任加重是必然，勞動條件之守法精神與管理策略均須兼顧。

然從反思角度而言，勞動事件法對於小型企業之勞資雙方是否有兼顧權益平衡？例如：雇主無提出工資清冊、定期通知書存稿等證據資料以供勞方核對，僅空言否認其權利者，法院得推定為勞方主張的工資金額為真，該風險由雇主負擔。但一般小企業受僱勞工僅有一或二人者，對於管理法令比較不足，敗訴機率高，是否維持傾斜主義而歸責雇主，恐其雙方權益之平衡有賴法官公正與公平判斷。例如：小麵包店只僱用一人即 A，某日 A 執行職務發生車禍致腦出血併右側偏離，語言認知功能障礙及神經性膀胱功能障礙，審定為二級殘，因雇主沒加勞保，爰向雇主請求損害賠償，獲一審判賠 1,723,649 元，其中原領工資兩造爭議相當大，勞方主張薪資為 36,000 元，但是法院認為卷內並無客觀證據足以佐證原告之月薪數額，自無從徒以調解紀錄遽認原告主張其月薪為 36,000 元乙節屬實。被告自原告車禍受傷後二年內，已按月給付原告工資補償 20,000 元，衡諸常情，倘若原告月薪並非 20,000 元左右，原告自無可能按月受領 20,000 元之工資補償均未加以爭執。故原告遲至勞資爭議調解時始主張其月薪為 36,000 元，乃有違常情。[22]此案乃因勞方領薪方式一向是領現金又無簽收紀錄，兩造各執一詞必須綜合相關事務判斷，法官認為勞方主張的工資金額過高不符常情與常理，故不採調解時勞方主張之金額。另假設勞資雙方均無證據資料可佐證，勞動事件法第 37 條推定工資之規定是否不論行業均得採基本工資一致化方式推定工資，容有探討空間。本文反思結果，若按照各行業之市場行情擬定一個客觀標準值，使勞資雙方利益能輕重平衡，或許有其必要性及可行性，此為未來勞資法制挑戰目標，讓中小企業在內部改造過程中，也能獲得外部協助，以穩定其發展。

---

[22] 台中地方法院民事判決 107 勞訴 140 號。

附錄　自我演練

一、試說明承攬人之責任？

承攬者具有獨立經營之自主權，自負虧盈責任，未具指揮監督關係。

職業安全衛生法之規定與分析

1. 行政責任：事業單位以其事業招人承攬時，其承攬人就其承攬部分負職業安全衛生法所定雇主之責任。（第 25 條）事業單位以其事業之全部或一部分交付承攬時，應於事前告知該承攬人有關其事業工作環境、危害因素暨勞工安全衛生規定應採取之措施。承攬人就其承攬之全部或一部分交付再承攬時，承攬人亦應告知再承攬人有關防止職業災害之措施。（第 26 條）二個以上之事業單位分別出資共同承攬工程時，應互推一人為代表人，該代表人視為該工程之事業雇主，負雇主防止職業災害之責任。（第 28 條）

2. 民法第 184、195、490~514 條－民事責任（民事賠償）：損害賠償乃基於過失責任，使受害者之人格權受到侵害所產生的侵權行為，侵權行為人對於受害人之生活、或精神方面給予金錢上的彌補。

3. 刑事責任：

   (1) 52 年臺上字第 521 號：上訴人既以經營電氣及包裝電線為業，乃於命工人裝置電線當時及事後並未前往督察，迨被害人被該電線刮碰跌斃，始悉裝置不合規定，自難辭其於防止危險發生之義務有所懈怠，而應負業務上過失致人於死之罪責。

   (2) 75 年臺上字第 3248 號：刑法上所謂業務，係指個人基於其社會地位繼續反覆而執行之事務，其主要部分之業務固不待論，即為完成主要業務所附隨之準備工作與輔助事務，亦應包括在內。

二、勞動部所辦理的調查有哪些[1]？　　　　　【100 年就服乙級檢定】

（一）勞工生活狀況調查。

（二）職業類別薪資調查。

（三）外籍勞工人力運用調查。

三、A 證券公司有員工 120 人，其中股票承銷部有 25 人。因市場生態丕變，股票承銷業務量急速下降，狀況不佳，公司決定 1 日內同時將所有承銷部的員工解僱，以減少成本。請依勞動基準法與大量解僱勞工保護法之規定，回答下列問題：

（一）A 公司解僱承銷部的員工，應依勞動基準法第 11 條所稱之何種原因？

（二）A 公司解僱承銷部的員工，依勞動基準法的規定，應如何給付資遣費？

（三）A 公司解僱承銷部的員工，是否符合大量解僱勞工保護法所規定之門檻，而為大量解僱？

（四）A 公司解僱承銷部的員工，應於解僱之日起幾日前通報主管機關？

1. 虧損或業務緊縮時，可預告終止勞動契約。

2. 在同一雇主之事業單位繼續工作，每滿一年發給相當於一個月平均工資之資遣費。工作未滿一年者，以比例計給之。未滿一個月者以一個月計。（勞基法第 17 條）

3. 同一事業單位之同一廠場僱用勞工人數在三十人以上未滿二百人者，於六十日內解僱勞工逾所僱用勞工人數三分之一或單日逾二十人為大量解僱，該公司單日解僱員工達二十五人屬大量解僱。（大量解僱勞工保護法第 2 條）

---

[1] 可受僱員工動向調查非屬勞委會的調查事項。

4. 大量解僱應於六十日前通報主管機關。（大量解僱勞工保護法第 4 條）

四、 甲公司於民國 100 年成立，僱有員工 210 人，並組有企業工會。近期因業務緊縮，而欲進行裁員解僱勞工。請回答下列問題：

（一） 依勞工退休金條例規定，勞工得在其每月工資最高百分之多少範圍內，自願另行提繳之退休金，得自當年個人綜合所得總額中全數扣除？

（二） 甲公司於 60 日內解僱勞工達何種情形，為大量解僱勞工保護法所稱「大量解僱」？

（三） 依勞資爭議處理法規定，視為調解不成立之情形有哪二種？
【102 年就服乙級】

1. 依據勞工退休金條例第 14 條第 1 項規定，雇主每月負擔之提繳率不得低於勞工每月工資 6%。但同條例同條第 3 項規定，勞工得在其每月工資 6%範圍內，自願另行提繳退休金，得全額扣除當年之綜合所得。

2. 甲公司的員工有 210 人，依據大量解僱勞工保護法第 2 條第 1 項第 3 款規定，於 60 日內解僱勞工逾所用勞工人數 1/4，即逾五十三人；或單日逾五十年者，即為大量解僱。

3. 依據勞資爭議處理法第 21 條規定，下列情形之一者，視為調解不成立：
(1) 經調解委員會主席召集會議，連續二次調解委員出席人數未過半數。
(2) 未能作成調解方案。

五、 甲公司僱有員工三十一人，某日其女性員工乙於接洽業務途中不幸發生車禍受傷。送醫後住院 2 個月，治癒後出院並返回公司上班。請回答下列問題：

（一）　依性別工作平等法規定，甲公司應訂定何種辦法，防治性騷擾行為之發生？

（二）　依勞動基準法第 59 條規定，甲公司對乙應負哪二項補償？

（三）　依勞工保險條例規定，勞工保險局應發給以平均月投保薪資百分之多少之職業災害補償費？每隔多久給付一次？

1. 依據性別工作平等法第 13 條規定，甲公司有員工三十一人，應訂定性騷擾防治措施，申訴及懲戒犯法，並在工作場所公開揭示。

2. 依據勞動基準法第 59 條規定，乙在接洽勞務途中，發生車禍，送醫住院二個月不能工作，治癒後返回公司上班，公司應負的補償有二項：
   (1) 必需醫療費用補償。
   (2) 工資補償。

3. 依據勞工保險條例第 36 條規定，按乙平均月投保薪資之百分之七十發給，每半個月給付一次。

六、勞工經核准請假提前下班回家，途中發生事故是否屬於職業災害？

勞工經核准請假提前下班回家，於適當時間必經途中發生事故而致之傷害，如無私人行為及因故意或重大過失違反交通法令者，屬職業災害。

七、勞工於假日奉派出差，工資發給標準為何？

勞工於勞動基準法規定應放假之日奉派出差，不論是否領有差旅費，均視為照常出勤，當日工資應依該法第 39 條規定加倍發給。

八、高雄市某公營事業單位 A 長年以來，公務員兼勞工及純勞工之加班費均依照勞動基準法第 24 條發給，如選擇補休，亦以該條文之規定，依比例給予補休時數，由於八八水災期間，該公營事業單位人員，大量進入災區執行救災勤務，之後，因工作人員過多，工作負荷重，加班費短少，只能鼓勵補休，依其工作規則補休期限為 6 個月，該單位人事主管甲（女性）基於工作人員之辛勞，

又無法在短期間讓渠等人員補休，是以人性化之管理及對勞工最有利原則，簽准再延長 6 個月，卻遭該事業單位之上級及層峰，以違反行政院 6 個月補休之規定，予以懲處，並公告周知，試分析本案有無違反勞動基準法之規定？

（一） 現行法之規定

依據勞動基準法第 84 條規定，公務員兼其勞工身分者，其有關任（派）免、薪資、獎懲、退休、撫卹及保險（含職業災害）等事項，應適用公務員法令之規定。但其他所定勞動條件優於本法規定者，從其規定。暨行政院勞工委員會 87 年 6 月 6 日(87)臺勞動 2 字第 020940 號函示，關於適用勞動基準法之公營事業單位，「純勞工」之加班費應以該法第 24 條規定標準發給，計算加班費之工資應依該法第 2 條第 3 款工資定義辦理；「公務員兼具勞工身分者」之加班費，依勞動基準法第 84 條後段但書規定，亦應依該法第 24 條規定標準發給。惟計算加班費之工資，應依該法第 84 條前段規定適用公務員法令之薪資定義辦理。基此，本案分析如下：

（二） 本案之涵射基準

1. 補休延長 6 個月並無觸法：

   (1) 公營事業單位所屬勞工及公務員兼勞工身分者之加班費係以勞動基準法第 24 條之規定辦理（前二小時為 1.33 倍，後二小時為 1.66 倍）。該單位長年以來，公務員兼勞工者之加班費均非以一小時覈實給一小時發給，而是前二小時為 1.33 倍，後二小時為 1.66 倍，則其補休乃不領加班費之換價，自非適用公務員法令。

   (2) 法律位階高於行政規則：公務員兼具勞工身分者之加班補休及其期限，應依據勞動基準法第 84 條之規定辦理，蓋勞動基準法之位階高於公務人員請假規則。上級公務員若無法位階概念，自常以「我說了算」打壓下級單位，非屬法治國依法行政之國家行為。當今政府再造應從上而下之層級檢視。

   (3) 行政慣例：A 事業單位自成立後，公務員或公務員兼具勞工身分或勞工，在五一勞動節均放假，案發時上級勒令公務員或公務員

勞工身分者一律禁止在五一勞動節休假，回歸公務員請假規定，基此，補休一事依行政院之規定只有六個月。惟 A 之行政慣例已造成員工信賴，若要回歸宜採法益保障原則，應有向後執行之政令。

2. 法治國家貴於依法行政，而非「人治」，本案因女性主管合法執行公務遭受不公平對待，顯見上級以「男尊女卑」意識型態所為之行為，若該事業單位人事主管非女性，則屬男性掌控之上級與層峰，自不會處分。八八水災，救災人員之辛勞為社會共同之認知，合法給予工作人員之延長補休卻被懲處，難怪「多做多錯，少做少錯，不做不錯」之歪氣盛行與瀰漫，帶動行政人員消極行事。

（三）　結論

公營事業單位在營運自給自足下受上級監督，惟多數上級行政機關對於下級營業單位之體制或運作不甚了解，致常見頭痛醫頭之偏差診治法與監督苛刻原則預設立場處置，基此，公務系統內之監督機制應先深入就專業之提升予以加強，才不會製造勞資糾紛而誤國誤事。

九、 雇主資遣員工時，勞工於預告期間內因個人因素與事業單位提前終止契約，資遣通報是否得比照就業服務法第 33 條第 1 項但書規定通報？

（一）勞動基準法第 16 條第 1 項規定：「雇主依第 11 條或第 13 條但書規定終止勞動契約者，其預告期間依左列各款之規定：一、繼續工作三個月以上一年未滿者，於十日前預告之。二、繼續工作一年以上三年未滿者，於二十日前預告之。三、繼續工作三年以上者，於三十日前預告之。」同條第 2 項規定：「勞工於接到前項預告後，為另謀工作得於工作時間請假外出。其請假時數，每星期不得超過二日之工作時間，請假期間之工資照給。」同法第 17 條規定：「雇主依前條終止勞動契約者，應依規定發給勞工資遣費。」

（二）依就業服務法（以下簡稱本法）第 33 條第 1 項規定：「雇主資遣員工時，應於員工離職之十日前，將被資遣員工之姓名、性別、年齡、住址、電話、擔任工作、資遣事由及需否就業輔導等事項，列冊通報當地主管機關及公立就業服務機構。但其資遣係因天災、事變或其他不可抗力之情事所致者，應自被資遣員工離職之日起三日內為之。」

（三）有關雇主資遣員工時，員工於預告期間內因個人因素與事業單位提前終止契約情形，與上開本法第 33 條第 1 項但書規定之天災、事變或其他不可抗力之情事所致者，應自被資遣員工離職之日起三日內通報之情形不同。惟雇主仍可依本法第 33 條第 1 項規定於員工原預定離職之十日前辦理通報。

十、性別工作平等法第 15 條有關一星期及五日產假薪資如何給付？

（一）現行法之規範

　　女性受僱者妊娠二個月以上未滿三個月流產或妊娠未滿二個月流產者，可依性別工作平等法第 15 條規定請一星期及五日之產假，雇主不得拒絕。惟產假期間薪資之計算，依相關法令之規定。以勞動基準法而言，該法並無一星期及五日之產假規定，基此，適用勞動基準法之勞工，如依性別工作平等法請求一星期或五日之產假，雇主並無給付薪資之義務，但受僱者為此項請求時，雇主不得視為缺勤而影響其全勤獎金、考績或為其他不利之處分。惟若勞工依勞工請假規則請普通傷病假，則雇主應依勞工請假規則第 4 條第 3 項規定，就普通傷病假一年內未超過三十日部分，折半發給工資。至於不適用勞動基準法之受僱者，產假期間之薪資，則依相關法令之規定或勞動契約之約定辦理。

（二）檢討方向

　　依性平法請求一星期或五日之產假雇主無給付薪資義務，為考量生活壓力，使請病假得傷病給付之半薪，惟須有住院事實（非職災）。若如此全勤獎金與傷病給付為零和局面，為何同樣是女性流產事實而區分

與平等原則下「事物本質」之考量相齟齬，本文認為應優先修法落實弱勢女工之保障。（參見大陸地區動合同法及相關規定）

十一、 甲勞工因在出版社服務十年，於 94 年選擇舊制，年滿六十歲，如要離開公司，得否請領退休金？

可以，理由：依據勞動基準法第 53 條。

十二、 根據「勞動基準法」規定，事業單位應召開勞資會議，請問我國法令對勞資會議規定的重點為何？並請討論勞資會議對於事業單位勞資互動關係實質的影響為何？

（一） 依據勞動基準法第 83 條及勞資會議實施辦法之規定，應舉辦勞資會議之事業單位包括

1. 適用勞動基準法之事業單位。

2. 事業單位之分支機構，其人數在三十人以上者。

（二） 依據勞資會議實施辦法之重點

1. 勞資會議由勞資雙方同數代表組成，其代表人數視事業單位人數多寡各為二人至十五人。但事業單位人數在一百人以上者，各不得少於五人。

2. 事業單位工會之理、監事得當選為勞資會議之勞方代表。但不得超過勞方所選出之代表總額之三分之二。

3. 事業單位單一性別勞工人數占勞工人數二分之一以上者，其當選勞方代表名額不得少於勞方應選出代表總額之三分之一。（為保障單一性別勞工於勞資會議中有表達意見的權利，因此勞資會議實施辦法中，對單一性別代表之名額特別加以規定）。

4. 勞資會議代表之任期為三年，勞方代表連選得連任，資方代表連派得連任。

5. 勞資會議每三個月至少舉行一次，必要時得召開臨時會議。

6. 勞資會議應有勞資雙方代表各過半數之出席，協商達成共識後應做成決議；無法達成共識者，其決議須有出席代表四分之三以上之同意。

（三） 實質影響

1. 利用勞資諮商制度，協調勞資關係、促進勞資合作、並防患各類勞工問題於未然。例如：員工於工作場所遭遇之困難，及管理者所遇到生產管理上的阻礙等，皆可於會中提出討論，由勞資會議代表充分表達意見，以增進彼此之溝通與了解，消弭勞資爭議於無形。

2. 勞工可於勞資會議中對事業單位的政策、計畫、方針及目標等，提出意見，從中激發勞工對事業單位的向心力與參與感。

3. 增進和諧的基礎，達成資方與勞工之期望，並藉由召開勞資會議，活化企業組織，強化員工參與感，增進管理效能。

十三、 就人力資源管理立場，依據法令規定妥善處理「員工解僱」問題，關係著企業的經營與形象。據此，請說明企業在處理「員工解僱」問題時，有哪些主要的勞動法規應予以遵守？

（一） 勞動基準法

1. 經濟性解僱（第 11 條）。

2. 懲罰性解僱（第 12 條）。

（二） 大量解僱勞工保護法

1. 禁止歧視（第 13 條）：事業單位大量解僱勞工時，不得以種族、語言、階級、思想、宗教、黨派、籍貫、性別、容貌、身心障礙、年齡及擔任工會職務為由解僱勞工。違反前項規定或勞動基準法第 11 條規定者，其勞動契約之終止不生效力。主管機關發現事業單位違反第 1 項規定時，應即限期令事業單位恢復被解僱勞工之職務，逾期仍不恢復者，主管機關應協助被解僱勞工進行訴訟。

2. 提出解僱計畫（第 4 條第 1、2 項）：事業單位大量解僱勞工時，應於符合解僱條件之日起六十日前，將解僱計畫書通知主管機關及相關單位或人員，並公告揭示。但因天災、事變或突發事件，不受六十日之限制。

依前項規定通知相關單位或人員之順序如下：

(1) 事業單位內涉及大量解僱部門勞工所屬之工會。

(2) 事業單位勞資會議之勞方代表。

(3) 事業單位內涉及大量解僱部門之勞工。但不包含就業服務法第46條所定之定期契約勞工。

十四、 試述申請人對公立就業服務機構推介之工作、安排之就業諮詢或職業訓練而不接受者，在何種情況下仍得請領失業給付？

依據就業保險法第 13 條及第 14 條之規定，在下列情況仍得請領失業給付：

（一） 申請人對公立就業服務機構推介之工作，有下列各款情事之一而不接受者，仍得請領失業給付

1. 工資低於其每月得請領之失業給付數額。

2. 工作地點距離申請人日常居住處所三十公里以上。

（二） 申請人對公立就業服務機構安排之就業諮詢或職業訓練，有下列情事之一而不接受者，仍得請領失業給付

1. 因傷病診療，持有證明而無法參加者。

2. 為參加職業訓練，需要變更現在住所，經公立就業服務機構認定顯有困難者。

申請人因前項各款規定情事之一，未參加公立就業服務機構安排之就業諮詢或職業訓練，公立就業服務機構在其請領失業給付期間仍得擇期安排。

十五、 請說明勞資爭議發生的原因，並請說明當爭議事件發生時，勞資雙方可以透過哪些方法來加以解決？

（一） 原因

勞資雙方常因勞動條件或勞工權益等事項有不同之立場及對立而有爭議。依據我國勞資爭議處理法之規定，勞資爭議，為勞資權利事項與調整事項之爭議。

　　權利事項之勞資爭議，係指勞資雙方當事人基於法令、團體協約、勞動契約之規定所為權利義務之爭議。調整事項之勞資爭議，係指勞資雙方當事人對於勞動條件主張繼續維持或變更之爭議。

（二）解決方法

1. 權利事項之勞資爭議，依勞資爭議處理法之調解程序處理之。法院為處理權利事項之勞資爭議，必要時應設勞工法庭。

2. 調整事項之勞資爭議，依勞資爭議處理法所定之調解、仲裁程序處理之。調整事項爭議之勞方當事人，應為勞工團體或勞工十人以上。但事業單位勞工未滿十人者，經三分之二以上勞工同意，亦得為勞方當事人。

（三）限制

　　勞資爭議在調解或仲裁期間，資方不得因該勞資爭議事件而歇業、停工、終止勞動契約或為其他不利於勞工之行為。勞資爭議在調解仲裁期間，勞方不得因該勞資爭議事件而罷工、怠工或為其他影響工作秩序之行為。

十六、請說明「勞動基準法」、「就業服務法」與「大量解僱勞工保護法」有關就業歧視禁止的規定為何？

（一）同工同酬

　　依據勞動基準法第 25 條之規定。

（二）就業平等

　　依據就業服務法第 5 條之規定，為保障國民就業機會平等，雇主對求職人或所僱用員工，不得以種族、階級、語言、思想、宗教、黨派、籍貫、出生地、性別、性傾向、年齡、婚姻、容貌、五官、身心障礙或以往工會會員身分為由，予以歧視；其他法律有明文規定者，從其規定。雇主招募或僱用員工，不得有下列情事：

1. 為不實之廣告或揭示。

2. 違反求職人或員工之意思，留置其國民身分證、工作憑證或其他證明文件。

3. 扣留求職人或員工財物或收取保證金。

4. 指派求職人或員工從事違背公共秩序或善良風俗之工作。

5. 辦理聘僱外國人之申請許可、招募、引進或管理事項，提供不實資料或健康檢查檢體。

十七、 試述失業的類別及其解決的對策為何？

在經濟學範疇中，一個人有願意並有能力為獲取報酬而工作，但尚未找到工作的情況，稱為失業。失業的類別如下：

（一） 摩擦性失業

摩擦性失業(Frictional Unemployment)為自願性失業，係基於勞工放棄原來的職業，因就業市場的資訊不流通，致暫時找不到新的工作。亦即事業單位未能在短期內找到適合的勞工，而勞工也未能在這段時間找到工作，於是造成短期的失業現象。

（二） 結構性失業

結構性失業(Structural Unemployment)為自願性失業，是指市場競爭的結果或者是生產技術改變而造成的失業，因為就業市場，某些行業正擴張，有些行業則衰退，造成部分工人失業。結構性失業通常較摩擦性失業持久，因為失業人員需要再訓練或是遷移才能找到工作。結構性失業的出現是因為經濟結構、體制、增長方式等的變動，改變了工作技能的要求，導致失業的發生。失業工人無合適的技能，須再培訓或進一步的教育。

（三） 週期性失業

週期性失業(Cyclical Unemployment)為非自願性失業，是指勞工有能力並且願意工作，但勞動市場總需求減少，勞動人口過剩，出現失業情況。如何解決週期性失業，經濟學界裡提出數種方法：

1. 工人或工會自願降低工資。

2. 增加對企業部門的投資誘導，提高總需求。

3. 政府運用財政政策，補充私人投資的不足，填補和總需求的差距。

（四）　季節性失業

非真正失業的原因，指某些低技術工業，在某些節日之前或者過後發生的失業情況，例如，企業或工廠為了在重大節日前（例如，重陽節、聖誕節、龍舟競賽）為完成產品而僱用額外工人，但在節日後就採取裁員行動，將那些臨時性工人解僱以減低長期成本。

十八、何謂「核心勞動標準」？其內容為何？何以國際勞工組織認為不論各國經社發展程度如何，都應遵守並履行核心標準？

國際勞工標準是指根據國際勞工組織公約和建議書形成的勞工標準，由國際勞工組織為執行機構，會針對會員國定期檢查。勞動法的規範，須能適應當前社會發展的要求，並與國際勞工權益保護的接軌。因此，不論各國經社發展程度如何，都應遵守並履行核心標準。

（一）　「核心勞動標準」

乃國際勞工勞動條件之標準，為全球各國保障之勞動基本人權。

（二）　「核心勞動標準」內容

1. 第 29 號強迫勞動公約(Forced Labor Convention, 1930)。

2. 第 87 號結社自由及組織保障公約(Freedom of Association and Protection of the Right to Organize Convention, 1948)。

3. 第 98 號組織權及團體協商權原則之應用公約(Right to Organize and Collective Barganing, 1949)。

4. 第 100 號男女勞工同工同酬公約(Equal Remuneration Convention, 1951)。

5. 第 105 號廢止強迫勞動公約(Ablition of Forced Labor Convention, 1957)。

6. 第 111 號就業與職業歧視公約(Discrimination《Employment and Occupation》Convention, 1958)。

7. 第 138 號最低年齡公約(Minimum Age Convention, 1973)。

8. 第 182 號最惡劣型態童工公約(Worst Forms of Child Labour Convention, 1999)。

十九、 勞工一年內請普通傷病假超過三十日，經雇主同意繼續請病假致全月無薪資之期間，雇主應如何辦理提繳退休金？

適用勞工退休金條例退休金制度之勞工，一年內請普通傷病假超過三十日，經雇主同意繼續請病假致全月無薪資之期間，雇主應以「勞工退休金月提繳工資分級表」最低級距 1,500 元為基準，辦理提繳退休金；如勞雇雙方約定優於最低級距提繳者，從其約定。（行政院勞工委員會 95 年 4 月 17 日勞動 4 字第 0950018870 號令）

二十、團體協商的協商事項可以歸納為哪些？

（一） 禁止協商事項

僅指違法的事項，例如，要求妊娠或哺乳期間的女工在夜間工作，不得協商。

（二） 強制協商事項

通常指勞動條件部分，例如，工資（包括工資率、工資等級、工資之發放次數）、工時（包括每日正常工時、延長工時及其加給）、休息與休假（包括休息時間、休假日數、休假日工作之工資加給等）。

（三） 任意協商事項

扣除上述兩種，當事人雙方願意進行協商並進而簽約。

二十一、 甲勞工在執行職務中遭受職業災害，之後甲勞工與 A 公司之勞動契約終止，A 公司是否仍應負職災補償責任？

（一） 甲說：肯定說

1. 勞動基準法第 61 條第 2 項之規定：「…受領補償之權利，不因勞工之離職而受影響…。」

2. 內政部：勞工在產假停工期間或職災醫療期間，其定期契約因屆滿而終止，雇主可不續給產假及產假工資，至勞工遭遇職災而致疾病、傷害、殘廢或死亡時，雇主仍應依勞動基準法第 59 條規定予以補償。（75 年 10 月 18(75)臺內勞字第 438324 號函規定）

3. 勞委會（今勞動部）：

   (1) 勞工離職後，如因同一事故病發確有醫療需要時，如能證明該事由係於勞動契約有效期間內發生之延續，雇主仍應依勞動基準法規定予以醫療補償。（行政院勞工委員會 80 年 3 月 8 日臺(80)勞動 3 字第 06179 號函）

   (2) 勞工因同一職災於離職後死亡，雇主仍應依勞動基準法之規定順序予以死亡補償，惟得以已領取之退休金抵充之，其差額部分，雇主應予補足。（行政院勞工委員會 83 年 3 月 28 日臺(83)勞動 3 字第 14368 號函）

4. 最高行政法院：如能證明勞工於離職前已罹患職業病，縱於離職後，資方仍負有補償責任。（最高行政法院 92 年度裁字第 1678 號判決）

（二） 乙說：否定說

　　勞工如因職業災害依醫療屆滿二年仍未能痊癒，雇主給予四十個月平均工資後，如雇主予以強制退休發給退休金時，事實上已終止勞雇關係，雇主自可不因其後之死亡而給予死亡補償。如勞工全殘，喪失工作能力，雇主經給予命令退休給予退休金時，既已終止勞雇關係，雇主自可無須再付給其後之死亡補償。（內政部 75 年 8 月 20 日勞司發字第 11487 號函）

（三）　結論

勞雇關係終止後仍應以勞動基準法第 61 條之規定為宜。

二十二、　何謂預警通報？禁止事業單位負責人出國之行政處分有無違反憲法自由權？另請說明該行政處分屬於多階段行政處分之理由。

考量社會經濟環境變遷，勞務提供多元化，從長遠角度來看，勞動市場彈性化已是無法避免之趨勢，為使定期契約未屆滿之勞工與一般不定期契約勞工同受保障，並兼顧勞工工作權及雇主經營權，大量解僱勞工保護法之保護對象包括未屆期滿之定期契約勞工，避免該等勞工無預警退出勞動市場，影響社會安定；另解僱計畫書之通知包含未涉及解僱部門勞工及定期契約之勞工，及該等勞工就解僱情事資訊權之取得，以充分保障該等勞工自身權益。

（一）大量解僱勞工保護法第 11 條規定，基此，預警通報之立法目的，在於達到預示警戒，事前預防之效果。凡對於可能造成大量解僱之潛在因素，予以指標化，並加以評價，由勞工、事業單位、勞保局、健保局等相關單位或人員向主管機關通報，衡量事實狀況以採取因應措施。

（二）大量解僱勞工保護法第 12 條規定，事業單位於大量解僱勞工時，積欠勞工退休金、資遣費或工資者，經主管機關限期令其清償，屆期未清償者，中央主管機關得函請入出國管理機關禁止其董事長及實際負責人出國。

基此，禁止出國之立法目的在於解決雇主惡意關廠解僱勞工，遺留大筆退休金，資遣費或工資未清償，為保障解僱勞工之債權，爰明文限制出境。再者，本條文限制出境之基準，乃依僱用勞工人數及積欠金額為判斷標準，均屬對社會公益及勞工生活保障有重大影響事項，故在手段目的性考量，損害最小化之原則下所為之自由權之限制，符合憲法之自由權規範範圍。憲法第 10 條遷徙自由包括國內及國外，該法限制者為國外遷徙部分，

屬對人之間接強制方法。禁止負責人出國之處分，須由勞委會函發入出境管理局作出限制出境之處分，即由該二機關基於職權共同參與處分，稱為多階段行政處分[2]。

表 19-1　限制事業單位代表人及實際負責人出國

僱用勞工人數	積欠全體被解僱勞工總金額
10 人以上未滿 30 人	新臺幣 300 萬元
30 人以上未滿 100 人	新臺幣 500 萬元
100 人以上未滿 200 人	新臺幣 1,000 萬元
200 人以上	新臺幣 2,000 萬元

二十三、　甲雇主擁有勞工人數為 25 人，積欠全體被解僱勞工總金額達新臺幣多少元之勞工退休金、資遣費或工資，而未依主管機關所定期限清償者，中央主管機關得函請入出國管理機關禁止事業單位代表人及實際負責人出國？　【100 年就服乙級檢定】

300 萬元（大量解僱勞工保護法第 12 條）。

二十四、　就業服務的功能？

憲法第 15 條規定：「人民之生存權、工作權及財產權，應予保障。」暨第 152 條規定：「人民具有工作能力者，國家應予以適當之工作機會。」基此，就業服務的功能是提供人民工作機會，以維持生活，而就業服務法係落實憲法保障人民工作權與生存權之具體實現。

二十五、　聘僱外國人擔任下列工作，有何要式行為？（一）海洋漁撈工作。（二）家庭幫傭。（三）為因應國家重要建設工程或經濟社會發展需要，經中央主管機關指定之工作。

題意所指三類人員均屬於業服務法第 46 條人員，因屬藍領勞工，不能與雇主訂不定期契約，亦即須訂立書面勞動契約，並以定期契約為限；其未定期限者，以聘僱許可之期限為勞動契約之期限。續約時，亦同。

---

[2]　為行政法上有關行政處分之概念之一，可參閱吳庚之著作。

二十六、 雇主聘僱外國人從事下列工作，應先為何事？（一）海洋漁撈工作。（二）家庭幫備。（三）為因應國家重要建設工程或經濟社會發展需要，經中央主管機關指定之工作。或其他因工作性質特殊，國內缺乏該項人才，在業務上確有聘僱外國人從事工作之必要，經中央主管機關專案核定者。

雇主應先以合理勞動條件在國內辦理招募，經招募無法滿足其需要時，始得就該不足人數提出申請，並應於招募時，將招募全部內容通知其事業單位之工會或勞工，並於外國人預定工作之場所公告之。雇主在國內辦理招募時，對於公立就業服務機構所推介之求職人，非有正當理由，不得拒絕。

二十七、 試說明「產業民主」的意涵？並請依據「產業民主」的意涵，舉例說明「產業民主」在我國具體的實踐為何？

（一） 產業民主的意涵

產業民主來自德國，所謂產業係指一個人所從事的行業，其範圍包括各種行業，例如，農、礦、工商及各種服務。所謂民主，係指勞資雙方應享有的民主權，例如，團體協商權，參與管理權，可以促進勞資和諧，共創產業生命。簡而言之，產業民主就是勞工對於與自己勞動條件有關的事項，能充分表達意見並能被接受的制度。換言之，勞方或資方在制訂計畫、政策、決策中相互影響過程。

（二） 產業民主在我國的實踐

產業民主是強調共同決策的模式，使勞工能參與企業經營管理，與管理者分享獨占決策制訂的特權，包括在董事會中有勞工董事參與決策，使企業經營之決策更透明化，進而防止弊端。目前產業民主在我國具體之實踐計有勞資會議的召開、工會代表加入董事會（例如：中鋼）、員工分紅入股及團體協約的制訂等。

二十八、 A 公司的部分員工參加福利委員會舉辦之旅遊，A 公司為防止旅遊發生事故後，責任歸屬於雇主，爰事先要求參加旅遊的員工提出「旅遊安全自行負責切結書」以免除雇主責任，試問該切結書效力為何？如旅遊當日發生交通事故有傷亡，雇主要負責嗎？

（一）依據行政院勞工委員會 80 年 12 月 20 日(80)臺勞福字第 29610 號函，職工福利委員會主辦之旅遊，雇主事先要求參加旅遊之員工提出自行負責之切結書，有無法律效力，應依下列原則辦理

　1. 發生事故經認定為職災，雇主須依勞動基準法第 59 條予以補償，不因勞工有提出自行負責之切結書而免責。

　2. 雇主應否負民法有關規定之民事損害賠償責任，需依個案判斷之。

　3. 民法第 222 條規定：「故意或重大過失之責任，不得預先免除。」基此，雇主事先預為免除雇主責任而要求參加旅遊者提出自行負責之切結書應屬無效，不能免責。

（二）另行政院勞工委員會 80 年 6 月 5 日側(80)臺勞保 2 字第 13764 號函頒之「勞工保險被保險人因執行職務而致傷病審查準則」第 10 條規定：「被保險人經雇主指派參加…或其他活動發生事故而致之傷害…。」暨第 15 條規定：「被保險人參加雇主舉辦之康樂活動或其他活動，因雇主管理或提供設施之瑕疵發生事故而致之傷害…。」均視為職業傷害。

（三）本案 A 公司之員工切結書

　　職工福利委員會主辦或受雇主委託辦理康樂活動，於活動中發生之事故，雇主仍須依上開規定辦理，雇主為免負責，事先要求參加之員工填妥自行負責之切結書，仍不能產生免除效力，雇主仍要負責，即雇主須負勞動基準法第 59 條之補償責任，且不能以職工福利金抵充支付撫卹賠償。

（四）結論

　　A 公司要負補償責任，如符合民法相關賠償要件，仍須負賠償責任，至於預先免除故意或重大過失責任，仍屬無效。

二十九、甲勞工年滿六十歲，在公司上班，擔任洗車工職務但工作年資僅有十一年，如 A 公司為勞動基準法適用單位，則甲想退休，如何主張？請就 98 年 4 月 22 日勞動基準法修正前後分析之。

（一）98 年 4 月 22 日修正勞動基準法前

1. 勞動基準法 73 年 8 月 1 日施行前，甲屆滿六十歲但年資未滿十五年，如申請退休發生爭議，當地主管機關應協調雇主依臺灣省工廠工人退休規則之規定命令退休。

2. 勞動基準法 73 年 8 月 1 日施行後，勞工年滿六十歲，工作未滿十五年，能否自請退休，勞動基準法尚無明文規定，勞資雙方應本相互尊重對方意願及善意對待原則自行協商解決，如發生爭議得請求當地主管機關妥為調處。為免爭議，主管機關宜輔導事業單位將協商結果明定於工作規則或簽訂於勞動契約中。

（二）98 年 4 月 22 日修正勞動基準法後

　　依據勞動基準法第 53 條第 3 款規定：「工作十年以上年滿六十歲者」，得自請退休。基此，甲年滿六十歲，工作年資十一年，自得申請自願退休。

三十、甲為貨運駕駛，每日執行送貨工作，均小心開車，某日因客戶急需物品，雇主乙遂請甲火速送達，未料甲闖紅燈發生車禍受傷，甲之情事，試以現行相關勞工法令說明之。

（一）甲觸犯道路交通管理處罰條例。

（二）勞工法令方面：視為職業傷害。

　　1. 職業安全衛生法第 2 條第 1 項第 5 款規定，職業傷害：「指因勞動場所之建築物、機械、設備、原料、材料、化學品、氣

體、蒸氣、粉塵等或作業活動及其他職業上原因引起之工作者疾病、傷害、失能或死亡。」

2. 勞工保險被保險人因執行職務而致傷病審查準則第 3 條規定：「被保險人因執行職務而致傷病者，為職業傷害。」

3. 小結：甲執行職務，雖有闖紅燈，但不影響其職災之認定（如上下班途中闖紅燈就有影響），可向勞保局申請職災給付，亦得向雇主乙請求勞動基準法第 59 條之職災補償責任。

三十一、 甲在 A 公司上班，A 公司為勞動基準法適用對象，加入公司二十年後，被 A 公司要求前往乙公司工作，共五年，該工作期間編制仍在 A 公司，薪資則向 A 公司領取，問甲之退休金可採計之年資有幾年？

（一） 依據行政院勞工委員會 82 年 7 月 29 日(82)勞動 3 字第 41107 號函示，借調之勞動關係，乃勞動者在原雇主僱用下，在他企業從事相當期間工作。

（二） 本案甲在 A 公司服務二十五年，雖在不同事業單位之乙公司上班五年，惟其編制在 A 公司，薪資在 A 公司領取，則依上開規定，甲在 B 公司工作為借調之勞動關係，即甲與 A 公司之勞動契約仍繼續存在，其服務年資共二十五年，如甲要退休，可依據勞動基準法第 53 條自請退休，A 公司不能拒絕，另 A 公司須依據勞動基準法第 55 條之給與標準核給退休金，並應於三十日內完成。（註：本案甲在 94 年 7 月 1 日之退休金制度係選擇舊制。如改為新制則須分段計算。）

三十二、 性別工作平等法第 19 條規定，受僱於僱用三十人以上雇主之受僱者，為撫育未滿三歲子女，得向雇主請求每天減少工作時間一小時，但是減少之工作時間，不得請求報酬。請問減少工時之工資如何計算？

彈性工作時間可以讓事業單位靈活用工，尤其是因應育兒的各種需求更有其必要性。但如何計算呢？依規定減少工時薪資，應按照減少工

時之日數或時數按比例扣減（不包含例假日、國定假日、特休假）。例如月薪 3 萬元，一日薪資應為 1 千元，若減少工時日數為 5 日，僅可扣減 5000 元，但特別要注意不得低於基本工資。

三十三、　請依勞工安全衛生法之規定，回答下列問題：

（一）　勞工如發現事業單位違反有關安全衛生之規定時，得向哪些對象申訴？

（二）　某位勞工經健康檢查發現其因職業原因導致不能適應原有工作時，雇主應採何種措施？【107 年職業安全證照考題】

（一）　職業安全衛生法第 39 條規定，勞工如發現事業單位違反本法或有關安全衛生之規定時，得向雇主、主管機關或勞動檢查機構申訴。

（二）　職業安全衛生法第 21 條規定，健康檢查發現勞工因職業原因致不能適應原有工作時，應參採醫師之建議，變更其作業場所、更換工作或縮短工作時間，並採取健康管理措施。

三十四、　營造公司將鋼構組配作業交由戊公司承攬，請問依職業安全衛生法及勞動基準法有關承攬作業之職業災害補償規定為何？【107 年職業安全證照考題】

（一）　職業安全衛生法第 25 條規定，事業單位以其事業招人承攬時，其承攬人就承攬部分負本法所定僱主之責任；原事業單位就職業災害補償仍應與承攬人員負連帶責任。再承攬者亦同。

（二）　勞動基準法第 62 條規定，事業單位以其事業招人承攬，如有再承攬時，承攬人或中間承攬人，就各該承攬部分所使用之勞工，均應與最後承攬人，連帶負本章所定雇主應負職業災害補償之責任。事業單位或承攬人或中間承攬人，為前項之災害補償時，就其所補償之部分，得向最後承攬人求償。

（三）　勞動基準法第 63 條規定，事業單位違背職業安全衛生法有關對於承攬人、再承攬人應負責任之規定，致承攬人或再承攬人所僱

用之勞工發生職業災害時，應與該承攬人、再承攬人負連帶補償責任。依據勞動基準法第 59 條規定，補償事項有醫療、工資、失能及死亡等四種。例如勞工因職業災害而致死亡，雇主應給予罹災家屬給付 40 個月之平均工資死亡補償。

三十五、 甲君已婚並撫育一位 2 歲小孩，及受僱於員工有 30 人以上乙公司，請回答下列問題：

（一） 依據勞動基準法第 2 條規定，有關乙公司給付的「工資」，除了現金方式給付外，還可以用什麼方式給付？

（二） 依據勞工退休金條例第 7 條規定，甲君應為該條例之適用對象；但哪一種人員不是該條例之適用對象？

（三） 依據勞工保險條例相關法令規定，目前（110 年）乙公司應該為甲君投保勞工保險之普通事故保險的保險費率是多少？

（四） 依據性別工作平等法第 19 條規定，甲君為撫育小孩，除得向乙公司請求調整工作時間外，還可以請求哪一種事項？

（五） 依據個人資料保護法第 11 條規定，乙公司因執行職務或業務所必須或經甲君書面同意者外，在哪兩個情況，對甲君個人資料之蒐集，應主動或依甲君之請求，刪除、停止處理或利用其該個人資料？【110 就業服務乙級證照考題】

1. 實物。

2. 依私立學校法之規定提撥退休準備金者。

3. 10.5%。

4. 每天減少工作時間一小時。

5. (1)個人資料蒐集之特定目的消失。(2)個人資料蒐集之期限屆滿。

三十六、 我國勞動基準法訂定有勞動契約專章。在現代經濟，企業也已成為契約之連結體(a nexus of contracts)，企業與勞動者（員工）之間是一種關係契約(relational contract)以此，試

述：完全契約(complete contract)與不完全契約(incomplete contract)之內涵及意義為何？在關係契約之形式，企業與勞動者（員工）之治理模式(governance model)又有何特質？【110 高考】

（一）不完全契約理論，是由格羅斯曼和哈特(Gross man&Hart,1986)、哈特和莫爾(Hart&Moore,1990)等共創，又稱為 GHM 理論，[3]在競爭市場的假設下，完全契約是指締約者完全能夠預見可能發生的風險。不完全契約是指，基於契約當事人的資訊有限，無法預料可能發生的風險，因此無法鉅細靡遺的約定。

（二）勞動契約是否為完全契約？企業與勞動者（員工）之治理模式為何？勞動契約以繼續性為主，勞雇必須長期維持契約關係，因無法預測所有的風險，係屬不完全契約。基於經濟全球化與後工業化的趨勢，勞動市場出現彈性需求與競爭激烈現象，例如 90 年代歐盟國家，企業要求勞資自治與自行協商，以因應各種不同產業不同勞動條件，其目的自然是削減勞工與資本家談判的力量，為避免產業彈性化的社會貧窮現象出現，亟需適當的社會政策及法令規章加以保障。

　　承上，勞工為經濟弱者，簽約時無法掌握完全理性的資訊，在契約有效期間內必須不斷與雇主進行磋商，或是透過第三方，例如行政機關的介入，以便約束不平等或不公平的勞動契約。換言之，雙方可透過團體協約或強制法規，以保障契約之合理與合法性，以免勞工權益受損。

---

[3]　參考 https://wiki.mbalib.com/zh-tw，查詢日期：2022 年 2 月 7 日。

MEMO

MEMO

MEMO

MEMO

國家圖書館出版品預行編目資料

勞工行政與勞工立法／馬翠華, 吳全成編著.－第
三版.－新北市：新文京開發出版股份有限公司，
2022.04
　　面；　公分

　　ISBN　978-986-430-815-6（平裝）

　　1.CST:勞工行政　　2.CST:勞動法規

556.84　　　　　　　　　　　　　111002277

勞工行政與勞工立法（第三版）　　　　（書號：E428e3）

作　　者	馬翠華　吳全成
出 版 者	新文京開發出版股份有限公司
地　　址	新北市中和區中山路二段 362 號 9 樓
電　　話	(02) 2244-8188（代表號）
Ｆ Ａ Ｘ	(02) 2244-8189
郵　　撥	1958730-2
初　　版	西元 2017 年 09 月 10 日
第 二 版	西元 2020 年 07 月 01 日
第 三 版	西元 2022 年 05 月 01 日

New Wun Ching Developmental Publishing Co., Ltd.

New Age · New Choice · The Best Selected Educational Publications — NEW WCDP